集人文社科之思　刊专业学术之声

集 刊 名：非洲研究

主办单位：浙江师范大学非洲研究院

主　　编：刘鸿武　李鹏涛

AFRICAN STUDIES

编辑部

地　　址：浙江师范大学非洲研究院

电　　话：0579-82287076

E-mail：fzyjbjb2016@126.com

2022年第1卷（总第18卷）

集刊序列号：PIJ-2018-294

中国集刊网：www.jikan.com.cn

集刊投约稿平台：www.iedol.cn

中文社会科学引文索引（CSSCI）来源集刊
《中国学术期刊影响因子年报》统计源期刊

2022年第1卷
（总第18卷）

非洲研究

S T U D I E S

浙江师范大学非洲研究院｜主办

刘鸿武　李鹏涛｜主编

社会科学文献出版社
SOCIAL SCIENCES ACADEMIC PRESS (CHINA)

目 录

政治与国际关系

经济与发展

社会文化与教育

中非合作

政治与国际关系

非洲研究 2022 年第 1 卷（总第 18 卷）
第 3—25 页
SSAP ©, 2022

南部非洲地区的环境保护法律制度与风险应对[*]

张小虎 张 宁

【内容提要】南部非洲是非洲较为稳定且具有资源优势和经济增长潜力的地区之一，南部非洲国家多通过采矿业创造国家财富，提高社会发展水平。目前，所有南部非洲国家都将环境评价和许可制度纳入了矿业管理规范，该制度成为矿产资源开采的前提条件。同时，南部非洲国家多借鉴南非相关制度，基本形成了类似的环境立法框架，而南部非洲发展共同体的环境协定也明确了环保规定。据此，各国环境保护执法机构设置合理、职能全面，环境许可要求和环境影响评价流程严格，其中赞比亚和南非的矿业法律制度较为完备。然而，南部非洲环境管理制度也存在不少缺陷，增加了投资过程中的环境法律风险。因此，企业应加强对当地环境法律制度的了解，关注重点投资行业的环境法律规制，积极在项目开始前进行环境评价，依法申请东道国要求的许可证书，完成项目结束后的环境修复，履行必要的企业社会责任，树立良好的投资形象。

【关键词】南部非洲；环境立法；矿业法律制度；环境法律风险

【作者简介】张小虎，法学博士，湘潭大学法学院副教授，国际交流学院副院长，中非经贸法律研究院副院长，南非斯坦陵布什大学访问学者，主要从事非洲法律研究；张宁，湘潭大学法学院 2019 级硕士研究生（湘潭，411105）。

---

* 本文系 2017 年国家社科基金项目 "'一带一路'背景下我国企业对非投资的环境法律风险及对策研究"（项目编号：17CGJ020）的阶段性成果。

南部非洲一般指刚果（金）和坦桑尼亚（不含二国）以南的非洲大陆地区，即刚果河流域以南非洲的大部分地区，该地区蕴藏包括铜、钻石、金、锌、铬、铂、锰、铁矿石和煤在内的丰富矿产资源。除莱索托、斯威士兰和马拉维这三个内陆国家较小外，该区域其他国家国土面积较大，南非、博茨瓦纳、莫桑比克、津巴布韦、赞比亚、纳米比亚和安哥拉都有种类丰富的矿藏。南部非洲的一条矿产资源带，从安哥拉西北海岸的富饶油田向东经过钻石矿区，一直延伸到赞比亚的北部铜矿带，从津巴布韦中部独特的地质构造"大堤"到布什维尔德盆地，一直延伸到矿产丰富的南非，再向西南延伸，穿过南非中部的金矿和钻石矿区。丰富的矿产资源使这一地区成为非洲较为富有且最具经济增长潜力的地区之一，多数国家通过采矿业创造国家财富，提高人民的生活水平。南部非洲国家出口的主要矿产资源如表1所示。

表1　南部非洲国家出口的主要矿产资源

国家	矿产资源
安哥拉	钻石、原油、天然气
博茨瓦纳	钻石
莱索托	钻石
马达加斯加	石油
马拉维	铀
莫桑比克	铝、煤、天然气、钛
纳米比亚	钻石、金、铀、锌
南非	铬、金、白金
斯威士兰	煤
赞比亚	铜
津巴布韦	钻石

资料来源：Dunia P. Zongwe, *An Introduction to the Law of the Southern African Development Community*, Hauser Global Law School Program, New York University School of Law, July/August 2014, p. 31。

随着世界各国与非洲产业合作持续深化，对南部非洲投资的潜力巨大，前景广阔。但是，这同时也意味着企业或将面临更多维度、更深层次的法律风险。近年来，南部非洲国家环保意识逐渐增强、环境立法不断完善，企业重点投资的采矿业对环境和资源的依赖程度较高，易陷入环境法律风险。

一 南部非洲国家的环境立法体系

南部非洲法律文化多元，形成了典型的混合法域，包括大陆法系（也称民法法系）与习惯法的融合，大陆法系和英美法系（也称普通法系）的融合，罗马—荷兰法系、普通法系与习惯法的混合等，两种或两种以上法系混合情况可参见表2。目前，南部非洲各国的环境立法都由宪法位阶的环境法、环境基本法、环境保护单行法规、国家环境政策和国际公约与协定等组成。

表 2　南部非洲发展共同体国家法律体系的构成

国家	法系		
安哥拉	民法法系	—	习惯法
博茨瓦纳	罗马—荷兰法系	普通法系	习惯法
莱索托	罗马—荷兰法系	普通法系	习惯法
马达加斯加	民法法系	—	习惯法
马拉维	—	普通法系	习惯法
毛里求斯	民法法系	普通法系	—
莫桑比克	民法法系	—	习惯法
纳米比亚	罗马—荷兰法系	普通法系	习惯法
南非	罗马—荷兰法系	普通法系	习惯法
斯威士兰	罗马—荷兰法系	普通法系	习惯法
赞比亚	—	普通法系	习惯法
津巴布韦	罗马—荷兰法系	普通法系	习惯法

资料来源：Oliver C. Ruppel and Katharina Ruppel-Schlichting, *Environmental Law and Policy in Namibia* (3rd edition), Hanns Seidel Foundation, Windhoek: Solitaire Press (Pty), 2016, p. 87。

（一）宪法位阶的环境法

安哥拉、莫桑比克、南非、津巴布韦、纳米比亚这五个国家在宪法中明确规定了公民环境权条款，既包括保护自然资源与环境的权利和义务，又要求政府注重可持续发展，并规定危害或破坏环境的行为依法应当受到处罚，构建了生态环境保护和自然资源可持续性利用的宪法框架，让公民环境权成为人权保障的重要内容之一，也促使国家不同位阶的环境法律具备现实执行力。例如，作为"南非民主的基石"的《宪法》第二章"权利法案"（Bill of Right）第 24 条规定，"每一位公民享有环境权，南非国家、公民乃至环保 NGO 都有保护环境的义务。创设作为宪法基本权利的环境权，要求国家履行保护环境、特别是保护公民环境权的宪法责任"。① 又如，2004 年莫桑比克《宪法》第 90 条规定，"1. 所有公民均有权享有和谐环境，并承担保护环境的责任。2. 国家和地方政府应参与环保协会合作，采取保护环境的政策，并促进合理使用自然资源"。同时，第 117 条还要求，"国家应努力促进生态平衡与环境保护，提高公民的生活质量"。② 再如，2010 年安哥拉《宪法》第 39 条规定，"1. 人人享有在健康、无污染的环境中居住的权利，并有义务捍卫它。2. 国家应当在本土范围内采取必要措施保护环境和动植物物种，以维护生态平衡，确保经济活动适当，在可持续发展、尊重后代的权利以及保护物种的理念下合理开发和利用自然资源。3. 禁止危害或破坏环境的行为"。③ 最后，2013 年津巴布韦《宪法》第 73 条规定，"（1）每个人都有权利：（a）享受健康和无害的自然环境；（b）通过合理的立法和其他措施来保护环境，以造福今世后代——（i）防止污染和生态退化；（ii）促进节约用水；（iii）在促进经济和社会发展的同时，确保生态可持续发展和自然资源的利用。（2）国家必须在有限的资源范围内采取合理的立法和其他措施，以逐步实现本节所列权利"。④

（二）环境基本法与环境保护单行法规

南部非洲各国的环境基本法以环境管理程序性法律为主，大多借鉴南非模式，在 2000 年前后颁布有关环境管理法。除博茨瓦纳《环境管理

---

① 曾明：《南非宪法环境权的历史流变与现实启示》，《求索》2018 年第 5 期，第 124 页。
② 孙谦、韩大元：《世界各国宪法·非洲卷》，《世界各国宪法》编辑委员会编译，中国检察出版社，2012，第 633、635 页。
③ 孙谦、韩大元：《世界各国宪法·非洲卷》，《世界各国宪法》编辑委员会编译，中国检察出版社，2012，第 33 页。
④ Innocent Chirisa and Archimedes Muzenda, "Environmental Rights as a Substantive Area of the Zimbabwean Constitutional Debate: Implications for Policy and Action", *Social Science Electronic Publishing*, 2013, 2 (2), pp. 104 – 121.

法》尚在制定中，南部非洲其他国家都出台了《环境管理法》作为综合管理国家环境的依据，以此加强主管环境的行政机构与其他部门和上下级机构之间的协助与管理，内容一般包括环境计划的制定和实施、环境影响评价、环境质量标准、环境许可和环境基金等制度，同时规定了环境执法人员的职权、执法行为的程序以及违法应当受到的处罚。如南非颁布了1998年《国家环境管理法》（National Environmental Management Act），纳米比亚颁布了2007年《环境管理法》（Environmental Management Act），津巴布韦颁布了2002年《环境管理法》（Environmental Management Act），赞比亚颁布了2011年《环境管理法》（Environmental Management Act）。

环境保护单行法规多存在于土地、水资源、农业和林业等领域，是基本法在具体领域的细化，以保证在不同领域规制投资者的项目实施与运行。例如，安哥拉的环境保护单行法规有2002年《水法》（Law No. 6/02 on Wateruse）、2004年《水生生物资源法》[Law No. 6-A/04 on Aquatic Biological Resources（new Fishing Act）]、2004年《土地法》（Law No. 9/04 on Land）、2004年《动物健康法》（Law No. 4/04 on Animal Health）、2005年《基本农业发展法》（Law No. 15/05 on Basic Agricultural Development）、2005年《种子法》（Law No. 7/05 on Seeds）、2010年《安哥拉国家海域法》（Law No. 14/10 on Maritime Zones under the National Jurisdiction of Angola）和2017年《森林和野生动植物基本法》（Law No. 6/17 on Forest and Wildlife Basic Legislation）等，纳米比亚的环境保护单行法规有1992年《矿产勘探和采矿法》（Minerals Prospecting and Mining Act No. 33）、1999年《钻石开采法》（Diamond Act No. 13）、2000年《海洋资源法》（The Marine Resources Act No. 27）、2001年《森林法》（The Forest Act No. 12）、2002年《水产养殖法》（The Aquaculture Act No. 18）、2003年《内陆渔业资源法》（Inland Fisheries Resources Act No. 1）、2008年《植物检疫法》（The Plant Quarantine Act No. 7）、2013年《水资源管理法》（The Water Resources Management Act No. 11）等。

（三）环境保护部门规章

部分国家以行政法规、命令和规章的方式颁布了大量的环境规章，主要内容涉及森林、水、农业、动物、渔业、环境评价、废弃物处理等领域的具体事项。例如，安哥拉有2005年《废物管理条例》（Executive

Decree No. 8/05 on Waste Management）、2011 年《环境损害实施细则》（Presidential Decree No. 194/11 approving the Regulation on Damages Caused to Environment）、2012 年《危险物质道路运输条例》（Presidential Decree No. 195/12 approving the Regulation for Road Transport of Hazardous Substance）、2013 年《省级城市废物管理计划的指导准则》（Executive Decree No. 234/13 approving the Guiding Norms to Design Provincial Plans for Urban Waste Management）、2014 年《操作性废物排放管理条例》（Executive Decree No. 97/14 approving the Regulation on Operational Waste Discharge Management）、2016 年《赞比西河流域发展局章程》（Decree No. 22/2016 Creating the Agency for the Development of Zambezi River Basin）、2017 年《环境保护协会注册条例》（Executive Decree No. 350/17 approving the Regulation for Registration of the Environmental Protection Associations）、2018 年《农业和林业部法规》［Presidential Decree No. 15/18 approving the Statute of the Ministry of Agriculture and Forestry（MINAGRIF）］、2016 年《环境影响评价职责范围》（Executive Decree No. 206/16 approving the Terms of Reference for the Designing of Environmental Impact Assessment）和 2020 年《建立国家环境标准化方案》（Presidential Decree No. 99/20 Establishing the National Environmental Standardization Programme）等。津巴布韦 2007 年《废水和固体废物处置条例》（Effluent and Solid Waste Disposal Regulations，SI 6）根据对环境的危害程度规定了固体废物和废水的分类标准，确定了污染者付费原则，并提供了废水可排放到环境中的水质标准；2007 年《环评与生态系统保护条例》（EIA and Ecosystems Protection Regulations，SI 7）规定在没有管理局颁发许可证的情况下，禁止商业目的开采、拥有、运输砂土和黏土沉积物，进一步细化了环境影响评价顾问的注册以及颁发环境许可证的程序；2009 年《危险物质和废物的进口和过境条例》（Importation and Transit of Hazardous Substances and Waste Regulations，SI 77）强调尽量减少废弃物、清洁生产和实行废弃物源头分类制度，并针对每一类废物推荐了适当的处置方法；2010 年《塑料瓶和塑料包装条例》（Plastic Bottles and Plastic Packaging Regulations，SI No. 98）鼓励减少使用某些种类的塑胶，禁止生产、进口或经销厚度在 30 微米以内的塑料包装等。

（四）环境政策与指南

环境政策是加强环境管理的指导方针和行动战略，有的国家以绿色计划、国家规划、愿景等形式向社会颁布，在目标年之前的不同时间点为该国未来的发展方向提供长期的政策设想，还有些国家以"白皮书"和"绿皮书"的方式颁布，对具体问题进行原则性的指导。例如，安哥拉的环境政策有 2009 年《生物燃料发展战略决议》（Resolution No. 122/09 approving the Strategy for the Development of Biofuels）、2010 年《国家森林、野生动植物和保护区政策》（Resolution No. 1/10 approving the National Policy on Forests，Wildlife and Conservation Areas）、2011 年《国家能源安全政策》（Presidential Decree No. 256/11 approving the National Energy Security Policy）、2013 年《新环境技术战略计划》（Presidential Decree No. 88/13 approving the Strategic Plan for New Environmental Technologies）、2017 年《国家水计划》[Presidential Decree No. 126/17 approving the National Water Plan（PNA）]、2018 年《2018—2022 年国家发展计划》（Presidential Decree No. 158/18 approving the National Development Plan 2018 – 2022）、2019 年《2018—2022 年渔业和水产养殖管理计划》[Presidential Decree No. 29/19 approving the Fisheries and Aquaculture Management Plan（POPA）for the Period 2018 – 2022] 和 2020 年《2019—2025 年国家生物多样性战略和行动计划》[Presidential Decree No. 26/20 approving the National Biodiversity Strategy and Action Plan（2019 – 2025）] 等。又如，对南非环境立法产生重要影响的政策文书主要有《南非环境白皮书》、《南非环境管理政策白皮书》、《南非矿产和采矿政策白皮书》（White Paper：A Minerals and Mining Policy for South Africa）、《海洋渔业政策白皮书》[White Paper on Marine Fisheries Policy（5 May 1997）]，以及《南非环境政策绿皮书》、《海岸政策绿皮书》、《国家海洋环境管理绿皮书》和《国家应对气候变化绿皮书（草案)》等。在纳米比亚，与环境相关的政策文书有 1995 年《纳米比亚环境评估政策》、（Namibia's Environmental Assessment Policy）、1999 年《保护区和国家古迹的勘探和采矿政策》（Policy for Prospecting and Mining in Protected Areas and National Monuments）、2009 年《国家野生动物冲突管理政策》（National Policy on Human Wildlife Conflict Management）、1993 年《供水和卫生政策》（Water Supply and Sanitation Policy）、2000 年《国家水资源政策白皮书》（The National Water Policy White Pa-

per）、2001 年《水产养殖政策》（Namibia's Aquaculture Policy）、2001 年
《林业发展政策》（The Development Forestry Policy）、1994 年《旅游白皮
书》（The Tourism White Paper）、1999 年《国家旅游政策（草案）》（The
Draft National Tourism Policy）、2011 年《纳米比亚国家气候变化政策》
（The National Policy on Climate Change for Namibia），这些环境政策决定了
指导的目标，同时考虑到现有的社会、文化和经济状况。在斯威士兰，
对环境立法产生重要影响的政策文书主要有 1997 年《斯威士兰环境行动
计划》（Swaziland Environment Action Plan）、2000 年《国家环境政策》
（National Environment Policy）、2000 年《斯威士兰生物多样性战略和行动
计划》（Swaziland Biodiversity Strategy and Action Plan）、2000 年《斯威士
兰环境教育战略》（Environmental Education Strategy for Swaziland）、2002
年《旅游政策及策略》（Tourism Policy and Strategy）等。

（五）国际环境法

南部非洲国家都积极参加环境保护国际条约，重视国际范围内的环
境保护合作，如津巴布韦签订了《联合国防治荒漠化公约》（The United
Nations Convention to Combat Desertification）、《拉姆萨尔公约》（Ramsar
Convention）、《巴塞尔公约》（Basel Convention）、《斯德哥尔摩公约》
（Stockholm Convention）、《鹿特丹公约》（Rotterdam Convention）以及
《生物多样性公约》（Convention on Biological Diversity）。这些多边环境协
定为发展中国家和经济转型国家提供支持服务，包括为某些研究和观察
活动提供资金。①

此外，环境问题也早被列入南部非洲发展共同体（SADC）区域协定
的法律框架。南共体自 1992 年在温得和克成立时，保护环境是成员国的
主要义务之一。南部非洲发展共同体条约第 5 条规定，"实现自然资源的
可持续利用和环境的有效保护"是南共体的目标之一。为了实现该目标，
成员国和其他国家需要协调其政治和社会经济政策以及计划，特别是推
动环境保护体制的发展。例如，1995 年《南部非洲发展共同体水道共享
系统协议》（SADC Protocol on Shared Watercourse Systems）规定了对水道

---

① https://www.ema.co.zw/agency/conventions/multilateral-environmental-agreements. Accessed
2020 – 6 – 4.

共享系统的利用，1996 年《南部非洲发展共同体能源协议》（SADC Protocol on Energy）规定了成员国在能源开发中的义务，1999 年《南部非洲发展共同体野生动物保护与执法协议》（SADC Protocol on Wildlife Conservation and Law Enforcement）要求成员国在司法活动中保护与合理利用野生动物资源，2002 年《南部非洲发展共同体森林协议》（SADC Protocol on Forestry）规制了所有类型森林、树木以及与森林产品贸易有关的发展、保护、可持续管理与利用活动。再者，南共体的法律制度也对各种其他法律文书中的环境问题做出反应。其中一类文件是"南共体议定书"。这些议定书是执行南部非洲发展共同体条约的文书，它们与条约本身具有同样的法律效力，议定书在南部非洲发展共同体 2/3 成员国批准后生效。南部非洲发展共同体签订的主要环境公约与协定见表 3。

表 3　南部非洲发展共同体签订的主要环境公约与协定

议定书	生效日期
能源议定书（Protocol on Energy）	1998 年 4 月 17 日
渔业议定书（Protocol on Fisheries）	2003 年 8 月 8 日
林业议定书（Protocol on Forestry）	2009 年 7 月 17 日
健康议定书（Protocol on Health）	2004 年 8 月 14 日
矿业议定书（Protocol on Mining）	2000 年 2 月 10 日
共享水道系统议定书（Protocol on Shared Watercourse Systems）	1998 年 9 月 28 日
共享水道系统议定书（修正）（Revised Protocol on Shared Watercourses Systems）	2003 年 9 月 22 日
旅游业议定书（Protocol on Tourism）	2002 年 11 月 26 日
贸易议定书（Protocol on Trade）	2000 年 1 月 25 日
运输、通信和气象议定书（Protocol on Transport, Communications and Meteorology）	1998 年 7 月 6 日
野生动物保护和执法议定书（Protocol on Wildlife Conservation and Law Enforcement）	2003 年 11 月 30 日

资料来源：Oliver C. Ruppel and Katharina Ruppel-Schlichting, *Environmental Law and Policy in Namibia* (3rd edition), Hanns Seidel Foundation, Windhoek：Solitaire Press (Pty), 2016, p. 89。

二 南部非洲国家关于环境保护的主要机构

南部非洲国家都设有与环境保护有关的行政管理机构来计划、组织、协调、管理整个国家的环保事务，同时设立一个建议性的机构，该机构没有面向公众的执法权，主要负责向部长提出建议，促进各政府机关在可持续发展问题上的合作和指导环境评价战略政策的制定。部长下设有一个专门负责执行计划和决策的环境管理机构，负责完成具体的环境任务，对环境影响评价的申请进行审查，制定环境标准和监测环境的发展趋势。南部非洲国家的环境主管机构及其职责见表4。

表 4　南部非洲国家的环境主管机构及其职责

国家	环境主管机构	职责
博茨瓦纳	环境、自然资源保护与旅游部，环境事务司	负责环保事务，包括政策和战略协调以及监督、监测、强制标准的执行等
马拉维	环境事务局	负责管理和保护环境以促使国家自然资源得到有效、可持续利用；同时建立和保持一个良好的国家生态系统，并不断增强公民环境保护意识
赞比亚	环境管理局	—
安哥拉	文化、旅游和环境部	负责制定与环保相关的政策标准，监督环保领域执法
莫桑比克	土地和环境部及其下属主管机构。包括国家环境质量管理局，国家自然保护区管理局，土地、环境及农村发展监察局，国家环境管理局	—
科摩罗	农业、渔业、环境、国土整治、城市化建设、陆路运输和不动产事务部下属的环保局	负责保护大气、水源、森林、土地、自然保护区不受到污染，负责动员民众保护环境，不随便倒生活垃圾；寻求国际合作，解决固体垃圾和污水处理问题
莱索托	旅游、艺术及文化部下属的国家环境秘书处	负责制定环境发展计划、环境管理、自然资源保护、污染控制等。外国投资企业必须向该部门申请环境保护认证书，此认证书是申请企业注册的必备材料

续表

国家	环境主管机构	职责
纳米比亚	环境与旅游部、环境司	主要负责安排相关业务部门和机构对投资项目进行环评和环境监督
津巴布韦	环境保护局、环境管理委员会	环境保护局的主要职责：制定政策建议；指导环境管理法案的实施；建议国家制定相关环保目标和规划 环境管理委员会的主要职责：对企业核发环境评价证书
马达加斯加	环境和可持续发展部	主要职责是保护生态环境、应对气候变化问题等
南非	环境事务部、矿业部、能源部、水务部、卫生部、农业部、劳工部等	负责在制定和执行国家环保标准方面协调行动，相互监督，形成严密的环保机制

资料来源：商务部国际贸易经济合作研究院、商务部对外投资和经济合作司、中国驻上述各国大使馆经济商务处编《对外投资合作国别（地区）指南》，2020。

例如，津巴布韦《环境管理法》规定，环境主管部门环境、水与气候部（Ministry of Environment，Water and Climate）的部长负责制定并组织实施环境管理政策，促进、协调和监测环境保护和污染控制，其下设国家环境委员会（National Environmental Council）、环境管理局（Environmental Management Agency）和环境管理委员会（Environmental Management Board）三个机构，这三个机构一起负责环境事务的管理工作。国家环境委员会是指导机构，主要负责为政策制定提供咨询意见，就基本法的执行情况提供指导，审查环境管理计划、环境行动计划、国家环境计划和保护环境的激励措施，促进公共部门、地方当局、私营部门、非政府组织和其他参与环保计划的组织之间的合作。[1] 环境管理局负责制定空气、水、土壤、噪音、振动、辐射和废物管理的质量标准，协调和参与与环境管理有关的各类事项，如管制及监测废物、污染物的处置；管理、监测、审查和批准环境影响评价；制定法规范本，制定地方管辖范围内的环境管理措施；编制国家计划、环境管理计划和地方环境行动计划的准则；制定和实施保护环境的激励措施等工作。[2] 环境管理局由环境管理

---

[1] Section 8 of Environmental Management Act of 2002.

[2] Section 10 of Environmental Management Act of 2002.

委员会控制和管理，该委员会由来自环境规划和管理、环境经济学、生态学、污染、废物管理、土壤科学、有害物质、水和卫生等领域的专家组成。此外，该部还有一名法定代表和一名秘书负责环境事务。①

　　津巴布韦的环境管理机构下设五个分支，分别为环境管理处（Environmental Management Agency）、环境保护处（Environment Protection Agency）、人力资源处（Human Resources Agency）、财务与行政处（Finance & Administration Agency）和审计与风险处（Audit & Risk Agency）。其中，环境管理处分为环境规划与监测科和环境教育宣传科，负责对环境资源进行规划和监测，制定当地行动计划，调研环境项目、制作国家环境状况报告等工作，对环境保护进行宣传和推广。环境保护处分为环境影响评价科（Environmental Impact Assessments Service）、生态系统保护科（Ecosystems Protection Service）、固体垃圾科（Solid Waste Service）、有害物质科（Solid Waste Service）、水和废水科（Water and Effluent Service）、空气质量科（Air Quality Service）、环境管理处实验室（Environmental Management Agency Laboratory）。其中，环境影响评价科负责环境评价的审查和认证、环境合规检查和审核、环保检控、环境顾问注册；生态系统保护科负责沙/黏土提取和运输许可、砖模授权、Veld 消防管理、湿地保护、外来入侵物种管理、环境合规检查、环保检控；固体垃圾科负责工业和城市固体废物许可、环境合规检查、环保起诉、废物回收企业注册、综合固体废物管理战略实施；有害物质科负责有害物质进出口、运输、储存和使用许可证，危险废物的产生、储存和运输许可证，内陆环境合规检查，边境合规检查，环保起诉；水和废水科负责废水处理许可、环境合规检查、环保起诉、环境水质监测、水生生物监测；空气质量科负责空气排放许可、工业和车辆排放合规性检查、环境空气质量监测、环保起诉、空气污染减排技术建议；环境管理处实验室负责环境样品分析和常规监测，生活用水、采矿废水、农业废水、工业废水、污水废水中的化学和微生物水样分析，土壤分析（pH、盐度和金属），样品抽样服务，采样和样品分析培训服务。②

① Section 11, 12 of Environmental Management Act of 2002.
② 《环境保护》，https://www.ema.co.zw/about-us/departments/environment-protection，最后访问日期：2020 年 6 月 27 日。

三　南部非洲国家关于环境保护的主要制度

南部非洲国家移植了许多先进的环保制度，设立了专门审判环境纠纷的法庭，对环境犯罪的惩罚力度大，关于矿产开发的法律规制尤为完备。企业到南部非洲投资，需提前合理规划企业生产经营事项，积极进行环境影响评价，了解当地的环境管理机构和环境保护制度，以免陷入环境侵权纠纷，甚至遭到环境违法处罚。

（一）　环境许可制度

环境许可证是对活动进行授权的凭证，环境基本法或规章条例一般会对活动范围进行详细的列举。欲获得环境许可证的人须按照规定的形式和方式，在支付规定的费用后，向有权机关申请办理所从事活动的环境许可证。如申请人提议进行的活动符合法律规定和要求，有权机关便会将申请递交审查机关，由审查机关决定申请的活动是否需要环境评价。如不需要评价，可以批准该活动的申请，向其签发环境许可证，或驳回申请并向申请人说明理由；如需要评价，则进入环境影响评价阶段，环境专员审查环境影响评价报告后，再决定是否批准签发环境许可证。有的国家许可类型多样，因此企业在投资前，需要查询开展的项目要获得哪些环境许可。

在纳米比亚，开发商在进行活动清单上的项目前，必须取得环境许可证和授权证书。然而，来自环境管理机构的授权证书并不是实施该项目的全部许可。申请人仍然需要取得其他部门的许可证，具体有哪些许可视项目的性质、规模而定。如果一个矿区要排放废水，它需要采矿与能源部门的采矿许可证，水务事务部门的取水许可证和水排放许可证，各部门在考虑是否把许可证颁发给申请人之前，会先参考环评报告。[①]

在南非，《国家水法》规定企业申请用水许可证，要先综合考察水利用率和公共利益等影响，进而颁发有效期不超过 40 年的用水许可证，且

---

① 　Bryony Walmsley and Saphira Patel, *SADC Environmental Legislation Handbook 2012* (3rd edition), Development Bank of Southern Africa, 2012, p. 296.

每五年复查一次;① 《大气排放许可证》规定了大气排放许可证制度并确立了许可证与年度报告检查制度;《矿产与石油资源开发法》第 39 条规定了投资者的环境管理计划与环境实施计划制度。再以赞比亚为例，如从事旅游业，须向赞比亚国家旅游局申请旅游企业许可证，并按规范进行旅游行业相关活动，除一般申请投资许可所需文件外，还须向旅游部提交五年业务计划、建设计划、资信证明等文件，若该项目位于野生动物旅游管理区或国家公园内，还需获得地区委员会和当地酋长的同意以及获赞比亚野生动物保护局（ZAWA）的许可;如从事能源业，申请者须向能源和水利发展部下属的能源规则委员会（ERB）申请该行业的经营执照，并附上五年业务计划和近期经审计的财务状况;如从事采矿业，须向矿业和矿产资源部申请矿产勘探或开采许可证，除一般申请投资许可所需的文件外，还须提供所投资区域的地形图、公司运营计划和成本估算、所投资矿区的金属储量评价文件等。②

（二）环境评价制度

环境影响评价（EIA）是南部非洲各国对投资项目进行前期环境审查的重要环节，如赞比亚政府就提出，投资者应为其拟议的开发项目获取环境许可证，该许可证是在通过环境影响评价审查或取得项目低风险报告后授予的;业务的环境要求依据环境影响评价或项目报告流程确定;赞比亚主管机构将监督企业遵守环境影响评价要求以及所有相关环境法规，且企业需每年提交一次环境审核报表;环境要求未达标的部分将被要求改进，若不改进，则可能导致倒闭、监禁和经济处罚。③

目前，南部非洲国家都有一个类似的环评框架：筛选、环评研究准备、环境影响报告书准备/审查、公众咨询和监测。它们都对环评有正式规定，并有具体的立法规定，这些环评法律、法规明确了环评过程中主管部门的行政安排、职责以及监督环评程序。首先，在南部非洲所有国

---

① 朱小姣、张小虎：《南非矿业的环境法律规制与风险分析》，载刘鸿武主编《非洲研究》（2018 年第 2 卷）总第 13 卷，社会科学文献出版社，2018，第 118 页。

② 商务部国际贸易经济合作研究院、商务部对外投资和经济合作司、中国驻赞比亚大使馆经济商务处编《对外投资合作国别（地区）指南：赞比亚》，2019，第 60 页。

③ 《赞比亚：农业加工和轻工业部门的可持续投资》，日内瓦国际贸易中心，2019，第 XIII 页。

家，环评都是由申请人发起的，筛选决定项目建议书是否需要进行环评，以及需要进行何种程度的环评。其次，环评研究准备过程中须进行一个范围界定的重要步骤，即找出关键问题，并评价、组织和提出它们，以协助分析和决策。再次，有的国家主管部门会要求申请人制定环境管理计划（EMP），如莫桑比克要求申请人提出措施，以消除、尽量减少和减轻对环境的不利影响，包括相关的成本、时间安排和负责实施的实体，还包括在运作和停产阶段的监测和实施环境审计。最后，还应为规划、建造和营运阶段确定可行的替代方案，如果是临时活动，则应分别确定其停止运作的替代方案。各国立法都明确规定了系统的决策过程，决策一般由国家规定的注册专家进行，还有的国家如南非，由具有资格的环境评价从业人员进行环评，并按照特定程序进行注册。在决策过程中，南非、莫桑比克等国家须进行公众咨询，安哥拉等国家则没有公众参与的要求，但较为一致的是，它们都没有将公众咨询期间收到的意见赋予法律效力，环评报告并不会因为公众的意见而作出修订，公众的监督对于决策的作出仅仅起到一个参考的作用。另外，如莫桑比克等国需要进行环评系统监测，但南非和安哥拉等国则不需要。① 南部非洲国家环境影响评价的基本信息见表5。

表5　南部非洲国家环境影响评价的基本信息

国家	环评管理机构	环评报告撰写	环评依据	环评审核费用	环评程序耗时
博茨瓦纳	环境事务司	—	《环境影响评价法》	—	1—3 个月
马拉维	—	—	—	—	—
赞比亚	环境管理局	—	《环境影响评价法》	每个许可证 200—600 美元/年	—
安哥拉	环境保护部	具有环评资质的环评公司	《环境影响评价条例》	2000—20000 美元	—
莫桑比克	土地和环境部及其下属的主管环境、土地、保护区等方面的部门	具有环评资质的环评公司	《关于环境影响评价的程序实施细则》	依据不同项目而定	95 个工作日内

①　C. Rebelo and J. Guerreiro, "Comparative Evaluation of the EIA Systems in Kenya, Tanzania, Mozambique, South Africa, Angola, and the European Union", *Journal of Environmental Protection*, 2017, 5 (8), pp. 603 – 636.

续表

国家	环评管理机构	环评报告撰写	环评依据	环评审核费用	环评程序耗时
科摩罗	农业、渔业、环境、国土整治、城市化建设、陆路运输和不动产事务部下属的环保局	—	《环保法》	不收取任何费用	1 周
莱索托	旅游、艺术及文化部下属的国家环境秘书处	—	莱索托建筑业建材环保标准和施工环境等相关规定参照南非的相关规定	—	—
纳米比亚	环境与旅游部	—	《2007 年纳米比亚环境管理法案》	按照环境管理法的规定支付	1—3 个月
津巴布韦	环境保护局	具有环评资质的环评公司	—	项目总预算的 1.5%	项目计划书阶段最长为 20 个工作日环境影响评价报告阶段最长为 60 个工作日
马达加斯加	环境和可持续发展部下属执行部门国家环境署	具有环评资质的环评公司	《环境法》《投资与环境和谐法》	因项目而异	因项目而异
南非	环境事务部	具有资质的、独立的环境评价师	《环境影响评价条例》	申请环保授权可能涉及的费用包括：对环境评价师的委托费、环境主管部门环保授权申请费、外部专家审议费、更改授权申请费、豁免申请费、行政复议费等	基本评价报告在 30 日内环境影响评价报告在 45 日内

资料来源：商务部国际贸易经济合作研究院、商务部对外投资和经济合作司、中国驻上述各国大使馆经济商务处编《对外投资合作国别（地区）指南》，2020。

　　以南非的环境评价制度为例，在项目评价之前，申请人必须委任具有资质且独立的环境评价从业人员进行环境许可的申请。环境评价从业人员主要负责代表申请人向环境主管当局提出环境许可申请、协调与有关当局以及公众的沟通事项。申请人需要向环境评价从业人员提供所有与项目相关的资料，并且保证所提供资料的真实性。环境评价从业人员根据申请人提供的资料并且结合相关规定选择合适的评价方式，最后撰写评价报告。根据项目规模、对环境所造成的潜在影响的大小等因素可分为三种环境评价流程，一般来说，对于那些规模较小、造成的环境影响比较好控制并且影响较小的项目可以选择基础评价（Basic Assessment），对于那些规模相对较大并且容易造成难以预测的环境影响的项目则需要选择深度评价（Scoping and EIA），在申请者满足《环境影响评价条例》的相关规定，同时其他缔约方或利益相关方的权益不会受到不利影响的情况下，则可以申请豁免环境影响评价，具体评价流程如图 1 所示。

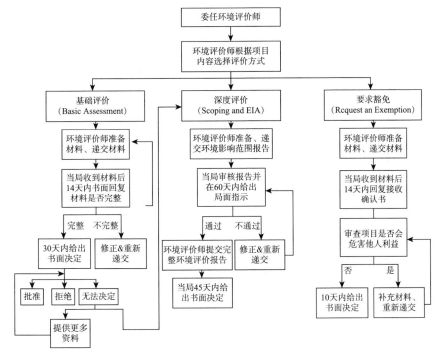

图 1　南非的环境影响评价的体系

资料来源：参见谢璟恺《南非农业投资应遵守的环境法律研究》，《农村经济与科技》2018 年第 20 期，第 113 页。

（三）矿业制度

南部非洲国家矿业历史悠久，采矿部门的立法一直在经历一个变革过程，不同的历史阶段有不同的采矿法规。矿业法规可划分为四代，第一代为 20 世纪 80 年代的采矿立法，倡导减少国家的参与、促进私有化、增加对外国投资者的奖励、降低税率和特许权使用费，国家的作用仅仅是创造一个有利的投资环境来便利和确保投资者进行活动。第二代是 90年代初和 90 年代中期的矿业立法，特点是对采矿部门进行管制，总体考虑到了环境和健康保护，要求多国公司执行社会和环境规则。但由于国家在采矿活动方面的权力和影响力有限，它们很难要求跨国公司执行这些规则。第三代为 90 年代末的矿业立法，主要确认并鼓励国家在推动采矿部门发展和管理采矿部门时发挥作用。对现行采矿法进行的新的改革浪潮可以说是第四代采矿法，新的法律涉及吸引外国投资，确保当地对采矿活动的参与和经济发展。同时，强调环境保护的必要性，规定采矿经营者必须遵守所有的环境法律和条例，在进行资源勘探和开发活动前必须进行环境影响评价，且得到主管部门颁发的矿业许可证。[1] 每个国家的矿业许可证种类都不相同，如在博茨瓦纳需要申请勘探许可证、采矿许可证和保留许可证等；[2] 在马拉维需要申请勘测许可证、独家探矿许可证和采矿许可证等；[3] 津巴布韦的采矿许可分为一般勘探许可、独家勘探许可和特别勘探许可；赞比亚除勘探许可和采矿许可外，还设置了矿产的加工许可、交易许可、进口许可、出口许可和淘金许可等非采矿许可；而最重视矿业开采环境保护的南非还规定在矿山运营的最后阶段，采矿人须履行闭坑义务，获得闭坑证书之后其环境责任才终止。

赞比亚为了减少勘探和采矿活动对当地社区环境和健康造成的负面影响，在 2013 年制定了《矿业开发政策》（The Minerals Development Policy），该政策要求矿业开发务必遵守环境保护法规，维持环境保护资金，发展环境评价程序，并且规定只有在矿区环境能被恢复的情况下才允许在保

---

① Victoria R. Nalule, *Mining and the Law in Africa*: *Exploring the Social and Environmental Impacts*, Switzerland: Springer International Publishing Palgrave Pivot, 2020, pp. 33 – 42.

② 李鹏、高超：《博茨瓦纳矿业投资环境及相关法律法规》，《西部资源》2019 年第 2 期，第 193—194 页。

③ 王艳芬、王武名、赵海卫、丁海红：《马拉维的矿产资源及其矿业管理现状》，《资源管理》2012 年第 9 期，第 12 页。

护区采矿。所有赞比亚境内的矿产勘探、开采和处置的权力均属于总统，包括任何人在土地上或地下发现的矿产所涉及的权力。据此，赞比亚的采矿权包括勘探权和采矿权两类，非采矿权包括矿产的加工许可、交易许可、进口许可、出口许可和淘金许可。① 未获得相应的采矿权、矿产加工许可、淘金许可，任何人不得进行矿产勘探、采矿、矿产加工及淘金。同时，未获得赞比亚环境管理局的书面环境影响评价报告，任何人不得实施矿产勘探、采矿、矿产加工活动，如违规开采，对于个人、合伙或联营企业，单处或者并处 70 万克瓦查以下罚金、7 年以下有期徒刑；对于法人团体，处以 500 万克瓦查罚金。

南非对于矿产开发环境保护的规定更加完备。根据南非《矿产与石油资源开发法》，所有运营的矿山必须有一份由矿产和能源部批准的环境管理计划，其目的是确保环境管理能够自始至终地实施，报告内容包括采矿前环境的说明、采矿的动机和项目的说明、环境影响评价如何进行和环境管理的措施。同时，环境管理计划要求为重建工作提供足够的财政保障，并安排监督和审计工作。根据《环境保证金计算指南》，为获取矿业权，大型矿业公司需要在公司资产和股份销售合同中提供环境担保，并在项目批准前提交环境保证金，以及附带环境管理计划和矿山闭坑计划的财务预算证明。② 政府的目标是对包括手工采矿在内的所有采矿作业实行统一的环境管理标准。一旦获得政府的批准，环境管理计划就具有法律约束力，如果不遵守，可能会受到暂停或吊销采矿许可证的处罚，或对许可证持有人进行起诉。最后，南非矿法还规定了采矿后恢复地表的工作。在采矿作业结束时，只有在环境管理计划在整个采矿期间得到成功的执行和管理，并且恢复工作进行得令当局满意的情况下，才能颁发关闭证书。此外，在开矿之前，必须获得水务和林业部管理用水和排放的许可证。③

---

① Article 3，13 of Mines and Minerals Development（Amendment）Act 14 of 2016.

② 朱小姣、张小虎：《南非矿业的环境法律规制与风险分析》，载刘鸿武主编《非洲研究》（2018 年第 2 卷）总第 13 卷，社会科学文献出版社，2018，第 118 页。

③ "Conference on Foreign Direct Investment and the Environment Lessons to Be Learned from the Mining Sector：Environmental Impacts of Foreign Direct Investment in the Mining Sector in Sub-Saharan Africa"，OECD Global Forum on International Investment，Paris：Colin Noy Boocock，2002，pp. 7 - 10.

四 南部非洲国家的环境法律风险及应对建议

由于矿业投资的特殊性质，矿产资源的勘探、开采、提炼等活动会对矿区和当地的生态、地质环境造成永久性的影响，甚至会导致矿区及其毗邻区的环境污染以及影响其他生态产业。21世纪以来，南部非洲国家开始加强开采矿产的环境立法，对企业的环境责任提出了更高的要求，中国企业赴非投资也面临着更多的环境风险。

（一）法律规定存在重叠现象增加项目申请难度

许多国家由于空间规划和省、市两级环境审批的政府机构重叠，申请人申请时花费了更多的成本和时间。以南非为例，根据2008年《夸祖鲁—纳塔尔规划和发展法》（Kwa Zulu-Natal Planning and Development）、1998年《北开普规划和发展法》（Northern Cape Planning and Development）及相关条例，审批规划需要向有关人士和受影响人士通知规划申请以举行听证会，而且2010年《环境影响评价条例》用整整一章规定了公众参与的要求。这往往会造成申请人、有关人士和受影响人士，以及审批申请的当局混淆。这不仅使得开发申请程序变得复杂，而且影响了效率，因为实质上这两个决策过程处理的是类似的问题。对于一般公众来说，空间规划和环境评价之间的区别与联系尚不清楚，申请人也经常会因为环评术语和流程而陷入困境，提升了环境申请及其处理问题的复杂性。另外，空间规划法的状态被广泛认为是一个复杂和混乱的法律泥沼，地方政府有许多平行的法律和条例，更加大了项目申请的难度。[1] 津巴布韦也存在相同的问题，其基本法对于各政府机构的角色定位不清，未对行业各部的职责作出明确的划分和规定，使得申请许可的手续变得复杂和难以执行。[2]

---

[1] Michael Kihato, *Integrating Planning and Environmental Issues through the Law in South Africa: Learning from International Experience*, Master degree, University of South Africa, 2012, pp. 70 – 76.

[2] Rajah Naome, Dino Rajah and Steven Jerie, "Challenges in Implementing an Integrated Environmental Management Approach in Zimbabwe", *Journal of Emerging Trends in Economics and Management Sciences*, 2012, 3 (4), pp. 408 – 414.

对此，中国学界应从全面性和整体性上研判非洲的环境资源法律制度，既有成果已经开始依据法律位阶对非洲各国的环境保护制度进行分层的考察，形成了部分从宏观的立法体系到微观的环评制度的对策性研究；在资源开发、生态保护、野生动物、国家公园、本土化立法规制等方面，也多采用综合性研究代替原来单一的法条译介；在中国对非投资的主要行业如采矿业、能源、基础设施建设等领域的环境法律制度也越来越完善。此外，根据对南非调研时的发现，相比过去，对于越来越多的对南部非洲的投资，中国企业认识到环境保护建设、监管、风险预案的作用，大部分企业能充分考虑项目实施过程中可能遇到的环保问题，一旦出现紧急情况，能够及时启动预案。

（二）行政管理水平不佳造成采矿许可证的颁发反复

非洲国家普遍在法律的执行和管理方面存在问题，使矿业法的执行出现偏差。例如在"德山有限公司诉南马塔贝莱兰省矿业主管案"［Deshan（pty）Ltd. v. The Provincial Mining Director, Matabeleland South Province］中，采矿主管部门不清楚采矿许可证颁发的流程，在《环境管理法》已明确规定的情况下违法颁发采矿证，不重视环境法的规定，导致采矿证书反复颁发，原告和采矿者利益都遭受了损失。在这个案子中，原告是一家从事畜牧业的牧场公司，其所在的土地蕴藏着丰富的矿藏资源。在这片土地上进行不受控制的采矿活动，除了会破坏牲畜和野生动物的广大放牧区域外，还对原告的员工、客户、游客、野生动物造成危害。因此，原告希望采矿活动是合理的和有节制的。但由于被告矿业主管部门不遵从《环境管理法》的规定，为那些没有环境许可证书、未经过环境评价的采矿者颁发采矿许可证，这片土地面临着环境破坏的风险。因此，牧场公司屡次被迫对来农场的采矿者们提起昂贵的诉讼，基于以上理由，原告请求法院判决被告对采矿者颁发的采矿许可证书无效。被告辩称，只有采矿者在开始作业时才需要环境影响评价证书，而不是获得采矿许可证时。明显被告的辩解是于法无据和荒谬的，法官最终支持了原告的请求。

（三）环保 NGO 利用环境权诉讼影响大型工程项目

南部非洲多个国家明确规定了公民拥有环境权，且这是一种可诉性的宪法权利，因此，非洲许多环境保护 NGO 可结合其环境权和环境基本法的规定将投资者或者矿业主管部门诉至法院，叫停矿业开采等。南非拥有大量的环保组织，在"南非采矿和环境正义社区网络等诉环境部部长、矿产资源与石油部部长案"（Mining and Environmental Justice Community Network of South Africa, etc. v. Minister of Environmental and Minister of Mineral Resources and Energy）中，七个不同环保组织作为该案的原告，分别是"南非采矿和环境正义社区网络"、"地球生命非洲"、"国际鸟盟南非"、"濒危野生动物信托"、"可持续环境申请者联合会"、"水与农村发展协会"和"基准基金会"，他们以决策过程不透明、程序违法、部长失职等理由请求判决已授予的矿业许可证无效，并且得到了法官的支持。从南非的环保司法实践看，多数案件以公众参与、信息公开、程序违法等程序性权利的救济为诉求，使矿业开采项目被迫中止。

对此，中资企业应主动响应南部非洲国家政府和社会对环境保护的倡议，积极举办关于保护环境的公益活动，将部分资金用于建设当地所需的基础设施及其他惠民项目或工程。同时，应拿出一定资金做好公益事业，如修路、搭桥、建公共设施（诊所、小学、公共活动场所等）、资助公益慈善事业、赠送物品等，履行必要的社会责任。另外，中资企业应该学会与非洲媒体打交道，树立良好的公众形象。需与当地媒体建立良好合作关系，了解东道国主要的电视、广播和报刊媒体，通过组织媒体开放日等形式，邀请媒体到企业参观采访，注重向媒体披露企业经营信息，尤其是环保举措和环境信息。中资企业应积极响应南非、赞比亚、纳米比亚等国建立的"吹哨人（披露者、检举人）保护法律制度"，完善涉及私营企业的内部信息披露制度，定期向媒体发布相关信息。通过媒体及时与公众交流公司业务进展、环保节能技术、重大项目动向。例如，中材建设有限公司在建设中材水泥工厂过程中，严格遵守东道国环境保护标准，注重环境保护，如在工程建设过程中洒水降粉尘，提高项目基地绿化率，积极利用和推广新技术新工艺，节约资源，降低能耗，减少污染，维护自然环境和生态平衡，得到了当地民众的认可。

结　语

南部非洲地域广阔，矿产资源丰富，人口众多，部分国家经济增长速度较快。近年来，非洲总体发展态势良好。随着中非政治互信不断增强，合作机制不断完善，产业合作持续深化，中国对非投资潜力巨大、前景广阔，但不稳定因素和安全风险也将持续存在。南部非洲由于特殊的殖民经历和较为单一的依靠出口自然资源的经济增长方式，环境遭到了极大破坏，因而十分重视环境保护，环境立法日趋完善。但受制于经济和社会发展水平，环境法律制度执行面临困难，许多地区缺乏专业的评价人员，同时，政府工作人员也存在环保观念淡薄的问题，甚至个别情况下存在以环保许可为由而索贿的行为，已发放的环境许可经常由于环境许可授予流程违法被法院判决无效。上述原因增加了中国企业开展环评、申请环境许可、开展项目建设的难度。因此，应当从多角度入手，在项目开展前，加强对非洲环境法律制度的了解，有针对性地研究中国重点投资行业的环境法律规制，积极进行环境影响评价，依法申请东道国要求的许可证书；在项目实施中，遵守环境管理计划，积极采取措施减轻对环境的不利影响；在项目结束后，做好环境修复工作，完成闭坑任务，同时履行必要的企业社会责任和树立良好的投资形象。

【责任编辑】李雪冬

非洲研究　2022 年第 1 卷（总第 18 卷）
第 26—41 页
SSAP ©，2022

新冠肺炎疫情下的非洲恐怖主义发展态势

鲍家政

【内容提要】　新冠肺炎疫情凸显了非洲国家的安全脆弱性，尤其是恐怖主义借助疫情在非洲大陆蔓延发展。疫情不仅掣肘了非洲国家和国际力量的反恐行动，还引发了非洲国家经济与社会的深层危机，这些客观上助长了恐怖主义的滋生。疫情下，世界恐怖主义出现回潮，"伊斯兰国"加强与非洲本土恐怖组织的联系，恐怖主义在非洲大陆活动的频率和烈度都有所提高。疫情还为恐怖组织提供了宣传机会。除了物理危害外，还存在恐怖主义解构非洲社会的深层风险。面对恐怖主义，非洲国家需要从多维度加以应对。

【关键词】　新冠肺炎疫情；恐怖主义；非洲；"伊斯兰国"

【作者简介】　鲍家政，中国社会科学院大学西亚非洲研究系博士研究生（北京，102488）。

新冠肺炎（COVID-19）疫情的流行不仅是全球卫生危机，也是国际安全危机，尤其对于非洲大陆而言。自 2020 年初新冠肺炎疫情流行以来，非洲大陆的恐怖主义活动呈现显著增加态势，萨赫勒地区、乍得湖盆地、非洲之角、莫桑比克等地恐怖分子的猖獗活动引发了世界的关注。根据 2020 年全球恐怖主义指数（Global Terrorism Index），世界恐怖主义的中心逐渐向非洲大陆转移，全球恐怖主义活动增加最多的十个国家中有七个都是撒哈拉以南的非洲国家。①

---

① 这七国为：布基纳法索、莫桑比克、刚果（金）、马里、尼日尔、喀麦隆和埃塞俄比亚。参见 *Global Terrorism Index 2020：Measuring the Impact of Terrorism*，Sydney：Institute for Economics & Peace，November 2020，p. 2。

从总体上看，后冷战时期非洲大陆的恐怖主义经历了两个发展阶段。第一阶段为冷战后至 2010 年"阿拉伯之春"（Arab Spring），这一时期非洲大陆的恐怖主义以本土化为主，影响范围多集中在次区域内的一个或几个国家。同时，非洲本土恐怖组织与域外恐怖组织的联动有限，"基地"组织（Al-Qaeda）仅通过"伊斯兰马格里布基地组织"（Al-Qaeda in the Islamic Maghreb）与索马里"青年党"（Al-Shabab）等少数组织对非洲大陆进行点状影响。第二阶段为"阿拉伯之春"至今，这一时期非洲大陆的恐怖主义蔓延加剧，本土恐怖组织同"基地"组织和"伊斯兰国"（Islamic State）呈现出较强的联动态势。2010 年"阿拉伯之春"引发西亚北非国家动荡，给予恐怖主义扩散以可乘之机。与此同时，"伊斯兰国"的强势崛起以及"伊斯兰国"与"基地"组织的竞争行为加剧了恐怖主义对非洲大陆的渗透。在此背景下，非洲大陆已不单是西亚地区恐怖主义"外溢"的区域，还进一步成为恐怖组织活动的新战场。近年来，在世界恐怖主义形势相对好转的情况下，非洲大陆的恐怖主义形势却出现了恶化。新冠肺炎疫情作为突发变量，进一步激化了非洲大陆的恐怖主义发展态势。2021 年 8 月 19 日，联合国反恐负责人弗拉基米尔·沃龙科夫（Vladimir Voronkov）就对疫情下非洲恐怖主义的发展态势表示了担忧。沃龙科夫认为 2021 年以来恐怖主义在非洲大陆迅速蔓延，恐怖主义变得更加数字化和去中心化，并与当地其他形式的冲突杂糅在一起。①

一　新冠肺炎疫情客观助长恐怖主义发展

新冠肺炎疫情不仅改变了普通民众的生活，也对恐怖主义产生了深刻影响。虽然各国政府封闭边境、加强社会管控、取消公共集会等措施在一定程度上限制了恐怖组织的活动和人员招募，② 但恐怖主义的本质就是非对称性和投机性，互联网增强了恐怖主义活动的隐蔽性和便利性，长期与国际反恐力量相斗争也使得各恐怖组织具有很强的生存韧性。从

---

① "Islamic State Threat Moves Online, Expands Across Africa: Senior Counter-terrorism Expert", UN News, August 19, 2021, https://news.un.org/en/story/2021/08/1098112. Accessed 2021 – 8 – 20.

② Gary Ackerman and Hayley Peterson, "Terrorism and COVID-19: Actual and Potential Impacts", *Perspectives on Terrorism*, 2020, 14 (3), p. 60.

总体上看，新冠肺炎疫情为恐怖主义在非洲大陆的发展和扩散带来了很多时机。新冠肺炎疫情引发非洲国家在政治、经济、社会等领域发生诸多变化，给了恐怖主义更多的滋生空间。

（一）新冠肺炎疫情掣肘非洲国家反恐

一方面，新冠肺炎疫情的流行使非洲国家的安全议题排序产生了变化。为了应对复杂的疫情，非洲各国政府不得不将更多的安全资源部署到抗疫领域。例如，尼日利亚军队直接承担运输病人、保护抗疫物资的职责。肯尼亚军方在加强宵禁和管理社会秩序外，还肩负着运输防疫物资、保护医疗设施、提供医疗支持的重任。安全资源向抗疫领域的倾斜使得非洲国家原本就较为脆弱的反恐力量捉襟见肘，本土原有的恐怖势力借此机会得到了喘息和反弹。

另一方面，新冠肺炎疫情使得非洲国家联合反恐被迫中断。关闭边境、暂停航班、禁止域外人员入境等措施都影响了非洲国家的区域性反恐合作。还有部分非洲国家因担心本国士兵健康和需要采取严格的封锁管控措施而暂停了区域反恐行动甚至召回了部队。

（二）经济与社会危机加剧恐怖主义滋生

对于非洲大陆而言，新冠肺炎疫情流行不仅是短期的健康危机，还是影响深远的经济和社会危机。作为世界主要的初级产品供应地，新冠肺炎疫情引发的全球经济低迷重创了非洲国家的对外出口和经济增长。根据世界银行的计算，在新冠肺炎疫情的影响下，撒哈拉以南非洲 2020 年经济遭受 25 年来的首次衰退，经济增长率为 -3.3%。疫情还将使非洲大陆 4000 万人陷入极端贫困，抵消非洲大陆五年来的脱贫进展。[①] 在经济困境下，诸多文化水平较低的人群面临失业和收入大幅度下降，进而陷入饥饿。饥饿与贫困是比新冠肺炎疫情更为致命的威胁，恐怖组织往往利用此制造和激化社会矛盾，散布极端主义思潮，并以经济条件为筹码，加大成员招募力度。

疫情还改变了人们原有的生活方式，流离失所、生活落差、贫富差距、失去亲人等都将引发非洲社会的焦虑感和恐惧感，而这种不确定性

---

① World Bank Group, *Africa's Pulse: An Analysis of Issues Shaping Africa's Economic Future*, Washington DC: The World Bank, October 2020, p. 1.

和心理挫折往往使人们更容易采取激进方式行事。① 此外，疫情还导致大量非洲人尤其是青年学生群体赋闲在家。据统计，非洲大陆有99%的学习者（约2.53亿人）因学校停课而赋闲在家，② 极端分子利用此机会通过网络增强与民众的互动并加强宣传和加大招募力度。③

（三）政府抗疫不力激化极端主义

在疫情下，大多数非洲国家政府无法提供充足的社会公共产品，执政党与在野党、主体民族与少数民族、不同社会阶层和宗教团体之间无法公平公正地分享抗疫物资，这无疑使得民众对政府的信心降低。特别是在涉及宗教、民族等问题时，抗疫物资的分配不公往往会激化二元对立的极端思潮。非洲政府因抗疫而实施的部分社会禁令也引发民众不满。以乌干达为例，政府的限制和禁令使得一些弱势群体无法获得及时的社会服务。④ 在坎帕拉，受政府严格封锁措施的影响，许多零售业者的利润率趋近于零。⑤ 在非洲，零售行业是许多人维持生计的手段。布基纳法索、尼日尔、马里等多国都出现了关于民众抗议政府关闭开放型交易市场的冲突。⑥ 政府关闭宗教机构和暂停宗教集会等措施则会引发宗教信徒的不满和对抗。

此外，部分在疫情中举行大选的非洲国家利用疫情压制反对派和操控选举，助长了整个区域的暴力极端主义。多国选举都涉及执政党以抗疫为借口，取缔反对派社会活动、控制反对派领导人等行为，进而引发众多暴力示威活动。在反对势力和不同政见者不断被推向边缘的情况下，恐怖主义对其的吸引力更大。

---

① Clark McCauley and Sophia Moskalenko, "Mechanisms of Political Radicalization：Pathways Toward Terrorism", *Terrorism and Political Violence*, 2008, 20 (3), p. 419.

② World Bank Group, *Africa's Pulse：An Analysis of Issues Shaping Africa's Economic Future*, Washington DC：The World Bank, October 2020, pp. 36 – 37.

③ Abdul Basit, "The COVID-19 Pandemic：An Opportunity for Terrorist Groups?", *Counter Terrorist Trends and Analyses*, 2020, 12 (3), pp. 7 – 12.

④ Pádraig Carmody, Gerard McCann, Clodagh Colleran and Ciara O'Halloran eds., *COVID-19 in the Global South：Impacts and Responses*, Bristol：Bristol University Press 2021, p. 152.

⑤ Tabea Lakemann, Jann Lay and Tevin Tafese, *Africa after the COVID-19 Lockdowns：Economic Impacts and Prospect*, Hamburg：German Institute of Global and Area Studies, October 2020, p. 6.

⑥ Loïc Bisson, Anna Schmauder and Johannes Claes, *The Politics of COVID-19 in the Sahel*, Hague：Clingendael Institute, May 2020, pp. 2 – 3.

（四）新冠肺炎疫情导致形成国际反恐力量真空

对于非洲国家而言，受资金、装备等物质条件与反恐机制等非物质条件限制，国际社会尤其是欧美等国在非洲的反恐行动一直是非洲大陆反恐的重要组成部分。受疫情影响，联合国于 2020 年上半年暂停了国际维和人员的轮调和部署工作，直接影响到联合国驻马里、刚果（金）和南苏丹等地的维和特派团。美国和欧洲各国受新冠肺炎疫情影响，也被迫调整了在非洲大陆的反恐行动。特朗普政府执政期间，非洲大陆一直处于美国对外事务的边缘位置，美国在非洲的反恐也日益消极化和功利化。受疫情冲击的美国，已无暇顾及非洲反恐事务，更多地将反恐停留在外交辞令上。2020 年 12 月，总统特朗普下令从索马里撤军，这在一定程度上造成非洲之角的反恐力量缺失。对于欧洲国家而言，除法国曾在疫情初期增兵萨赫勒地区外，其余国家都大幅度减少了在非洲的反恐活动。欧盟马里军事训练行动部队（EUTM Mali）也因疫情暂停了活动。[1]提供反恐培训的肯尼亚英军训练部队（BATUK）已下令所有英国人员返回，爱尔兰也从联合国驻马里特派团中撤回了自己的部队。[2] 国际反恐力量的缺失极大地缓解了非洲大陆恐怖主义的生存压力，众多恐怖组织利用反恐"空窗期"加速了蔓延和扩张。

二　新冠肺炎疫情下非洲恐怖主义新特点

作为一种突发变量，新冠肺炎疫情带来的结构性变化不仅改变了全球地缘政治、社会经济和冲突格局，也影响了恐怖主义的扩张策略、行动方式和叙事建构等。对于非洲大陆而言，恐怖主义适应了疫情下非洲国家在政治、经济以及社会结构等领域的变化，积极利用疫情的短期和

---

[1] Loïc Bisson, Anna Schmauder and Johannes Claes, *The Politics of COVID-19 in the Sahel*, Hague：Clingendael Institute, May 2020, p. 3.

[2] Emilia Columbo and Marielle Harris, "Extremist Groups Stepping up Operations during the CO-VID-19 Outbreak in Sub-Saharan Africa", Center for Strategic and International Studies, May 1, 2020, https：//www.csis. org/analysis/extremist-groups-stepping-operations-during-covid-19-out-break-sub-saharan-africa. Accessed 2021 – 3 – 27.

长期影响来实现自身目标。

（一）恐怖主义动荡弧呈加强态势

2017 年以来，随着国际社会加大对"伊斯兰国"的打击力度，"伊斯兰国"在叙利亚和伊拉克等国占据的"领土"不断被政府军收复，世界恐怖主义也进入了一个相对沉寂的阶段。从非洲萨赫勒地带到中东、中亚乃至东南亚地区的恐怖主义动荡弧也因"伊斯兰国"的覆灭而降低了地理上的连联通性以及观念上的共振性。新冠肺炎疫情客观上助长了恐怖主义的发展，"伊斯兰国"借助疫情恢复实力。对于非洲大陆而言，一方面，"博科圣地"（Boko Haram）、索马里"青年党"等非洲本土传统恐怖组织借助疫情扩大自身的地区影响力，"伊斯兰国"更是号召效忠于它的"博科圣地"开展更多恐怖活动，开展消耗战（Battle of Attrition）。[1]

另外，"伊斯兰国"也在非洲其他地区扩展了势力范围。在莫桑比克德尔加杜角省北部，与"伊斯兰国"结盟的"圣训捍卫者"（Ansar al-Sunna）在疫情防控期间的活动达到了顶峰，频繁制造恐怖袭击，并将自身势力范围扩展到印度洋海域，试图插手液化天然气业务。[2] 乌干达反政府组织民主同盟军（The Allied Democratic Forces）也获得了"伊斯兰国"的支持，在刚果（金）东部袭击监狱并使得 1300 余名罪犯逃离。[3] 此外，还有一些受"伊斯兰国"支持的"独狼"，用自杀式袭击、故意传播新冠病毒等方式制造恐怖活动。

（二）恐怖组织活动的频率与烈度提高

正如国际刑警组织秘书长于尔根·斯托克（Jürgen Stock）所指出的，同其他罪犯一样，恐怖分子也试图从新冠肺炎疫情流行中获利，谋取利

[1]　Nur Aziemah Azman, "The Islamic State (IS)：Maintaining Resilience in the Post-caliphate, Pandemic Environment", *Counter Terrorist Trends and Analyses*, 2021, 13 (1), p. 108.

[2]　Abu-Bakarr Jalloh, "Africa：Increased Terror Attacks in Africa Amid Coronavirus Pandemic", All Africa, April 9, 2020, https：//allafrica. com/stories/202004100009. html. Accessed 2021 - 5 - 2.

[3]　Al-Hadji Kudra Maliro Associated Press, "More Than 1, 300 Inmates Escape from Prison in Eastern Congo", ABC News, October 20, 2020, https：//abcnews. go. com/International/wireStory/1300-inmates-escape-prison-eastern-congo-73711078. Accessed 2021 - 5 - 2.

润、扩大势力范围、煽动分裂。① 如上文所述，新冠肺炎疫情客观上增加了非洲大陆的恐怖主义活动，各类恐怖组织以此为契机扩大势力范围、提升曝光度与影响力。从总体上看，非洲大陆的恐怖主义活动在频率与烈度上都比以往有大幅度提高。

根据非洲恐怖主义研究与调查中心（African Centre for the Study and Research on Terrorism）的统计，2020 年 1—8 月，非洲大陆发生的恐怖袭击事件高达 1168 起，比 2019 年同期增长了 18%。美国国防部非洲战略研究中心（Center for Strategic Studies in Africa）的统计则显示在 2019 年 6 月至 2020 年 6 月的一年中，非洲大陆的极端团体涉及 4161 起暴力事件，增长了 31%。② 根据非盟的统计，非洲大陆仅在 2020 年 10 月就遭受了 196 次恐怖或暴力极端主义袭击。③ 值得注意的是，随着恐怖主义活动频率的提高，恐怖组织的活动范围已不再集中于传统的萨赫勒地区和非洲之角，非洲大湖地区、印度洋沿岸也成为恐怖主义活动的高发区。恐怖活动也不单是由"博科圣地"、索马里"青年党"等传统具有较强影响力的组织开展，"伊斯兰国西非省"（Islamic State West Africa Province）、"圣训捍卫者"、麦麦（Mai-Mai）等一些成立时间较短的恐怖组织和民间武装组织以及极端化的个人也参与到恐怖活动中。

在恐怖活动手段上，恐怖组织及"独狼"采用了较为残忍的手段，社会破坏力和影响力较大。第一，屠杀平民。2020 年下半年，萨赫勒地区的恐怖势力发动多起屠杀平民事件，尼日利亚、尼日尔等国遭遇多次袭击。仅 11 月 28 日，"博科圣地"就在尼日利亚博尔诺州杀害了 40 多名村民。第二，袭击政府。2020 年 2 月，索马里"青年党"策划了对下谢贝利州军事基地的大规模袭击；7 月，索马里"青年党"实施了暗杀索马里国民军首长奥达瓦瓦·尤素夫·拉赫（Odawaa Yusuf Rageh）的行动；9 月，"青年党"成员再次杀害索马里政府官员。第三，绑架儿童和妇女。2020 年 12 月，尼日利亚卡齐纳州 300 多名学生遭绑架；2021 年 2 月，尼日利亚尼日尔州一所学校受袭，多名学生和教师被绑架；同月，

---

① "Terrorist Groups Using COVID-19 to Reinforce Power and Influence", Interpol, December 22, 2020, https://www.interpol. int/News-and-Events/News/2020/INTERPOL-Terrorist-groups-u-sing-COVID-19-to-reinforce-power-and-influence. Accessed 2021 – 3 – 27.

② 吕强：《非洲合作应对安全挑战》，《人民日报》2020 年 12 月 12 日，第 16 版。

③ ACSRT, *The Monthly Africa Terrorism Bulletin October 2020*, Algiers：African Centre for the Study and Research on Terrorism, October 2020, p. 11.

扎姆法拉州一女子中学超过 300 名女学生被绑架。第四，自杀式袭击。2020 年 3 月，美国驻突尼斯大使馆附近发生自杀式炸弹袭击。同年 11 月，索马里"青年党"在一家冰淇淋店发动自杀式爆炸袭击，造成多人死伤。①

（三）恐怖组织利用新冠肺炎疫情加强意识形态宣传

除了增加恐怖主义活动外，恐怖组织还将疫情纳入了自身的意识形态宣传中，建构了恐怖主义叙事。② 总体来看，恐怖组织的意识形态宣传主要分为神的惩罚、阴谋论和宗教对立三个方面。神的惩罚指新冠肺炎疫情是神灵对不信教者、常年与伊斯兰世界为敌的西方国家、迫害穆斯林的世俗国家的惩罚；阴谋论则指新冠肺炎疫情由西方国家人为制造并刻意传播，旨在危害伊斯兰社会；宗教对立实际上是恐怖组织歪曲政府抗疫措施、放大政府抗疫弊端，将各国政府抗疫举措引申到对穆斯林的制裁、迫害上来，制造宗教对立。这类叙事增加了普通民众在疫情流行中的恐惧感、不稳定感和不安全感，恐怖组织借此让更多民众接受自身标榜的价值观念，在世界各地进行价值观输出。③

具体而言，"伊斯兰国"和"基地"组织都宣称新冠肺炎疫情是神灵对西方世界的惩罚。在"伊斯兰国"和"基地"组织这两个全球性恐怖组织的宣传下，其各分支机构都根据所在地域的具体情况量身定做了宣传信息。例如，"伊斯兰人民阵线"（Jama'at Nasr Al-Islam Wal Muslimin）宣扬新冠肺炎疫情的流行是神灵对法国在马里实施反恐行动的"惩罚"；索马里"青年党"则散布新冠肺炎疫情是西方国家的阴谋，病毒由西方"十字军"制造并传播；"博科圣地"头目阿布巴卡尔·谢考（Abubakar Shekau）号召穆斯林反抗尼日利亚政府，认为后者实施的社会管制实际上是针对穆斯林的战争。④

---

① 以上案例均根据"武装冲突地点与事件数据库项目"（ACLED）整理所得，参见 https://acleddata.com/？s = Africa，最后访问日期：2021 年 5 月 21 日。

② Muhammad Sinatra, *Terrorism Landscape in the COVID-19 Pandemic*, Kuala Lumpur：Institute of Strategic and International Studies，July 20，2020，p. 1.

③ Tova C. Norlen，"The Impact of COVID-19 on Salafi-Jihadi Terrorism"，*Connections*，2020，9 (2)，p. 12.

④ Emilia Columbo and Marielle Harris，"Extremist Groups Stepping up Operations during the Covid-19 Outbreak in Sub-Saharan Africa"，Center for Strategic and International Studies，May 1，2020，https://www.csis.org/analysis/extremist-groups-stepping-operations-during-covid-19-outbreak-sub-saharan-africa. Accessed 2021 - 6 - 2.

（四）恐怖组织的"伊斯兰国"化

随着"伊斯兰国"将非洲大陆作为扩张的中心，它加强了与非洲本土恐怖组织的联系，后者或效忠于"伊斯兰国"，或成为"伊斯兰国"的分支机构。在"伊斯兰国"的强力影响下，非洲大陆的本土恐怖组织在运作模式和行动策略上呈现出"伊斯兰国"化的趋势。第一，"伊斯兰国"在非洲增加了分支并与"基地"组织相竞争。"基地"组织和"伊斯兰国"两大世界性恐怖组织在非洲大陆均有着较强的影响力，前者以索马里"青年党"、"伊斯兰马格里布基地组织"、"伊斯兰人民阵线"为代表，后者涉及"博科圣地"、"伊斯兰国"大撒哈拉分支（Islamic State in the Greater Sahara）、"伊斯兰国"索马里分支（The Islamic State in Somalia）、"伊斯兰国西非省"、"圣训捍卫者"等恐怖组织。"伊斯兰国"借助疫情鼓动其各分支机构和效忠者实施恐怖行动，扩大在非洲大陆的影响力并打压"基地"组织势力。例如在萨赫勒地区，"伊斯兰国"大撒哈拉分支同"伊斯兰人民阵线"展开了组织竞争，争夺资源、招募新成员、进行竞赛式恐怖活动，使得布基纳法索、马里和尼日尔等国在 2020 年遭受了前所未有的恐怖袭击。

第二，非洲本土恐怖组织加速了武器力量建设。与以往绑架人质、制作简易爆炸装置和实行机会主义行动不同，在"伊斯兰国"的指导下，部分非洲本土恐怖组织采取游击战和消耗战等方式来应对非洲国家政府和国际反恐力量。以新冠肺炎疫情为契机，非洲的恐怖分子已经有能力开展复杂而协调的行动，传统的反恐行动已难以应对。恐怖组织还利用利比亚等国的内战，获取了大量的武器和爆炸装置，自动步枪、机枪和重型迫击炮等也被恐怖分子所熟练使用。[1] 除此之外，自杀式炸弹更多地被"独狼"所采用，2020 年非洲大陆的自杀式炸弹袭击高达 37 起，占全球总数的 29%。[2]

第三，非洲本土恐怖组织也采取了"攻城略地"的策略。在"伊斯

---

[1] Colin P. Clarke and Jacob Zenn, "ISIS and Al-Qaeda's Sub-Saharan Affiliates Are Poised for Growth in 2021", Defense One, February 26, 2021, https://www.defenseone.com/ideas/2021/02/isis-and-al-qaedas-sub-saharan-affiliates-are-poised-growth-2021/172313/. Accessed 2021 – 6 – 2.

[2] Yoram Schweitzer, Aviad Mendelboim and Arella Hendler-Bloom, Suicide Bombings Worldwide in 2020, Tel Aviv: Institute for National Security Studies, January 11, 2020, p. 2.

兰国"的鼓动下，一方面，效忠于"伊斯兰国"的非洲本土恐怖组织采用暴力手段进行扩张，侵占各国政府无力管辖的脆弱地带。"伊斯兰国"还将石油、天然气等自然资源丰富的地区作为重点进攻目标。与"伊斯兰国"有着密切联系的"圣训捍卫者"在 2021 年 3 月更是一度占领了莫桑比克北部富含油气资源的帕尔马（Palma）镇，还试图进攻莫桑比克北部重要港口莫辛布瓦 - 达普拉亚（Mocimboa da Praia）。另一方面，在"统治"区域，非洲本土的恐怖组织还效仿"伊斯兰国"当年在中东地区的生存策略，通过向平民征税、开展区域非法贸易等方式牟利。

三　警惕恐怖主义利用疫情解构非洲社会

恐怖主义追求的反世俗、反现代、反民族国家在根本上与现有国际体系相对立。[①] 新冠肺炎疫情下，恐怖主义除了用武力给非洲社会带来动荡与失序外，还在非物理层面威胁着非洲国家。解构体现了恐怖主义的深层危害性，对于相对脆弱的非洲大陆而言，恐怖主义的泛滥将直接威胁各国的边界政治、国家治理和政治发展。

（一）动摇非洲国家边界政治

尊重领土与主权是当今国际体系中民族国家交往所需遵循的基本原则。受殖民影响，大多数非洲国家的政治边界由西方列强人为划分。尽管 1963 年非洲统一组织（Organisation of African Unity）成立时曾表达了非洲国家领土与边界不可变更，但跨境民族、分离主义、反政府武装等问题的长期存在使得非洲国家的政治边界具有很强的脆弱性。政治边界的脆弱性使得非洲大陆存在诸多国家力量薄弱、社会治理相对失效、民众国家意识不强的破碎地带，这些"无政府"地带便利了恐怖主义的滋生和发展。以"伊斯兰马格里布基地组织"为例，该组织在 2007 年成立之初主要在阿尔及利亚境内活动。在阿尔及利亚政府的武装打击下，"伊斯兰马格里布基地组织"自 2008 年起逐渐向萨赫勒地区转移并趁机向马里、尼日尔等国渗透。2010 年底西亚北非国家的动荡局势造成了更多的

---

①　王涛、鲍家政：《恐怖主义动荡弧：基于体系视角的解读》，《西亚非洲》2019 年第 1 期，第 118 页。

破碎地带，进一步刺激了"伊斯兰马格里布基地组织"的扩张。此外，它还利用边界管控漏洞加强了同非洲之角恐怖组织的联系，并借助马里内战伙同"信仰捍卫者"（Ansar Dine）、"西非圣战和统一运动"（MU-JAO）一度侵占了马里 2/3 的国土。[①] 疫情下，非洲国家对这类破碎地带更是难以顾及，无论是老牌的恐怖组织"博科圣地"、索马里"青年党"，还是近年来新兴的"圣训捍卫者"都借此机会加大对破碎地带的扩张力度。萨赫勒地区、乍得湖盆地、非洲之角、莫桑比克北部等地的恐怖主义呈现出规模性的扩散态势。

"伊斯兰国"在西亚地区受挫后，将非洲大陆作为恢复"政治版图"的新机遇，加强了同非洲本土恐怖组织的联系。作为曾经拥有"领土"的"伊斯兰国"，其所标榜的"哈里发"国家在根本上否认现有的国际体系，漠视民族国家的政治边界。新冠肺炎疫情防控期间，非洲大陆的大部分恐怖袭击背后都能看到"伊斯兰国"的身影。通过非洲大陆的各恐怖组织，"伊斯兰国"在西亚主体受创的情况下加速其非洲网络和节点建设，这种做法无疑将严重威胁非洲国家本就脆弱的政治边界。以原有的活动据点为基础，各恐怖组织利用疫情防控期间政府安全力量受限不断侵占政府控制的领土，并利用各个据点联动消耗政府实力、扩展势力范围。疫情以来，"伊斯兰国"大撒哈拉分支加强了对马里、布基纳法索和尼日尔三国交界地带的渗透，利用各据点势力地理上的灵活性躲避三国政府的反恐行动，同政府展开消耗战。同时，"伊斯兰国"大撒哈拉分支还持续向科特迪瓦和贝宁等国扩张，将势力范围从萨赫勒地区扩展到西非沿海。[②]

（二）同非洲政府进行政治竞争

除了实施恐怖活动外，恐怖分子还采取非暴力行为加强对民众的渗透。在萨赫勒地区和乍得湖盆地，当地的恐怖分子通过传播种族仇恨、煽动宗教矛盾等方式获取所在地普通民众对其的支持和信任。尤其在疫情防控期间，恐怖分子还通过经济手段加大渗透力度，以此博得民众的好感。美国《外交政策》（Foreign Policy）杂志就提醒国际社会注意恐怖组织利用疫情

---

① 王涛、曹峰毓：《伊斯兰马格里布基地组织产生的背景、特点及影响》，《西亚非洲》2016 年第 3 期，第 85—86 页。

② Camillo Casola ed. , *Unraveling the Sahel: State, Politics and Armed Violence*, Milan: ISPI, 2021, pp. 14–16.

采取向民众提供诸如食品和医疗保健等亲社会行为。① 历史上，索马里"青年党"就曾在饥荒期间向普通民众分发食品和医疗用品，并拍摄照片和视频用于宣传，在改善自身形象的同时将饥荒归咎于索马里政府和国际社会。

一旦恐怖组织利用疫情开展一些社会"服务"，恐怖组织就与政府展开了竞争，这无疑将切割非洲政府的职能。在非洲国家的边缘地带以及政府治理不善的地方，此举将会扩大恐怖主义的民众基础，消解政府合法性，进而有助于恐怖组织进行人员招募和扩大地区影响力。同时，伴随亲社会行为的是恐怖组织加大对政府的抹黑力度，恐怖分子通过捏造和歪曲信息，夸大政府抗疫失利，煽动民众对政府产生不信任感。"伊斯兰国"就呼吁其支持者发动"圣战"对抗政府。② 此外，在"伊斯兰国"的支持下，以"圣训捍卫者"为代表的非洲本土恐怖组织已经尝试插手自然资源，这种趋势一旦加强将对非洲政府的财政收入和地区治理造成更大压力。

（三）引发非洲国家政治发展的逆动

在民主化 30 余年的历程中，非洲国家在政治发展方面始终经历着外来模式与本国国情的碰撞，西式政体与本土政治传统之间的结构性矛盾决定了非洲国家的政治稳定具有脆弱性。新冠肺炎疫情在影响经济和社会的同时也冲击了非洲国家的政治稳定，特别是在社会运动和选举政治方面。

一方面，疫情中非洲国家爆发的社会运动集中反映了民众与国家机器间的紧张关系。殖民经历和独立的偶然性使得大多数非洲国家在国家治理方面都存在一些短板，这种短板主要表现为政府对社会的渗透力和控制力都相对较弱，无法有效地汲取民众意见和调解社会矛盾，基础性权力低下。相反，镇压反对意见的专制性权力则较为发达。③ 疫情下，许多非洲国家的防疫、抗疫政策在一定程度上未充分考虑普通民众的基本生存诉求，进而导致部分非洲国家的社会运动频发。在面对民众的抗议

---

① Colin P. Clarke, "Yesterday's Terrorists Are Today's Public Health Providers", *Foreign Policy*, April 8, 2020, https://foreignpolicy.com/2020/04/08/terrorists-nonstate-ungoverned-health-providers-coronavirus-pandemic/. Accessed 2021 - 3 - 27.

② Kyler Ong and Nur Aziemah Azman, "Distinguishing between the Extreme Far Right and Islamic State's (IS) Calls to Exploit COVID-19", *Counter Terrorist Trends and Analyses*, 2020, 12 (3), p. 18.

③ Eckart Woertz, *COVID-19 in the Middle East and North Africa: Reactions, Vulnerabilities, Prospects*, Hamburg: German Institute of Global and Area Studies, 2020, p. 3.

示威时，政治精英与民众之间存在脱节的问题，民众的基本诉求难以被采纳甚至部分国家还出现了对平民的暴力行为。尼日利亚、多哥、贝宁、利比里亚等国都发生了警务人员殴打平民的事件。政治精英与民众之间的两极分化与相互误解，容易引发政治暴力的出现和升级。政治精英与民众之间的脱节尤其是采取对民众的压制性政策将给恐怖主义以可乘之机，不少非洲国家的民众抗议行动中出现了与恐怖组织相关的小型武器和爆炸装置。反过来，频发的社会骚乱和政治暴力又会助长地区暴力极端主义思潮。

另一方面，疫情暴露出部分非洲国家的政治包容性较低，疫情沦为了政治选举的工具。部分非洲国家政府借用疫情打压反对派，以抗议为由禁止反对派的政治活动，拘禁反对派领导人，利用危机压制反对派和影响选举。例如 2020 年 4 月，多哥政府利用宵禁拘禁反对派领导人埃德姆·科乔（Agbéyomé Kodjo），引发其支持者的不满；2021 年乌干达总统大选前夕，政府以违反防疫规定为由多次逮捕反对派总统候选人波比·沃恩（Bobi Wine），引发乌干达多地发生大规模游行示威和暴力事件。[①]政治上缺乏包容和透明性使得反对派的政治诉求长期得不到解决，反对派在政治上越被边缘化，与暴力极端主义结合的倾向就越高。历史经验表明，非洲国家的"反对派—反政府武装—恐怖组织"之间并非界限分明，而是存在着转化链条，当前部分反政府武装的暴力行为与恐怖活动越来越难以区分就是例证。

在恐怖主义的渗透和煽动下，疫情防控期间非洲国家的社会运动和选举政治都出现了频繁的暴力事件甚至使用了武器。暴力事件造成了非洲国家的社会撕裂，同时引发了部族主义和宗教极端主义的抬头，这从根本上偏离了非洲政治发展的两大任务，即民族国家建设和民主政治建设。

四　非洲国家应成为解决地区恐怖主义的主导力量

以往，域外大国和国际组织等在非洲大陆的反恐行动在很大程度上掩盖了非洲国家反恐能力的短板，新冠肺炎疫情则深刻暴露出非洲国家在独自面对恐怖主义时的无助性和脆弱性。新冠肺炎疫情下，非洲国家

---

① 以上案例均根据"武装冲突地点与事件数据库项目"（ACLED）整理所得，参见 https://acleddata.com/? s = Africa，最后访问日期：2021 年 6 月 2 日。

在安全领域既要应对卫生和健康问题，又遭遇着内战、国家间交恶、军事政变、反政府武装、民众抗议以及海盗等诸多挑战。在此情况下，"伊斯兰国"在非洲大陆的死灰复燃和本土恐怖组织的反弹使得非洲国家无力招架恐怖主义的蔓延和侵蚀。在这种情况下，国际社会的安全援助固然重要，但有效应对恐怖主义在根本上还需要非洲国家自身的努力。

面对恐怖主义带来的直接安全威胁，非洲国家应当加强自主安全建设，尤其是建立以反恐为主要目标的安全机制。在长期依赖联合国和欧美等国的维和与驻军的情况下，大多数非洲国家的安全力量建设薄弱，无法自主地应对安全挑战。近年来，非洲国家在非盟的框架下陆续成立了非洲待命部队（African Standby Force）、非洲快速反应部队（African Capacity for Immediate Response）等安全单位，用以维持和保障地区安全。但这些安全单位的职能过于广泛，并非针对恐怖主义。资金、装备和人员等方面的限制也使得这样的安全单位在反恐问题上难有作为。当前在恐怖主义肆虐的情况下，非洲国家的当务之急是建立以非盟或各次区域组织为主导的反恐机制，统一反恐标准，对恐怖组织、反政府武装、民兵组织以及海盗等进行有效界定。同时坚持区域性联合反恐，避免恐怖势力利用个别国家的反恐力量真空而进行转移和喘息。

从长期来看，非洲国家应加强国家能力建设以抵消恐怖主义的滋生和扩张。恐怖主义之所以能借助疫情在非洲大陆大肆蔓延主要是非洲国家本身在汲取能力（extractive capacity）、调控能力（steering capacity）、合法化能力（legitimation capacity）等方面存在短板。[①] 在疫情的冲击下，非洲国家难以应对多维度危机，因而使得恐怖主义得以乘虚而入。在汲取能力方面，非洲国家需要增强调控社会经济资源的能力，利用财政收入和支出保证社会公共产品的公平、公正分配。同时，非洲国家应当重视对破碎地带的修复，加强对边境地区和以往政府管控力较弱地区的治理，防止这些破碎地带被恐怖主义反复"感染"并成为恐怖主义活动的温床。在调控能力方面，面对整个大陆的经济困境，非洲国家需要在经济上联合自强和推动经济数字化转型来应对疫情冲击。2021年1月1日全面启动的非洲大陆自由贸易区（AfCFTA）展示了非洲国家复苏经济的决心。在经济联合自强的基础上，非洲国家还应注重各自财政计划的调

---

① 关于国家能力的分类学界有多种版本，这里采用王绍光等的分类，参见王绍光、胡鞍钢《中国国家能力报告》，辽宁人民出版社，1993，第6页。

整和减轻国际债务，打击腐败。由于经济诱惑一直是恐怖组织招募成员的强有力手段，疫情造成的失业、返贫、饥饿等问题都容易诱发恐怖主义的滋生和扩散。因此，非洲国家在宏观经济调整的同时也应关心个体的经济活动，增加就业渠道，帮助因经济问题被恐怖主义渗透的人员重返社会。在合法化能力方面，非洲国家在疫情之下更应该照顾本国境内少数民族和不同宗教信徒的诉求，确保防疫政策不会对这类人群的风俗习惯造成破坏。对于恐怖组织利用疫情散布极端主义思潮、歪曲宗教教义、诋毁政府抗疫等行为，非洲政府需要加强网络监管，对网络恐怖主义予以有针对性的打击。

此外，非洲国家需要采取更加包容的政治手段，谨慎使用国家力量。对于普通民众，非洲国家应当保证社会舆情的畅通和民众诉求的表达，充分考虑疫情对普通民众生活的实质影响，并在此基础上出台人性化的防疫措施，降低运用警察、军队等强制力量推行防疫法规的频率。对于政治反对派，执政党应当与其开展平等的协商和沟通，妥善对待反对派领导的抗议示威活动，防止此类活动被恐怖主义所渗透和利用，进而危害公共安全。在疫情加剧政治风险和动荡的情况下，非洲国家更应该回归传统政治智慧、结合本国国情妥善处理政治分歧，营造共识、维护国家团结。历史上，无论是列奥波尔德·塞达·桑戈尔（Léopold Sédar Senghor）提出的"黑人传统精神"，还是约韦里·卡古塔·穆塞韦尼（Yoweri Kaguta Museveni）推行的"抵运制"，都结合了各自国情和非洲传统政治智慧，在特定时期解决了政治分歧，推动了民族国家建设。当前，在疫情激化社会矛盾的情况下，非洲国家更应该采取包容性政策，发扬非洲传统政治智慧中"大树下的民主"。政府应与不同政见者进行广泛的沟通，以此消除或缓解潜在的政治危机，进而杜绝恐怖主义利用政治矛盾散播极端主义思潮和招募成员。

结　语

自 2006 年《联合国全球反恐战略》（The UN Global Counter-Terrorism Strategy）通过后，全球性的反恐行动已实施了十余年。然而，2021 年阿富汗局势的迅速变化意味着美国等西方国家主导的"反恐"失败。与此同时，新冠肺炎疫情则进一步暴露出西方国家在反恐问题上的利己主义和双重标准。以往，美、法等国多以"反恐"为名扩大在非洲的军事存在，将非洲各国作为其地缘战略棋子。然而，随着美国的战略收缩和战略转移，非洲在美国的对外战略中处于边缘位置，美国对非洲安全的关注度也随之下降。在恐怖主义借助新冠肺炎疫情在非洲大陆大肆蔓延的情况下，美国不仅未加大对非洲反恐的人力和物资投入，反而削减了在非洲的反恐行动。尼日利亚总统穆罕马杜·布哈里（Muhammadu Buhari）就曾于 2021 年 8 月 15 日在英国《金融时报》（*Financial Times*）上公开表示，非洲国家打击恐怖主义离不开国际社会的帮助，国际社会需要在阿富汗局势变化下为非洲反恐提供更多援助。[①]

　　西方国家在非洲反恐问题上的消极意愿和新冠肺炎疫情对非洲国家政治、经济和社会等领域的实质性影响刺激了非洲国家"自主＋联合"的反恐模式初现雏形。"自主"，即非洲国家调整角色定位，使自身成为反恐的主角，减少外部势力对非洲安全问题的干预。例如，莫桑比克政府谨慎地回应了美国的反恐支持，尼日利亚也加大了对"博科圣地"的打击力度。"联合"则指非洲国家发挥非盟和各次区域组织的作用，扩大国家间合作，共同应对新冠肺炎疫情给非洲国家带来的经济、社会危机以及政治、安全动荡。具体到反恐领域，2021 年 6 月南部非洲发展共同体（Southern African Development Community）通过了关于各成员国一致打击莫桑比克恐怖主义的决议，这是非洲国家联合反恐的有益尝试。同年11 月，乌干达与刚果（金）协同打击民主同盟军。在萨赫勒地区，布基纳法索、乍得、马里、毛里塔尼亚和尼日尔五国继续发挥联合部队在区域反恐中的作用。"自主＋联合"不失为非洲国家在新冠肺炎疫情下应对恐怖主义的有益尝试。"自主"解决了疫情下国际反恐行动的短缺问题，同时避免了西方国家主导的反恐对非洲国家政治和安全架构的破坏。"联合"除了可以杜绝恐怖主义在地理上的联动和转移外，反恐之外的综合性政策协调还有助于非洲国家共同应对新冠肺炎疫情对各领域的冲击，从而实现经济恢复和政治稳定，更好地阻断恐怖主义利用新冠肺炎疫情蔓延。

【责任编辑】李鹏涛

[①] Muhammadu Buhari, "Africa Needs More Than US Military Aid to Defeat Terror", *Financial Times*, August 15, 2021, https://www.ft.com/content/5e50eed6-1ca6-4a28-8341-52157b2f946e. Accessed 2021－8－20.

非洲研究　2022 年第 1 卷（总第 18 卷）

第 42—56 页

SSAP © , 2022

韩国对非政策的发展历程和特点研究[*]

裴钟硕

　　【内容提要】 韩国对非外交政策随着国际局势的变化不断调整。冷战时期韩非关系的重点在政治利益上，冷战结束后，韩国聚焦以中美日俄为核心的"四强外交"，非洲一度处于韩国外交的边缘地带。直到 2006 年发表《非洲开发韩国倡议》，韩国对非政策迎来了新的转折点。韩国对非政策目前面临政治影响力不足、投资与贸易长期低迷不振、对非援助缺乏一贯性和持续性等挑战。为了弥补硬实力方面的局限性，近年韩国在公共外交领域另辟蹊径，通过"软实力外交"，在非洲构建积极正面的国家形象。

　　【关键词】 韩国；非洲；官方开发援助；公共外交

　　【作者简介】 裴钟硕，韩国成均馆大学文学博士，复旦大学外国语言文学学院讲师（上海，200433）。

　　韩非关系在国际局势不断变化调整的背景下，进退反复，缓慢向前。截至 2020 年底，韩国与加入联合国的 54 个非洲国家均建立了外交关系，在其中的 24 个国家设立使领馆，20 个非洲国家在韩国设有大使馆或代表部。[①] 长期居住在非洲的韩国人为 10000—11000 名，占整个海外侨民的

---

　　*　本文获得复旦大学亚洲研究中心 2019 年度科研项目和复旦大学 2020 年度原创科研个性化支持项目资助。

　　①　《非洲地区概况与我国的关系》，韩国外交通商部官网，https://www.mofa.go.kr/www/wpge/m_3551/contents.do，最后访问日期：2021 年 6 月 21 日。

0.15%左右。① 韩非贸易规模在2015—2019年均未突破200亿美元，② 不到韩国对外贸易总额的3%。

国内学界对韩非关系的关注较少，2000年以来涉及韩非关系的期刊文献不到10篇，研究主要集中于以下几个方面：第一，冷战后韩国对非外交的策略与展望；③ 第二，韩国对非外交的发展历程和评价；④ 第三，着重分析韩国对非能源外交。⑤ 韩国学界关于对韩非关系的研究成果相对较多，大部分聚焦经济领域，尤其是对非援助方面，⑥ 凸显了韩国对非"实利外交"之倾向。以上研究成果多以韩非外交现状或策略为切入点，对于韩国对非外交与经济政策的相关性、公共外交政策等话题鲜有讨论。因此，笔者收集和分析韩国政府机构和新闻媒体发布的一手数据，试图弥补上述研究盲点，增益相关研究。

一　韩国对非外交政策的发展历程与特点

韩国对非外交政策经历了以下四个阶段：一是"朝韩建交竞争期"，二是"多边外交过渡期"，三是冷战后长达15年的"冷淡期"，四是

---

① 《在外侨胞居住资格分类现状》，韩国外交通商部官网，https://www.mofa.go.kr/www/wpge/m_21508/contents.do，最后访问日期：2021年6月20日。

② 根据韩国贸易协会（https://stat.kita.net/stat/world/trade/CtrImpExpList.screen#，最后访问日期：2021年6月20日）统计，2015—2019年，韩非贸易额分别为189.1亿美元、186.2亿美元、180.4亿美元、193.1亿美元和160.3亿美元。

③ 郑继永：《韩国与非洲关系述评》，《西亚非洲》2010年第1期，第22—28页；郭锐、梁立昌：《冷战后韩国对非洲政策的范式转换：从政治功利主义到经济实用主义》，《西亚非洲》2021年第1期，第138—160页。

④ 王涛、辛沼沿：《论韩国对非外交的缘起与发展》，《非洲研究》（2015年第2卷）总第7卷，中国社会科学出版社，2016，第50—66页。

⑤ 郭锐：《韩国海外能源开发战略及对非洲能源外交》，《韩国研究论丛》第二十九辑（2015年第1辑），社会科学文献出版社，2015，第63—77页。

⑥ M. Park，J. Kim and J. Ko，"A Study on Effects of Korea's ODA Policy towards African Development Cooperation"，*Journal of International Trade & Commerce*，2019，15（4），pp. 327 - 349；D. Kim，W. Cho，Y. Song and K. Chung，"Critical Evaluation of Korea's Aid Policy toward Africa"，*Journal of International Area Studies*，2014，17（4），pp. 283 - 213；韩承宪：《韩国的非洲开发合作现状与战略建议》，《国际开发合作报告》，韩国国际合作团，2011，第76—94页。

2006 年后的"实利外交期"。①

（一）朝韩建交竞争期（1960—1972 年）

二战结束后，朝鲜半岛分别成立了韩国和朝鲜两个国家。冷战格局长期延续，双方被卷入不同意识形态的两大阵营中，朝韩之间的竞争愈演愈烈。为了在竞争中占据优势，韩国对非外交采取了"竞争性建交"和"联合国拉票"等政策，② 未能实现以经济利益为导向的实利外交。

20 世纪 50 年代，持续三年的朝鲜战争让韩国经济遭到沉重的打击，从以美国为首的西方国家获得经济援助和国家安全保障成为韩国外交的首要任务。韩国政府无暇顾及第三世界，加上自身对非认知的欠缺，导致当时的韩国外交部没有设置非洲相关部门，对非外交处于空白状态。到了 20 世纪 60 年代，情况出现了大转变。被称为"非洲独立年"的 1960 年，17 个非洲国家宣布独立，纷纷加入了联合国，成为联合国的"票仓"。因为非洲国家在民族独立过程中显现出反殖反帝主义倾向，联合国版图也发生了微妙变化。韩国发现，在朝鲜半岛相关议题上，仅靠西方国家的支持不可能轻松通过有利于本国的决议。1961 年，韩国与喀麦隆、乍得、科特迪瓦、尼日尔、贝宁和刚果（金）等非洲国家建交，拉拢更多非洲国家，牵制它们支持朝鲜或采取有利于朝鲜的政策。③

（二）多边外交过渡期至冷淡期（1973 年至 21 世纪初）

20 世纪 70 年代，韩国经济步入正轨，经济规模赶超朝鲜，加上中美关系缓和，韩国对非外交有了更多的周旋空间。1973 年 6 月 23 日，朴正熙总统宣布"和平统一外交政策宣言"，表示灵活适用"哈尔斯坦主义"④，挣脱朝韩之间的消耗性建交竞争。⑤ 1979 年第二次石油危机爆发，

---

① 笔者参考李浩英（1999）、李汉奎（2009）观点和韩国《外交白皮书（2019）》，将韩国对非外交政策划分为四个阶段。

② 李汉奎：《韩国的对非政策及对马格里布地区的外交战略与课题》，《国际地区研究》2009 年第 13 卷第 3 号，第 346 页。

③ 李浩英：《韩国对非外交：非洲再评价与发展方向》，《韩国政治学会报》1999 年第 33 卷第 3 号，第 371—390 页。

④ 哈尔斯坦主义作为西德的外交政策，不承认东德，不同与东德建交的任何国家建立或保持外交关系。韩国自成立至 1973 年，采取了该政策，不同与朝鲜建交的任何国家建立外交关系。

⑤ 截至 1972 年，40 个非洲国家与朝鲜建交，28 个非洲国家与韩国建交。

资源极度匮乏的韩国产生了强烈的能源危机意识。韩国一方面扩大与中东地区的经济合作；另一方面，开始关注非洲作为能源渠道的战略意义。1982 年，全斗焕总统作为韩国国家首脑首次访问尼日利亚、加蓬、塞内加尔和肯尼亚等非洲国家，韩非经济合作和能源贸易成为峰会议题。然而，全斗焕政府未能提出具体可行的对非政策，韩非关系一直停滞不前。20 世纪 80 年代末，韩国成功举办奥运会。朝韩之间外交竞争对韩国已失去意义，韩非关系陷入了冷淡期。

冷战结束后，韩国摆脱意识形态的束缚，开始追求实利外交。韩国一方面积极推进与社会主义国家的外交，开拓中国、俄罗斯、东欧和东南亚市场；另一方面聚焦以中美日俄为核心的"四强外交"。非洲已不再是其冷战思维中的拉拢对象，加上 1997 年亚洲金融危机导致韩国政府大幅缩减预算，撤回驻非韩国使领馆，非洲在韩国外交中一度处于边缘地带。①

（三）　实利外交期（2006 年至今）

进入 21 世纪，韩国经济由低谷反弹，对资源和新兴出口市场的需求快速增加，韩国再次关注到非洲大陆的潜力。正逢该时期全球掀起"非洲热"，中国和日本等东亚主要国家积极推行对非投资和援助，对韩国造成一定压力，于是韩国效仿中日两国，扩大在非洲的影响力。2006 年卢武铉总统访问尼日利亚、阿尔及利亚和埃及等非洲国家，发表《非洲开发韩国倡议》（Korea's Initiative for Africa's Development），② 韩国对非外交迎来了新的转折点。③ 该倡议承诺三年内对非官方开发援助（ODA）增加 3 倍，年均达到 1 亿美元，重点扶持农渔村开发、行政制度、医疗卫生、教育和信息通信五大领域，邀请 1000 名非洲进修生访韩，扩大人道主义志愿者团队。同年首届"韩非论坛"在首尔召开，韩国政府逐年恢复驻非使领馆，并启动"经济发展经验共享项目"。

2008 年李明博就任总统后，在非洲、中南美和欧亚大陆大力开展"资源外交"，④ 支持韩国企业在纳米比亚、喀麦隆和马达加斯加等非洲国

---

① 《韩国外交 60 年》，韩国外交通商部，2009，第 104 页。
② 《外交白皮书（2007）》，韩国外交通商部，2007，第 92 页。
③ G. Han，"A Methodological Reflection on African Studies in Korea and a Review for Research Topics"，*Asia Review*，2013，3（1），p. 163.
④ 《外交白皮书（2009）》，韩国外交通商部，2009，第 958 页。

家开发铀、钻石和镍等资源。虽然"资源外交"最终有高估开发价值、为开发企业提供特惠等嫌疑，沦落为"政绩工程贪腐案"，[①] 但韩国却由此认识到非洲作为"能源宝库"的重要意义。李明博执政时期，韩国还与联合国共同推进"韩国千禧村"项目，继续向非洲传授韩国发展经验和模式，以期帮助非洲国家减贫，塑造正面的国家形象。

朴槿惠执政时期加强了与非洲联盟的关系，加大力度推进"发展经验外交"，传播"韩国新村运动"发展模式，实行援助非洲农村项目"Korea Aid"，为非洲地区贫困儿童和女性提供食品医疗服务。然而，该政策没能充分考虑当地医疗条件、道路设施和饮食习惯，[②] 受到了一些谴责。

文在寅总统任期内没有访问非洲，除了延续"韩非论坛"等多边磋商机制外，主要推进对非公共外交，建设官方智库"韩非财团"，由该财团负责进行非洲区域国别研究，定期举办"韩非青年论坛""韩非商务论坛"等，增进韩非相互理解。

综上，韩国对非外交政策具有以下特点。第一，韩国对非外交深受国际政治的影响，从冷战时期的"政治利益至上主义"政策基调发展到后冷战时期"以资源为重点的实利外交"。第二，韩国对非政策从来没有占据过韩国外交的优先地位，随着总统任期一变再变，[③] 缺乏一贯性和持续性。对非政策的断层导致了对非项目难以持续跟进，无法实施中长期计划等问题。

二　韩国对非经济政策发展历程与特点

经济政策是韩国对非政策的重要组成部分，由贸易投资政策和援助政策构成。韩国政府通过制度、金融和法律层面的政策，扶持韩国企业

---

① 柳熙坤：《资源外交失败，政权更迭后产业资源部写了检讨》，京乡新闻，2005 年 2 月 9 日，http://biz.khan.co.kr/khan_art_view.html? artid = 201502090600015，最后访问日期：2021 年 6 月 22 日。

② 郑弘奎：《Korea Aid 违规拨款 143 亿（韩元）》，KBS 新闻，2016 年 10 月 26 日，https://news.kbs.co.kr/news/view.do? ncd =3364753&ref = A，最后访问日期：2022 年 4 月 27 日。

③ H. Lee, "A Study on Korean Public Diplomacy toward Africa", *Korea and Global Affairs*, 2020 (4), p. 151.

的对非贸易与投资，促进官方对非援助。

（一）韩国对非贸易投资政策

1973 年，韩国总统朴正熙发表《和平统一外交政策宣言》，摆脱意识形态束缚，着手推进以重工业发展为核心的第三个五年计划。然而，当年年底发生的中东石油危机使该计划遭到了重挫。为了弥补石油进口导致的贸易逆差，韩国政府决定以基建挣外汇。为此，韩国在制度、法律和金融层面制定了有利于"基建走出去"的政策。首先，韩国成立中东（含北非地区）经济合作委员会，并在该地区驻外使馆增设交通建设参赞，搜集所在国建设交通信息，了解市场需求和企业竞争等行情，为基建类企业提供精准指导和服务。其次，制定法律禁止建筑行业在国外恶意竞争，规范投标、承包、转包等行为。最后，政府为基建出口企业提供保险、担保、贷款、减税等金融支持。

20 世纪 80 年代，韩国东亚建设公司从 64 个竞争对手中脱颖而出，成功中标被称为"20 世纪最大工程"的利比亚大人工河一期工程，该工程造价 36 亿美元，历时 7 年 7 个月完成。由于提前完工，表现良好，该公司又拿到了二期工程，造价 53 亿美元，历时 8 年。

进入 21 世纪，韩国在制度和金融层面推进韩非双边贸易与投资。在制度层面，自 2006 年起，每三年举办一次政府层面的多边磋商机制"韩非论坛"，每年举办民间层面的"韩非商务论坛"、"韩非中小企业对接论坛"和"首尔—非洲对话"。自 2013 年起，韩国国会不定期举办"非洲新时代论坛"，从立法层面探讨对非经贸与投资政策。在韩非贸易投资的重点领域——能源行业，韩国成立由国企负责人和专家组成的"进驻非洲专家协议会"，向对非投资企业提供针对性信息服务。另外，韩国还加强与阿尔及利亚、利比亚等产油国的经济合作，成立韩—阿尔及利亚经济合作会议、韩—利比亚共同委员会、韩—阿尔及利亚新城论坛及特别技术委员会，通过民间渠道提高产油国基建类和工程类项目的中标率。

在金融方面，为了降低对非贸易投资企业的风险，官方出口信用保险机构（ECA）持续加大出口金融和出口保险扶持力度。首先，2006 年韩国政府、韩国进出口银行和非洲开发银行共同成立韩非经济合作协议体，持续提高基建类工程类大型项目出口企业的贷款额度，提供中长期出口保险和履约保证保险。政府和公共机关共同出资成立"全球基建基金"，为对非投资企业提供交涉费和调研费等经费，提升在非竞标成功率，对于超大型工程项目提供"一案一议"资助方案。2007 年 GS 集团在埃及成功中标 20 多亿美元的石油化工厂，2018 年韩国三大通信营业商之一的 KT 在埃及和苏伊士运河区域供应智能技术与设施。2020 年，韩国大宇工程和配套中小企业在莫桑比克的大型综合液化天然气项目上获得了 5 亿美元的金融支持。其次，韩国进出口银行和东南非贸易与开发银行（TDB）为已进入非洲地区的机械类、电子产品和汽车类中小企业提供转贷金融，仅在 2020 年就提供了 1 亿美元。最后，针对韩非能源开发企业，韩国企划财政部、非洲开发银行和韩国进出口银行签署了每年 1 亿美元规模的《韩非能源投资框架协议》，持续增加"能源资源特别会计"制度的民间扶持比重。在政策支持下，韩国天然气公司于 2013 年 3 月在莫桑比克首都建设完成天然气供应设施，获得了天然气股份。

然而，韩国对非贸易投资政策的成效并不显著，双边经贸规模长期没有明显向好，占其对外经贸总额的比重很少。2018 年韩非贸易规模仅为 193.1 亿美元，仅占韩国对外贸易总额的 1.7% 左右，在非洲对外贸易总额中的占比也不到 2%。[①] 韩国对非直接投资近十年也停滞不前，远低于韩国对世界其他地区的投资（见图 1）。可见，韩国虽为出口导向的贸易强国，但是主要贸易伙伴集中在欧美和亚太地区，对非经贸处于较低水平。

韩国对非经贸关系的特点如下。

第一，根据自身发展阶段采取不同的对非经贸政策。20 世纪末，经济起飞过程中的韩国通过制度和法律支持，为"基建"行业进入北非地区铺平了道路，连续 15 年参与了利比亚大人工河工程。进入 21 世纪，已成为全球贸易强国的韩国，通过制度改善和金融扶持，助力企业开拓非洲市场。

第二，对非贸易投资国别相对集中，政策尚不完善。截至 2021 年 10 月，韩国与非洲 17 个国家签署了投资保障协议，其中 12 个已生效。与非洲 10 个国家签署了避免双重税收协定，其中 8 个已生效。也就是说，在大部分非洲国家与地区，韩国企业的经贸活动还无法得到充分的保护，导致对非投资与经贸往来也主要集中在埃及、利比亚、阿尔及利亚、南非等国家；对非金融扶持也停留在"项目制"或个别领域的点对点政策，未能做到点对面的覆盖。

① 李镇相：《非洲投资，正是时候》，亚洲新闻，2020 年 3 月 30 日，https://www.ajunews.com/view/20200329080301874，最后访问日期：2021 年 6 月 21 日。

第三，投资领域有限，投资主体单一。韩国对非投资领域从 20 世纪末的基建行业转移到能源领域，近几年试图实现多元化，延伸到家电、手机和智能设施等行业。投资主体大多为抗风险能力较强、政府扶持力度较大的大企业，非洲部分地区的安全局势和宏观经济能力以及韩国对非贸易投资政策的不完善导致韩国中小企业缺乏对非投资的动力。

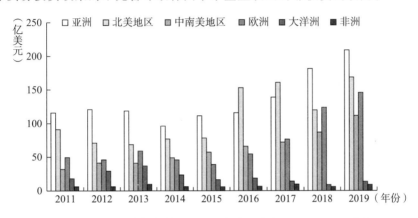

图 1　韩国对外直接投资（FDI）的地区分布（2011—2019 年）

资料来源：笔者根据韩国进出口银行统计数据自制，见《各地区海外直接投资现状》，韩国进出口银行官网，2021 年 5 月 10 日，https://kosis. kr/statHtml/statHtml. do? orgId = 102&tblId = DT_ AS10203_ N003&vw_ cd = MT_ ZTITLE&list_ id = S2_ 16&scrId = & seqNo = &lang_ mode = ko&obj_ var_ id = &itm_ id = &conn_ path = E1，最后访问日期：2021 年 6 月 22 日。

（二）韩国对非援助政策

在对非投资长期低迷的背景下，韩国对非经济政策主要集中在对外援助。韩国自政府成立到 20 世纪 90 年代初，一直是国际社会受援国，1992 年才迈入援助国行列。为了开展官方开发援助，韩国 1987 年设立对外经济合作基金（EDCF），1991 年出台《韩国国际合作团法》，成立韩国国际合作团（KOICA），负责官方开发援助，制定和实施对外援助政策。[1] 韩国于 2009 年 11 月正式加入经济合作与发展组织（OECD）属下的发展援助委员会（DAC），[2] 2010 年出台《国际开发合作基本法》，为

---

[1] *A Must-read Book for the First Time as a Citizen of World*，Seongnam：KOICA ODA Education Center，2016，p. 46.

[2] *Numerically Regraded ODA*，Seoul：The Export-import Bank of Korea，2014，p. 6.

官方开发援助奠定了法律基础。

2019 年韩国 ODA 规模为 19.03 亿美元，其中亚洲地区援助金额为 9.39 亿美元，占 49%，非洲地区援助金额为 5.06 亿美元，占 27%，两地区加起来占韩国 ODA 整体规模的 76%。值得关注的是，韩国对非援助近十年持续增加，增速比对亚洲援助快（见图 2）。

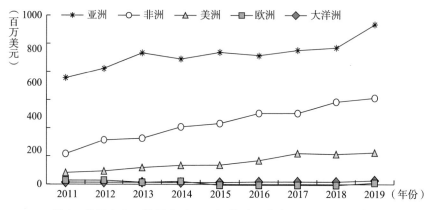

图 2　韩国官方开发援助（ODA）的地区分布（2011—2019 年）

资料来源：笔者根据 2020 年韩国 ODA 白皮书自制。

韩国持续增加对非援助主要有三大原因。首先是出于粮食和能源安全考虑。2019 年韩国粮食自给率仅为 45.8%，是世界第五大粮食进口国。[①] 韩国也是世界第五大原油进口国和第八大石油消费国，[②] 2019 年韩国原油进口额高达 703 亿美元，占当年韩国进口总额的 30.7%，[③] 70.3% 原油进口来自中东国家。[④] 韩国的粮食、能源消费和生产储备之间存在严重的结构矛盾，粮食和能源安全极为脆弱。非洲广袤的耕地和能源储藏潜力对韩国来说是不可忽视的战略因素。韩国对非无偿援助的 40% 集中在产业、能源和农林水产部门，这体现了韩国政府对非援助的初衷。其

---

① 李海琨：《除了米都在进口，要提升粮食自给率》，《E-Today 报》2021 年 5 月 2 日，ht-tps：//www. etoday. co. kr/news/view/2021863，最后访问日期：2021 年 6 月 22 日。

② 《业务介绍》，韩国石油公社官网，2021 年 3 月 31 日，https：//www. knoc. co. kr/sub03/sub03_4_1_1. jsp，最后访问日期：2021 年 6 月 22 日。

③ 《十大进出口项目》，e 国家指标，2020 年 6 月 26 日，http：//www. index. go. kr/potal/main/EachDtlPageDetail. do? idx_cd = 2455，最后访问日期：2021 年 6 月 22 日。

④ 崔惠玲：《韩国原有进口的 70% 是中东产，供需不足时，政府会提供储备油》，《东亚日报》2020 年 1 月 8 日，https：//www. donga. com/news/article/all/20200108/99140259/1，最后访问日期：2021 年 6 月 22 日。

次是经济原因。非洲地区在基建开发和消费潜力方面是全球公认的新兴市场。韩国实现出口市场多元化，在管控对外贸易依赖度过高导致的风险过程中，非洲是不容忽视的新兴市场。① 最后是中国和日本等东亚国家大力援助非洲，韩国也不甘落后，开始效仿，以期扩大在非影响力，在国际社会塑造"负责任国家"的形象。

然而，2015—2019 年韩国 ODA 金额在国民总收入（GNI）中的占比为 0.15%—0.16%，远不及加入 DAC 国家的平均值 0.3%。② 为了在有限的援助范围内增强 ODA 的效果，实现国家利益最大化，韩国对非援助采取"选择与集中"政策，③ 即参考国际援助标准和执行条件，综合评价地区分布和收入水平，选择重点合作国家，集中提供有偿或无偿援助。2020 年韩国对非 7 个重点合作国家为撒哈拉以南地区的坦桑尼亚、塞内加尔、加纳、埃塞俄比亚、卢旺达、乌干达和莫桑比克。④

ODA 的"选择与集中"政策，虽然可以实现援助效果的最大化，其弊端也较为明显。2018 年韩国 ODA 的 45.3% 集中在产业、能源、农林水产和公共行政领域，⑤ 附带条件援助（Tied Aid）占整个 ODA 的 41.4%。⑥ 也就是说，ODA 集中扶持重点合作国家的基础设施、能源开发和农业等进出口市场领域。这一政策遭到了国际社会的质疑，认为韩国对非援助立足于本国政治经济利益，没有充分关注受援国的减贫和生活质量的提高。

三　韩国对非公共外交政策

2010 年，韩国宣布该年度为"公共外交元年"，将政治外交、经济外

---

① S. Choi, "Assessment of ODA Cases and Programs for African Countries", *The Korean Journal of Local Government Studies*, 2011, 23 (1), pp. 277 – 303.

② 《2020 年韩国 ODA 白皮书》，韩国国务调停室，2020，第 121 页。

③ 《选择重点合作国家，选择与集中式 ODA，突出援助效果》，韩国对外经济合作基金官方博客，2019 年 11 月 15 日，https://blog. naver. com/edcfkorea/221718126331，最后访问日期：2021 年 6 月 21 日。

④ 《2020 年度非洲地区各国项目预算》，韩国国际合作团官网，https://www. oda. go. kr/opo/stat/mainInfoPage. do? P_SCRIN_ID = OPOA308000S01#n，最后访问日期：2021 年 6 月 21 日。

⑤ 《2018 年度对外无偿援助业绩》，韩国国际合作团官网，https://www. oda. go. kr/opo/stat/mainInfoPage. do? P_SCRIN_ID = OPOA308000S02#n，最后访问日期：2021 年 6 月 21 日。

⑥ 《2020 年韩国 ODA 白皮书》，韩国国务调停室，2020，第 130 页。

交和公共外交设为韩国外交"三大轴"，开始加强公共外交力量。① 随后，2011 年任命公共外交大使，2016 年 2 月制定《公共外交法》，2018 年成立了外交部属下的公共文化外交局，由该局负责指导和监督公共外交平台及机构。目前，韩国对非公共外交采取"多部门整合，品牌化运作"的模式。

韩国持续加强对非公共外交的背景主要有三点。首先，与中美日等周边国家相比，韩国深知依靠硬实力不足以提升国际地位和国家价值，因而采取"迂回策略"，通过软实力靠近非洲大陆。其次，目前韩国消费的大部分能源还依赖中东地区。可以说，石油供需结构多元化对韩国经济的重要性仅次于半岛和平环境。稳定的石油供应，一方面需要加强对非资源合作；另一方面还要通过软实力外交，在非洲达成共识和让其产生好感，助推长期稳定的合作关系。最后，对非官方开发援助遭到了质疑，"韩国发展经验传授外交"引起非洲当地群众反感。

（一）韩国对非公共外交平台

公共外交平台作为公共外交活动的载体，为其提供活动空间和资源。目前韩国对非公共外交平台主要有文化外宣、韩国学推广、人员派遣和智库等四类平台。

一是文化外宣平台。韩国通过驻非韩国文化院和文化宣传馆宣传韩国文化，并由世宗学堂普及韩国语。截至 2021 年 6 月，韩国在埃及、尼日利亚和南非成立了 2 个韩国文化院和 1 个文化宣传馆。② 考虑到北非和撒哈拉以南地区的文化隔阂，3 个文化外宣平台无法覆盖整个非洲大陆，当前由驻非 24 个使领馆负责或协助开展文化宣传活动。普及韩国语则由分布在非洲 10 个国家的 10 所世宗学堂负责执行。③

二是韩国学推广平台。韩国外交部属下的韩国国际交流财团成立于 1991 年 12 月，负责对外文化艺术交流，振兴海外韩国学，扩大国际合作网络。

三是人员派遣平台。韩国外交部属下的韩国国际合作团成立于 1991

---

① W. Baek, "Strategies and Policies of South Korean Public Diplomacy: Preliminary Conceptualization of Its Typology", *National Strategy*, 2017, 23 (3), pp. 5 - 32.

② 《韩国文化院介绍》，韩国文化体育观光部海外文化宣传院官网，https：//www. kocis. go. kr/koccIntro. do，最后访问日期：2021 年 9 月 19 日。

③ 《世界各地的世宗学堂》，韩国世宗学堂财团官网，2020 年 6 月，https：//www. ksif. or. kr/ste/ksf/hkd/lochkd. do？ menuNo = 20101800，最后访问日期：2021 年 6 月 21 日。

年，既负责 ODA 制定与实施，也负责志愿者派遣和进修生邀请项目。
2019 年 KOICA 经费中，援助项目费占44%，志愿者派遣费占20%，进修
生资助费占 6.4%。① 经济援助与人员派遣为一体的"双轨并进"模式，
大幅度加大了韩国公共外交整合力度，减少了官方色彩，潜移默化地影
响当地人民对韩国的认知。

四是智库平台。智库建设在知识储备和人才储备方面具有不可替代
的重要作用，在非洲研究与咨政方面，韩国目前有官方智库和高校智库。
2018 年成立的韩非财团是韩国外交部属下的官方智库，负责进行非洲区
域国别研究，为官方科学决策提供理论和现实依据，举办各类论坛和研
讨会，宣传和支持韩非双边关系，改善韩国人的对非偏见和认知。② 最具
代表性的高校智库是 1977 年成立的韩国外国语大学非洲研究所，通过调
研、举办学术会议和出版学术期刊等活动，致力于建设"韩国范式的非
洲学"，培养"非洲通人才"。③ 随后庆熙大学和灵山大学成立了非洲研
究所，培才大学成立了马格里布研究所，国立首尔大学的法语文化研究
所和釜山外国语大学的地中海研究所也开展了非洲研究。

（二）韩国对非公共外交模式

韩国政府根据 2009 年出台的《对非开发合作先进化方案》，整合资
源，以品牌化运作方式开展对非公共外交。

首先是"韩流"文化的品牌化运作。根据韩国国际交流财团和外交
部共同编写的《2020 地球村韩流现状 IV：非洲和中东地区》，韩国在非
洲 22 个国家传播以"K-cuiture"品牌为主导的韩流文化。例如，在非洲
官方电视台播放人气韩剧，上映韩国电影，举办韩国电影节和 K-pop 演
出，开展韩国料理烹饪大赛和试餐活动，资助跆拳道馆的开设与运营，
在当地社区成立世宗学堂，并在大学开设韩国语公选课（见表1）。通过
电视剧、电影等大众媒体和韩国料理比赛、跆拳道等与日常生活息息相
关的文体活动，接近非洲当地群众，可以无时无刻渗透韩国文化和价值

---

① 《KOICA 统计查询服务》，韩国国际合作团官网，http://stat. koica. go. kr/ipm/os/acms/
smrizeBtypList. do? lang = ko，最后访问日期：2021 年 6 月 22 日。

② 《一般现状》，韩非财团官网，https://www. k-af. or. kr/load. asp? subPage = 110，最后访
问日期：2021 年 7 月 1 日。

③ 《研究所介绍》，韩国外国语大学非洲研究所官网，http://203. 253. 67. 30/wp/? page_id =
24，最后访问日期：2021 年 7 月 1 日。

观，引导群众建构正面的韩国形象。走进大学和当地社区的"韩国语课程"，可以更主动和更直接地普及韩国语和韩国文化，初步形成兼顾社区民众和精英阶层的多层次多样化格局。此外，韩国外交部还推出"K-lover"品牌，资助非洲的韩流兴趣俱乐部和相关协会，谋求韩流文化在本土的跨阶层传播。"K-lover"品牌资助的非洲兴趣俱乐部和协会由 2014 年的 65 个增至 2018 年的 140 个。①

表 1　部分非洲国家"韩流"传播现状

	韩剧（官方电视台）	韩国电影（电影节）	K-pop（演出）	韩国料理（活动、比赛等）	跆拳道（开馆）	韩国语（机构、课程）
坦桑尼亚	✓				✓	
塞内加尔	✓	✓			✓	大学公选课
加纳	✓	✓	✓	✓	✓	大学公选课
埃塞俄比亚	✓		✓	✓	✓	大学公选课、世宗学堂
埃及	✓		✓	✓	✓	大学公选课、世宗学堂
卢旺达	✓	✓		✓	✓	
乌干达	✓	✓	✓	✓	✓	大学公选课、世宗学堂

资料来源：韩国国际交流财团、韩国外交部编写《2020 地球村韩流现状Ⅳ：非洲和中东地区》，2021，第 8—344 页。

其次是人员派遣的品牌化运作。2009 年韩国国际合作团整合外交部、科技信息通信部、教育部、产业通商资源部和保健福利部各自运营的志愿者派遣项目，搭建了对外人员派遣的统一渠道——"WFK"（World Friends Korea）志愿者品牌，防止各部门业务割裂，重复派遣导致资源浪费。2019 年韩国向非洲25 国派遣了 918 名志愿者，② 这些志愿者由公共

---

① 《韩流扩散》，韩国外交通商部官网，https://www.mofa.go.kr/www/wpge/m_22751/contents.do，最后访问日期：2021 年 6 月 21 日。
② 《2019 World Friends Korea 主要统计》，韩国国际合作团官网，https://www.koica.go.kr/sites/koica_kr/down/%ED95%9C%EB%88%88%EC%97%90%20%EC%9D%BD%EB%8A94%202019%EB%85%84%20World%20Friends%20Korea%20%EC%A3%BC%EC%9A%94%ED%86%B5%EA%B3%84.pdf，最后访问日期：2021 年 6 月 21 日。

行政、医疗卫生、教育、农林水产和技术环境能源五个领域的38类职业人员组成，可分为韩医药志愿者，教师志愿者，跆拳道和平志愿者，专家志愿者，为当地群众传授烹饪、美容和电脑技能的高职院校毕业生志愿者，入住当地社区解决生活问题的普通志愿者。民间各类人参加的志愿者项目，淡化了政府背景，志愿者深入当地社区，和草根阶层拉近关系，减少了当地群众对过去"韩国开发模式""韩国新村运动"等单方面"经验传输外交"引发的反感，提升了文化渗透力。

与志愿者派遣同步的有高层次进修生培训项目。2012年KOICA推出非洲进修生培训品牌"CIAT"，邀请非洲的公务员、技术人员、研究员和决策人员到韩国高校、地方政府和企业进行2—3年的学习和实践，部分可以获得硕士学位。近十年，韩国每年邀请400多名非洲进修生。选拔和资助当地精英到韩国接受教育，不仅有助于非洲当地的政策开发和产业发展，① 还可以培养非洲"知韩派"人士。

韩国政府在公共外交领域另辟蹊径，通过软实力构建积极正面的国家形象，具有如下特点。第一，整合资源，推进品牌化建设，凸显韩国对非公共外交的重点和亮点，宣传与他国相区别的个性化政策，以此提升国家形象。第二，淡化官方背景，突出民间参与。世宗学堂和KOICA均由官方出资，却不干涉当地项目的行政业务，交由当地负责人执行日常业务，尤其是各类"志愿者"项目塑造类似国际NGO的形象，减少当地对国外文化灌输的戒心。第三，文化外交与高层次人员交流"双轨并进"模式，可以培养非洲"知韩派"精英，以此提升国家吸引力。

结　语

当代韩非关系已有半个多世纪的演进过程，在复杂多变的时代背景下，韩国对非政策不断变化，以适应时代的要求。虽然韩国对非政策出现政策断层、贸易投资政策的成效较为有限、对非援助引来质疑等问题，

---

① J. Bae and W. Ko, "Evaluation of Effectiveness on KOICA's Training Program: Focus on KOICA's Country Training Program for Tanzania", *International Development and Cooperation Review*, 2011, 3 (1), pp. 223 – 255.

对非公共外交领域的运作模式却有一定的借鉴意义。韩国整合国内资源，打造"K-culture"、"K-lover"、"WFK"和"CIAT"等对非公共外交品牌，构建"援助和人员派遣为一体"的品牌化运营模式，减少对"文化渗透"的戒心，塑造韩国的友好形象。

【责任编辑】王珩

经济与发展

非洲研究　2022 年第 1 卷（总第 18 卷）
第 59—80 页
SSAP ©，2022

宋代中国与非洲贸易图景研究[*]

武婷婷

　　【内容提要】 宋代中国已经形成了一个较为完整的海外贸易网络，逐步开拓了与非洲的贸易往来，初步建立了具有实质内涵的贸易体系。宋代古籍中有关勿斯里、木兰皮、层檀等国的记载亦成为宋人乃至后世了解这段中非交往史的关键信息。彼时，宋代不仅将航道延伸至北非，而且开辟了横跨印度洋，直达东非的越洋航线。随着宋瓷、宋币在非洲的相继出土，以及有关中非香料、象牙贸易的记载，进一步印证了中非之间存在直接贸易联系的事实，由此奠定了古代"海上丝绸之路"的基本形态。历史地看，中非关系不如"东亚秩序"那般有着紧密的等级政治依附与儒家文化烙印，仅有的是纯粹的经济互动，且是属于"两个文明圈"的交往。

　　【关键词】 中非贸易体系；非洲古国；海上丝绸之路；朝贡关系
　　【作者简介】 武婷婷，云南大学历史与档案学院博士研究生（昆明，650091）。

引　言

　　目前，学界对宋代中国与非洲海外贸易研究已有部分论著，但成果

---

　　*　本文系国家社科基金青年项目"中非命运共同体理念下构建我国对非洲安全合作升级版的对策研究"（项目编号：19CGJ028）的阶段性成果。

年代多较为久远。一方面，虽然学界关于宋代海外贸易的研究已然十分成熟，形成了若干共识，如"宋代贸易中心南移与海外贸易的拓展"[①]"宋代的政府扶持型海外贸易政策"[②]，并且逐步出现部分非洲因素，[③] 但总体上对于宋代中国与非洲贸易关系研究的关注度仍显不够。另一方面，有关中非关系的研究，早在 20 世纪五六十年代就已展开，且对古代中非关系具有极大的研究兴趣，围绕非洲古代地名考[④]、中国古代海外通道考[⑤]等形成了一批丰硕的成果，但对"宋代中国"与"非洲"的贸易关联性问题阐述较少。

一　从想象到现实：贸易与中非关系的逐步呈现

在古代中国的想象中，地理空间越靠外缘，就越荒芜，住在那里的

---

① 参见陈炎《略论海上"丝绸之路"》，《历史研究》1982 年第 3 期，第 166 页；黄纯艳《宋代海外贸易》，社会科学文献出版社，2003，第 11 页。

② 参见陈高华、吴泰《宋元时期的海外贸易》，天津人民出版社，1981；龙登高《宋代东南市场研究》，云南大学出版社，1994；李今明、廖大珂《中国古代海外贸易史》，广西人民出版社，1995；郑学檬《中国古代经济重心南移和唐宋江南经济研究》，岳麓书社，1996；郑学檬《宋代福建沿海对外贸易的发展对社会经济结构变化的影响》，《中国社会经济史研究》1996 年第 2 期；黄纯艳《宋代海外贸易》，社会科学文献出版社，2003。

③ 诸如航道目的地等研究亦涉及东非诸城邦，乃至北非马格里布地区的古代伊斯兰王朝。详见张铁生《中非交通史初探》，生活·读书·新知三联书店，1973，第 95 页；陈炎《略论海上"丝绸之路"》，《历史研究》1982 年第 3 期，第 169 页；林天蔚《宋代香药贸易史》，台北：中国文化大学出版部，1986；黄纯艳《宋代海外贸易》，社会科学文献出版社，2003，第 30—35 页；孙光圻《中国古代航海史》，海洋出版社，2005，第 326 页。

④ 参见何芳川《层檀国考略》，《社会科学战线》1984 年第 1 期；沈福伟《中国与非洲——中非关系二千年》，中华书局，1990；许永璋《三兰国考》，《西亚非洲》1992 年第 1 期；许永璋《老勃萨国考辨》，《文史哲》1992 年第 2 期；许永璋《层檀国试探》，《世界历史》1993 年第 5 期；周运中《宋代交通中国的层檀国考》，《海交史研究》2014 年第 2 期；陆芸《宋代层檀国新考》，《海交史研究》2015 年第 2 期。

⑤ 参见张铁生《中非交通史初探》，生活·读书·新知三联书店，1973；沈福伟《元代航海家汪大渊周游非洲的历史意义》，《西亚非洲》1983 年第 1 期；陈公元《从贾耽的"通海夷道"看唐代中非关系》，《西亚非洲》1983 年第 3 期；张俊彦《古代中国与西亚非洲的海上往来》，海洋出版社，1986；许永璋《古代中非关系史若干问题的探讨》，《西亚非洲》1993 年第 5 期。

民族也就越野蛮，文明的等级也越低，① 与中国"绝远"的非洲大陆亦是如此。有宋以前，古人始终没有形成较为清晰的域外轮廓，想象与现实的交融构筑了古人的域外经验，其中，现实部分的经验主要来自不充分的贸易与对外战争。唐宋以后，贸易尤其是海上贸易逐步成为古人获得域外知识的重要方式。丰富的域外信息，不断汇聚的异域物产，使想象或成为虚幻，或落为现实。在此过程中，非洲逐步进入了宋人的视域空间，有关中非关系的记载逐渐清晰起来。

（一）贸易与中非关系的域外想象

中国古代有关中非关系的文献记载最早可追溯至汉武帝时期。据《史记·大宛列传》载，张骞出使西域，在其见闻回顾中谈到在西域国家大宛、大月氏、大夏、康居外"传闻其旁大国五、六"。② 而随后回访的国家之中就包括"大国五、六"之中的"黎轩"。③ 有学者认为，"黎轩"便是当时罗马帝国治下的托勒密埃及都城亚历山大。④ 不仅如此，通过海陆双通道，玻璃品、丝绸成为当时搭建汉朝中国与托勒密埃及直接联系的纽带。⑤ 至此，汉人对非洲具有了初步的印象。不过，西汉中国与非洲（埃及）的直接交往或许仅是古人的想象，抑或是误读。至少在《汉书·地理志》中，班固笔下的海上通道仅至印度南端。

《汉书》作为第一本记载丝绸贸易的官史，已被多数学者用以证明"海上丝绸之路"的历史上限。⑥ 当时，从徐闻、合浦出发的海船经都元国、甘都卢国等东南亚、南亚古国，最终至"黄支国"。但对于"黄支之南，有已程不国，汉之译使自此还矣"。⑦ 如此，汉朝商船并不具有与大秦商人进行直接贸易的能力。尽管来自大秦的商船在当时已将印度西南旧港穆吉里斯作为贸易枢纽，但大秦商人从事的却是埃及至印度西海岸

---

① 葛兆光：《宅兹中国：重建有关"中国"的历史论述》，中华书局，2011，第44页。
② 司马迁在《史记·大宛列传》中就已提到古国"黎轩"。参见（汉）司马迁《史记》卷一百二十三《大宛列传》，中华书局，1963，第3160—3162页。
③ （汉）司马迁：《史记》卷一百二十三《大宛列传》，中华书局，1963，第3162页。
④ 孙毓棠：《汉代的中国与埃及》，《中国史研究》1979年第2期，第142页。
⑤ 古人对"黎轩"的命名直至公元5世纪亚历山大城衰落才结束。参见田明《汉代中国与托勒密埃及的点滴交往》，《内蒙古民族大学学报》2004年第6期，第7—10页。
⑥ 刘明金：《从"障塞"一词看海上丝路的起始年代》，《湛江海洋大学学报》2002年第2期，第26页。
⑦ （汉）班固：《汉书》卷二十八下《地理志第八下》，中华书局，1962，第1671页。

的贸易，印度人则承担了向东中转的功能。① 因此，汉人对印度以西的认识在当时只能是间接的。

此后，东汉中国与大秦不约而同看向对方。东汉时期班超和班勇三次出使西域，积极探索经由南亚与中亚直接连通波斯湾、阿拉伯海与红海的新航路，② 基本确认大秦之方位在"安息西界极矣。自此南乘海，乃通大秦"。③ 而大秦于 162—165 年东征安息，一举打通波斯湾的东向道路，次年派使臣"自日南徼外献象牙、犀角、玳瑁，始乃一通焉"。④ 至此，中国与西方才建立起直接的交往。随后，大秦频繁来到扶南、交趾等地，用金、银、玻璃、珊瑚、象牙等奇珍异宝交换中国的丝、铁等商品。在贸易帮助下，古人域外经验虽摆脱了部分想象，但非洲元素的呈现仍不足。

（二）贸易与中非关系真实体现

唐宋时期，中国域外想象中的非洲元素变得逐渐清晰。唐朝，横跨亚欧非的阿拉伯帝国通过贸易与战争，频繁地开展与东方的交往。在双向互动中，非洲元素逐步出现在唐代史料之中。宋以后，随着海上贸易的全面发展，大量的域外知识涌入，有关非洲的记载较之前代更立体、翔实，内容更趋真实、可信，中非关系的域外想象逐渐具象化。

1. 非洲元素的初现

中国古代对非洲直接、实地感观记录的唯唐代杜环所著《经行记》。杜环在怛罗斯战役被俘后，十余年间随大食军足迹遍及西亚北非，对北非"摩邻国"⑤ 有所记录，称摩邻国"在秧萨罗国⑥西南，渡大碛，行二

---

① 罗帅：《汉代海上丝绸之路的西段（一）——印度西南海岸古港穆吉里斯》，《新疆师范大学学报》2016 年第 5 期，第 60—61 页。

② 孙光圻：《中国古代航海史》，海洋出版社，2005，第 174 页。

③ （南朝宋）范晔：《后汉书》，（唐）李贤等注，中华书局，1965，第 2918 页。

④ （南朝宋）范晔：《后汉书》，（唐）李贤等注，中华书局，1965，第 2920 页。

⑤ 学界普遍考据认为，"摩邻国"地处非洲，但具体方位存在三种说法。一是肯尼亚马林迪。参见劳费尔《中国伊朗编》，林筠因译，商务印书馆，2001；李约瑟《中国科学技术史》，陆学善等译，科学出版社，2003；张铁生《中非交通史初探》，生活·读书·新知三联书店，1973。二是埃塞俄比亚阿克苏姆王国。参见夏德《大秦国全录》，朱德勤译，大象出版社，2009；沈伟福《唐代杜环的摩邻之行》，《世界历史》1980 年第 6 期。三是摩洛哥或马格里布。参见张星烺编著《中西交通史料汇编》，朱杰勤校订，中华书局，1977；许永璋《我国古籍中关于非洲的记载》，《世界历史》1980 年第 6 期。笔者认为，第三种说法较符合事实。

⑥ "秧萨罗国"已被证实为耶路撒冷，参见夏德《大秦国全录》，朱德勤译，大象出版社，2009。

千里至其国。其人黑，其俗犷，少米麦，无草木……胡则一种，法有数般。有大食法，有大秦法，有寻寻法"。① 唐贾耽通过向来华的外国使者、商人进行调查，记录了一条从广州出发，可达阿拉伯世界，或可延伸至非洲亚历山大的海路通道，其间时长超过百日，且时间精确可至半日。② 另外，段成式亦在其小说集《酉阳杂俎》中亦提到了位于东非的"拨拨力国"。③

贸易的推动使以"昆仑奴"为代表的异域事物流行于长安。"昆仑奴"泛指南洋地区深色皮肤的奴隶，但也包括不少来自非洲的"僧祇奴"。"僧祇"在波斯语中写作"Zang"，意为黑人，阿拉伯语同义，称"Zeng"，意指亚丁湾南岸及东非沿海的黑色原住民。④ "僧祇奴"的存在使"昆仑奴"群体具有了一定非洲属性。当时，向唐进献僧祇奴，已成为南海国家的惯例。咸亨至开元间，室利佛逝"又献侏儒、僧祇女各二及歌舞"。⑤ 至"元和八年，献僧祇奴四、五色鹦鹉、频伽鸟等"，⑥ 到"元和十年，遣使献僧祇（祇）僮五人……十三年，遣使进僧祇（祇）女二人"。⑦ 来自藩属国的进贡使僧祇奴的使用贵族化、上层化。

2. 宋代中非关系的呈现

宋人不仅对非洲古国的地理方位、海陆通道十分了解，而且对其物产资源也同样清楚，甚至就前朝容易将"大食"泛化的问题予以更正。⑧ 通过千余年的积淀，宋代与非洲关系的呈现不仅体现在数量递增上，更

---

① （唐）杜佑：《通典》卷一九三《大秦》，中华书局，1988 年点校本，第 5266 页。
② （宋）欧阳修、（宋）宋祁：《新唐书》卷四十三下《地理七下》，中华书局，1975，第 1153—1154 页。
③ （唐）段成式：《酉阳杂俎》，许逸民注，学苑出版社，2001，第 24 页。学界对"拨拨力国"的认识较为一致，即索马里柏培拉，参见（宋）赵汝适著，杨博文校释《诸蕃志校释》，中华书局，2000；黄盛璋《中国和索马里的传统友好关系》，《世界历史》1981 年第 3 期。
④ 沈福伟：《中西文化交流史》，上海人民出版社，1985，第 151 页。
⑤ （宋）欧阳修、（宋）宋祁：《新唐书》卷二二二下《南蛮下》，中华书局，1975，第 6305 页。
⑥ （宋）欧阳修、（宋）宋祁：《新唐书》卷二二二下《南蛮下》，中华书局，1975，第 6302 页。
⑦ （后晋）刘昫等：《旧唐书》卷一百九十七《南蛮西南蛮》，中华书局，1975，第 5273 页。
⑧ 宋以前，普遍将南海诸国大部视为大食，泛化了大食的疆域范围，对此，宋朝进行了区分，如称层檀国仅"人之语音如大食国云"。参见（宋）周辉《清波别志》，载《全宋笔记》第五编（九），大象出版社，2012，第 165—166 页。

突出在记载的详尽上。

有宋以来涉及非洲古国记载的古籍较之前朝数量倍增，且记载的非洲地名也更多、更翔实，与中非海上通道建设互为支撑。

宋时，涉及非洲元素的古籍类型多样，既有诸如以《宋史》为代表的官史，也有诸如《太平广记》《古今说海》《文昌杂录》《清波别志》《岭外代答》《诸蕃志》等笔记、小说以及地理志，尤以《诸蕃志》为最。而上述古籍中所收录的非洲地名也已突破想象的限制，且更具方位感。

涉及北非的地名包括"木兰皮国""默伽猎""勿斯里国""遏根陀国"与"陀盘地国"等。①《岭外代答》与《诸蕃志》皆称："大食巨舰所可至者，木兰皮国尔。"② 而《诸蕃志》又载："默伽猎国，以大食佛经用一函乘在骆驼背前行，管下五百余州，各有城市。"③ 其还称"勿斯里国，属白达国节制。…… 其国多旱，管下一十六州，周回六十余程……"。④ 涉及东非的地名主要有"弼琶啰国"（"拨拔力国"）、"中理国"、"俞卢和地国"以及"层檀国"等。⑤ 在《诸蕃志》中，赵汝适记录"弼琶啰（拨拔力）国，有四州，余皆村落，各以豪强相尚"，⑥ 而对"中理国"则称"国有山与弼琶啰国隔界，周围四千里，大半无人烟"。⑦

---

① 对这些非洲古国名，学者已有考据。其中，"木兰皮国"亦称穆拉比特，"默伽猎"则指代马格里布。《岭外代答》成书于 12 世纪，《诸蕃志》稍晚。而在 11—13 世纪，现今马格里布地区先后出现了两代柏柏尔人建立的伊斯兰王朝——穆拉比特王朝与穆瓦希德王朝。且在《诸蕃志校释》中，杨博文称："在当时，'木兰皮国'实力范围囊括今摩洛哥、西撒哈拉、毛里塔尼亚，乃至西班牙部分地区。"这与两代柏柏尔人王朝信息相吻合。参见（宋）赵汝适著，杨博文校释《诸蕃志校释》，中华书局，2000，第 118页；张铁生《中非交通史初探》，生活·读书·新知三联书店，1973，第 64 页。"勿斯里国"为埃及，而"遏根陀国"与"陀盘地国"则位于埃及。参见（宋）赵汝适著，杨博文校释《诸蕃志校释》，中华书局，2000，第 119—123 页。
② （宋）周去非：《岭外代答》卷三，载《全宋笔记》第六编（三），大象出版社，2013，第 27 页；（宋）赵汝适著，杨博文校释《诸蕃志校释》，中华书局，2000，第 117 页。
③ （宋）赵汝适著，杨博文校释《诸蕃志校释》，中华书局，2000，第 134 页。
④ （宋）赵汝适著，杨博文校释《诸蕃志校释》，中华书局，2000，第 120 页。
⑤ "弼琶啰国"亦称拨拔力，为锁码柏培拉，或索马里北部地区。"俞卢和地国"地处肯尼亚沿岸的基卢普和格地两座古城。参见沈福伟《中国与非洲——中非关系二千年》，中华书局，1990，第 278 页；张俊彦《古代中国与西亚非洲的海上往来》，海洋出版社，1986，第 118 页。
⑥ （宋）赵汝适著，杨博文校释《诸蕃志校释》，中华书局，2000，第 102 页。
⑦ （宋）赵汝适著，杨博文校释《诸蕃志校释》，中华书局，2000，第 105 页。

古籍中出镜率最高的非"层檀"① 莫属。《宋史》《岭外代答》《诸蕃志》《清波别志》《文昌杂录》对其地理位置同有收录，而各籍中"层檀""层拔""昆仑层期"的表达亦属同义。

此外，《清波别志》《岭外代答》《诸蕃志》《宋史》对中非之间的贸易路线亦有记录。涉及沿线中转点、风向的记录有据可查、准确可行，如此一来，中非之间的交往想象就有可能成为现实。《岭外代答》称木兰皮国"盖自大食之陀盘地国发舟，正西涉海一百日而至之"。② 当然，周去非也有"若夫默伽国、勿斯里等国，其远也，不知其几万里矣"③ 的感叹。作为出境率最高的层檀，《清波别志》与《宋史》认为，通往层檀的海道需"便风百六十许日，昼夜行。经勿巡、占林、三佛齐乃至广州"。④

不仅如此，宋代古籍对非洲古国风土人情、物产资料等认识更深，且贸易的落脚点是基于对朝贡的认知。其一，对非洲风土人情的概览。《岭外代答》称木兰皮"日暑长三时，秋月西风忽起，人兽速就水饮乃生，稍迟，以渴死"。⑤《清波别志》称层檀"气候春冬暖，贵人以好越布缠头，服土产花绵白叠布，不服绫罗绢布"。⑥ 在《诸蕃志》中，赵汝适以"多骆驼、绵羊，以骆驼肉并乳及烧饼为常馔"⑦ 来描述"弼琶

---

① 有关"层檀"的考证，学界主要有三说。一是"塞尔柱土耳其说"。参见藤田丰八《宋代之层檀国》，何健民译，载《中国南海古代交通丛考》，商务印书馆，1936，第 222 页，转引自何芳川《层檀国考略》，《社会科学战线》1984 年第 1 期，第 178 页；《辞海》，上海辞书出版社，1980，第 1071 页；陆芸《宋代层檀国新考》，《海交史研究》2015 年第 2 期。二是"阿拉伯半岛说"。参见张俊彦《古代中国与西亚非洲的海上往来》，海洋出版社，1986；沈福伟《中国与非洲——中非关系二千年》，中华书局，1990；周运中《宋代交通中国的层檀国考》，《海交史研究》2014 年第 2 期。三是"桑给巴尔说"。参见张铁生《中非交通史初探》，生活·读书·新知三联书店，1973；何芳川《层檀国考略》，《社会科学战线》1984 年第 1 期；许永璋《层檀国试探》，《世界历史》1993 年第 5 期；刘鸿武、暴明莹《蔚蓝色的非洲——东非斯瓦希里文化研究》，云南大学出版社，2008。当前的主流观点认为，层檀位于非洲桑给巴尔。
② （宋）周去非：《岭外代答》卷三，载《全宋笔记》第六编（三），大象出版社，2013，第 117 页。
③ （宋）周去非：《岭外代答》卷三，载《全宋笔记》第六编（三），大象出版社，2013，第 122—123 页。
④ 参见（宋）周辉《清波别志》，载《全宋笔记》第五编（九），大象出版社，2012，第 165 页；（元）脱脱《宋史》卷四百九十《外国六》，中华书局，1977，第 14122 页。
⑤ （宋）周去非：《岭外代答》卷三，载《全宋笔记》第六编（三），大象出版社，2013，第 117—118 页。
⑥ （宋）周辉：《清波别志》，载《全宋笔记》第五编（九），大象出版社，2012，第 165 页。
⑦ （宋）赵汝适著，杨博文校释《诸蕃志校释》，中华书局，2000，第 102 页。

啰"；而对于层檀，则曰"其人民皆大食种落，遵大食教度。缠青番布，蹑红皮鞋。日食饭面、烧饼、羊肉。乡村山林多障岫层叠，地气暖无寒"。① 其二，对非洲物产资源的概览。《岭外代答》称木兰皮"所产极异，麦粒长二寸，瓜围六尺，米麦窖地数十年不坏。产胡羊高数尺，尾大如扇，春剖腹取脂数十斤，再缝而活，不取则羊以肥死"；② 称层檀"产大象牙、犀角。又海岛多野人，身如黑漆，拳发。诱以食而擒之，动以千万，卖为蕃奴"。③ 如此人口亦商品，周去非以"昆仑层期"指代"僧祇"，或许是受到"昆仑奴"的影响。《诸蕃志》称弼琶啰"产龙涎，大象牙及大犀角，象牙有重百余斤，犀角重十余斤。亦多木香、苏合香油、没药、玳瑁至厚。他国悉就贩焉"。④ 同样，认为层檀"产象牙、生金、龙涎、黄檀香。每岁胡茶辣国及大食边海等处发船贩易，以白布、瓷器、赤铜、红吉贝为货"。⑤ 《清波别志》称层檀"有犀、象、薰陆、沈水香、血竭、没药、鹏砂、阿魏、苏合香、真珠"。⑥ 其三，对中非贸易性质的判断。在宋人看来，中非之间的交往认知，是落脚于朝贡的。《文昌杂录》称"俞卢和地国"与诸蕃国一样"礼甚厚，皆著例录，付之有司"。⑦ 而周辉同样将宋代与层檀的关系视为一种朝贡，称其"国朝承平日，外国朝贡，闲数年必有之，史策但书某国贡方物而已，如封域风俗，皆略焉，独于层檀所书如此"。⑧

宋代古籍对非洲元素的记载基本勾画出了中非关系的全景，为后人了解宋人有关非洲在哪、怎么去非洲、去非洲干什么等一系列问题奠定了基础，建立了中非贸易关系的基本认知。

---

① （宋）赵汝适著，杨博文校释《诸蕃志校释》，中华书局，2000，第100页。
② （宋）周去非：《岭外代答》卷三，载《全宋笔记》第六编（三），大象出版社，2013，第117—118页。
③ （宋）周去非：《岭外代答》卷三，载《全宋笔记》第六编（三），大象出版社，2013，第117—118页。
④ （宋）赵汝适著，杨博文校释《诸蕃志校释》，中华书局，2000，第102页。
⑤ （宋）赵汝适著，杨博文校释《诸蕃志校释》，中华书局，2000，第100页。
⑥ （宋）周辉：《清波别志》，载《全宋笔记》第五编（九），大象出版社，2012，第165—166页。
⑦ （宋）庞元英：《文昌杂录》卷一，载《全宋笔记》第二编（四），大象出版社，2006，第116页。
⑧ （宋）周辉：《清波别志》，载《全宋笔记》第五编（九），大象出版社，2012，第165—166页。

二 从继承到拓展：贸易与中非海上通道的建设

中非贸易通道的构建带有明显的发展特性。最初，中非航线继承了起源于汉代，经隋唐五代发展的近海航线。然而，随着陆上交通的梗阻与衰落，以及经济重心的南移，宋朝致力于开拓海上通道。宋朝商船不仅可以直接跨越诸如东海、黄海、暹罗湾、孟加拉湾之类较小的海区，而且可以横跨北印度洋，从东南亚直航西亚与东非海岸。①

（一）传统航线的继承

中非贸易最早的航线便是继承于汉唐开辟的大陆沿岸航线，当时，广州与泉州是宋代开展对外贸易的重要港口，从广州、泉州出发，经南海至兰里则是汉唐"南海航线"的传统线路。囿于造船与航海技术，及方便补给，中国远洋船只在当时仅限于沿大陆架展开远航，最远可达波斯湾。这条航线带动了沿岸多个地区的对外交往，逐渐形成了数个具有历史意义的港口。其中，位于苏门答腊岛北端的兰里甚至发展为中国船只远航的中继站。

中非建立初步联系是东西方两大古国共同努力的结果。大秦开通了从埃及、埃塞俄比亚，穿越阿拉伯海至印度的航线，② 对接我国西汉时期就已开辟的从徐闻、合浦出发，沿中南半岛，绕孟加拉湾至印度半岛的南海航线。③ 但是，直至东汉中国才同大秦构建了直接的海上交通线，④至此，中国与非洲的海上通道初步成型。东汉末年至南北朝时期，虽战乱频繁，但航海事业仍在继续。孙光圻认为，孙吴时期的朱应、康泰，两晋时期的僧人法显维持着当时的南海航线，直至南朝刘宋时期出现较大发展，航线可达波斯湾。⑤ 在唐朝时，这条传统航线已可至东非沿岸，如贾耽的《广州通海夷道》详细记载了从广州出发经波斯湾到东非桑给

---

① 孙光圻：《中国古代航海史》，海洋出版社，2005，第 326 页。

② 艾周昌、沐涛：《中非关系史》，华东师范大学出版社，1996，第 15 页。

③ 孙光圻：《中国古代航海史》，海洋出版社，2005，第 128 页。

④ 张铁生：《中非交通史初探》，生活·读书·新知三联书店，1973，第 2 页。

⑤ 孙光圻：《中国古代航海史》，海洋出版社，2005，第 150—152 页。

巴尔的航程。①

　　在前朝的基础上，宋朝继承了这条传统"南海航线"。其一，宋朝依然将东南亚作为重要的贸易中转地，大食国海商以"本国所产多运与三佛齐贸易，贾转贩以至中国"。② 同样，《宋史》也记载层檀国曾取道三佛齐与中国进行贸易。③ 可见，三佛齐、阇婆、兰里在宋朝海外航线中依然发挥着重要枢纽作用。其二，宋代与大食的交往仍沿袭前代模式，即"必自故临易小舟而行"④ 至波斯湾，而大食国来宋则需"至故临国易大舟而东行"。⑤ 故临乃是这条传统航线上的重要节点。其三，宋代仍在继续使用唐朝开辟的东非航线，《宋史》中记载的层檀国使者来华路线与唐代前往东非的航线相一致。⑥

（二）越洋航线与新航路的拓展

　　不过，传统航线属傍岸而行的大陆架航线，沿途所受限制较多。至东非，往往需要在故临换小船而至，这样往返一趟需换船两次，耗费大量的物力人力，对当时的贸易商人来说是不划算的。宋朝两浙市舶司曾在隆兴二年规定，出海贸易人员"若在五月内回舶，与优饶抽税。如满一年内，不在饶税之限。满一年之上，许从本司根究，责罚施行"。⑦ 这促使精明的贸易商人探寻更为便捷的航线。此外，宋朝航海和造船技术的发展为新航路的开辟提供了有力的技术保证，中非航线出现了新的发展。

　　一是发展出横跨大食海（阿拉伯海），从故临直达麻离拔（亦称嘛啰拔，今阿曼）的跨海航线。周去非在《岭外代答》中记录了一条从广州出发到达麻离拔的路线："有麻离拔国，广州自中冬以后发船，乘北风行，约四十日到地名兰里。……住至次冬，再乘东北风，六十日顺

---

① 详见（宋）欧阳修、（宋）宋祁：《新唐书》卷四十三下《地理七下》，中华书局，1975，第 1153—1154 页。

② （宋）赵汝适著，杨博文校释《诸蕃志校释》，中华书局，2000，第 91 页。

③ （元）脱脱：《宋史》卷四百九十《外国六》，中华书局，1977，第 14122 页。

④ （宋）周去非：《岭外代答》卷二，载《全宋笔记》第六编（三），大象出版社，2013，第 113 页。

⑤ （宋）周去非：《岭外代答》卷三，载《全宋笔记》第六编（三），大象出版社，2013，第 123 页。

⑥ （元）脱脱：《宋史》卷四百九十《外国六》，中华书局，1977，第 14122 页。

⑦ （清）徐松：《宋会要辑稿·职官四四》，上海古籍出版社，2014，第 4218 页。

风方到。"① 据孙光圻计算，从兰里出发，傍岸而行前往麻离拔国约需116.5 天，如兰里横跨孟加拉湾和阿拉伯海直达麻离拔国约需 62.5 天，这与周去非记录的时间基本一致。② 另外，《诸蕃志》中也有一条相似的航线，所不同的是，国内出发港由广州变为泉州。此时泉州港已取代广州成为宋朝海外贸易第一大港。综上，宋朝的航海技术已经不再仅限于沿着海岸线航行，而是可以直接跨越海区到达目的地，体现了宋朝较高的航海与补给水平。

二是延伸了经非洲之角，穿曼德海峡，过红海至勿斯里、木兰皮的北非航线。在贾耽的《广州通海夷道》中，我们已经知道了中国船只已能够到达波斯湾。经斯坦因考证，该条航线可远至亚历山大。③ 甚至，孙光圻认为这条北非航线可延伸至木兰皮国。④ 由于陆上丝绸之路的阻塞，此条航线不仅为埃及开罗出土的宋代古瓷的来源提供了一种解释，也进一步证实了宋代中国与埃及、马格里布地区存在直接联系的可能。

三是开辟了从兰里过马尔代夫群岛，横跨印度洋直达东非沿岸的越洋航线。巴兹尔·戴维逊曾称："从技术上讲，12 世纪前后，中国船只已经能够航行到任何船只所能到达的地方。"⑤ 在东非桑给巴尔沿岸发现的宋代钱币，及在肯尼亚沿岸出土的宋代瓷器是中非进行直航贸易的有力证据。《岭外代答》记载，从广州至兰里需 40 日。孙光圻计算，从兰里出发经马尔代夫群岛，横跨印度洋抵达东非海岸也只需 40 日。⑥ 因此，兰里—马尔代夫群岛至东非航线耗时较少。而从经济角度看，该条航线在返程回国时的价值更大。据上文所述，中非之间已存在两条航线，且南宋在海外船只返程时间上有明确规定，超过一年没有回国，不但要严查原因，还需受罚。一般来说，宋代商船在东北季风末期，即冬末春初

---

① （宋）周去非：《岭外代答》卷三，载《全宋笔记》第六编（三），大象出版社，2013，第 116 页。

② 孙光圻：《郑和是我国开辟横渡印度洋航线的第一个人吗?》，《海交史研究》1984 年第 6 期，第 2231 页。

③ 张铁生：《中非交通史初探》，生活·读书·新知三联书店，1973，第 95 页。

④ 孙光圻：《郑和是我国开辟横渡印度洋航线的第一个人吗?》，《海交史研究》1984 年第 6 期，第 320 页。

⑤ 巴兹尔·戴维逊：《古老非洲的再发现》，屠佶译，生活·读书·新知三联书店，1973，第 271 页。

⑥ 孙光圻：《郑和是我国开辟横渡印度洋航线的第一个人吗?》，《海交史研究》1984 年第 6 期，第 22 页。

抵达东非,在贸易结束后,前两条航线的返程海况又不甚理想,需等到八月后才能返航,以致无法在规定的时间内返航。① 但是,四月至九月正是当地乳香贸易的黄金季节,而唯有选择"兰里—马尔代夫群岛至东非航线"回国,不仅可以进行乳香贸易,而且还能避开北印度洋的恶劣海况按时返程。

三 从一般到特殊:贸易与中非交往的商品表现

宋朝与非洲之间的贸易关系呈现出较为明显的一般性与特殊性。就一般性而言,陶瓷、香料,以及象牙不仅是宋朝对外贸易的常规性商品,也是中非贸易的主流。特殊性则集中体现在非洲出土的宋代钱币上:一是在历时比较上,较其他朝代,宋币出土数量最多;二是在国别对比上,与宋代其他贸易对象相比,宋币出土数量又偏少。

(一) 中非贸易的一般性表现

宋代中国与海外诸国建立了广泛的贸易关系,从输出和输入两方面来看,以缯钱、铅锡、杂色锦、瓷器等物为主要输出品,以金银、市香药、犀象、珊瑚等物为主要进口商品,② 其中,在中非贸易中,以瓷器、香料、象牙最具代表。③

1. 瓷器在中非贸易中的联结作用

在宋代中国的海外贸易中,陶瓷扮演了十分重要的角色。宋朝海船所到之处,以及和宋朝有贸易往来的国家和地区都有宋瓷的进口,④ 非洲也不例外。根据阿拉伯文和中文资料的记载,11 世纪前后,非洲的进口品主要有陶瓷、布匹、珠子和玻璃制品,⑤ 数量最大的进口货是来自中国

---

① 马文宽、孟凡人:《中国古瓷在非洲的发现》,紫禁城出版社,1987,第 109 页。
② (元) 脱脱:《宋史》卷一百八十六《食货下八》,中华书局,1977,第 4558—4559 页。
③ 陈炎:《略论海上"丝绸之路"》,《历史研究》1982 年第 3 期,第 167 页。另外,因为丝绸的不易保存性,尽管丝绸作为宋朝的主要出口商品之一,但在当前非洲出土报告中仍鲜有提及。因此,本文未将丝绸作为主要研究对象。
④ 黄纯艳:《宋代海外贸易》,社会科学文献出版社,2003,第 36 页。
⑤ M. 埃尔·法西主编《非洲通史》(第三卷),中国对外翻译出版有限公司,2013,第 557 页。

的青绿釉陶器，以及黄黑、青蓝和白色的瓷器。① 北非埃及的福斯塔特和东非坦桑尼亚的基尔瓦便是非洲重要的宋瓷聚集地。

在北非出土的中国古瓷多集中在政治经济文化中心。埃及是非洲发现中国古瓷最多的地方，其中，此前作为埃及政治经济文化中心的福斯塔特（开罗），在 1912 年因出土大量中国古瓷而引人注目。② 三上次男曾夸张地表示："走在开罗的任何地方都会闻到中国陶瓷的气味。"③ 经其统计，福斯塔特遗址中的中国陶瓷碎片多达 12000 片，几乎包括了从唐朝至清朝的著名陶瓷。④ 其中，宋初的越窑青瓷和定窑白瓷，以及高质量的龙泉窑青瓷在此亦大量出现。⑤

在东非地区出土的中国陶瓷多集中在商道与港口。在埃塞俄比亚与索马里交界的古商道遗址中均发现了 12 世纪的中国青瓷。同时，东非沿岸的许多港口，如曼达岛北部的曼达城、坦桑尼亚的基尔瓦均出土了宋朝古瓷，⑥ 以至于东非有着"中国古瓷的储仓"的美称。据考古分析，上述出土瓷器时间大致处于 10—12 世纪的北宋。美国菲利亚美术馆学者亚历山大·波普认为，基尔瓦岛的城市遗迹中包含 10 世纪的越州窑瓷和白瓷碗，⑦ 从而将非洲古瓷历史追溯至唐末宋初。大量出土的龙泉青瓷、耀州窑瓷、南方青白瓷等强有力地证明瓷器已深入当地居民生活之中。例如，基尔瓦"大清真寺"遗址出土的宋代青瓷莲纹碗残片和素面洗残片均属于龙泉窑中的生活用瓷。⑧ 对此，国外学者表示，10 世纪以来的坦桑尼亚地下埋藏的历史是用中国瓷器写成的。⑨

非洲出土的宋代瓷器几乎包含了当时宋代社会主流瓷器。其中北宋

① M. 埃尔·法西主编《非洲通史》（第三卷），中国对外翻译出版有限公司，2013，第 558 页。
② 马文宽、孟凡人：《中国古瓷在非洲的发现》，紫禁城出版社，1987，第 1 页。
③ 三上次男：《陶瓷之路》，胡德芬译，文物出版社，1984，第 23 页。
④ 三上次男：《陶瓷之路》，胡德芬译，文物出版社，1984，第 14—15 页。
⑤ 马文宽、孟凡人：《中国古瓷在非洲的发现》，紫禁城出版社，1987，第 5 页。
⑥ 马文宽、孟凡人：《中国古瓷在非洲的发现》，紫禁城出版社，1987，第 8—27 页。
⑦ 三上次男：《陶瓷之路》，胡德芬译，文物出版社，1984，第 52 页。
⑧ 马文宽、孟凡人：《中国古瓷在非洲的发现》，紫禁城出版社，1987，第 26 页。近年来，随着非洲考古工作的推进，以秦大树为代表的国内学者认为，中国古代瓷器在非洲实现了"去商品化"的过程，即瓷器的装饰性、象征性功能取代了传统的盛装食物的实用功能。
⑨ 马文宽、孟凡人：《中国古瓷在非洲的发现》，紫禁城出版社，1987，第 18 页。

中后期就已停烧的越窑青瓷的出土，至少可以证明，中国与非洲在北宋中前期就已经有了某种贸易联系。继而兴起的龙泉青瓷作为宋代最主要的出口瓷器，在非洲的大量出土绝不是偶然。

其一，经济地理因素。偏安一隅的南宋将海外贸易作为其重要的收入来源，从而在一定程度上刺激了瓷器的大量出口。龙泉青瓷的主要产地距离泉州较近，而且，随着泉州港的迅速兴起，从南宋开始，泉州港附近出现了一批专供出口外销的龙泉窑场。① 其二，宗教文化因素。有学者认为，中国在古代就已经能通过区分不同民族的特点来进行贸易。② 在青瓷兴盛的宋代，北非正处于法蒂玛王朝（907—1171 年）统治时期，因其崇尚绿色，在我国古籍中也称"绿衣大食"。而东非斯瓦希里城邦国家同样信仰伊斯兰教，绿色在其宗教文化中极为重要。因此，宋代青瓷在埃及福斯塔特与东非基尔瓦等遗址中大量出现或许与此不无关系。

此外，近年来的非洲考古报告显示，肯尼亚出土的宋代瓷器数量远不如坦桑尼亚，③ 结合中非贸易航道来看，这一发现与中非贸易航线有关。东非沿岸作为瓷器的终端市场，坦桑尼亚基尔瓦或许是宋代商船在冬季沿印度洋季风洋流抵达东非的第一站，完成贸易后，继续北上抵达肯尼亚沿岸，此时正值当地乳香收获季节，收购完毕则沿西南季风返回国内。

2. 非洲香料与象牙"东传"的可能

宋代史料中并未直接明确香料、犀象来源于非洲，但非洲东海岸以盛产龙涎香和象牙而闻名，其产地主要位于索马里，瓜达富伊角素来就有"香料角"之美誉。④ 唐宋古籍在谈及今索马里时，都强调此区域盛产香料以及象牙。段成式在《酉阳杂俎》中就曾提到拨拨力国"土地唯有象牙及阿末香"。⑤《新唐书》中亦称："海中有拨拨力种……多象牙及阿

① 叶文程：《晋江泉州古外销陶瓷初探》，《厦门大学学报》1979 年第 1 期，第 109 页。
② 秦大树：《埃及福斯塔特遗址中发现的中国陶瓷》，《海交史研究》1995 年第 1 期，第 87 页。
③ 详见刘岩、秦大树、齐里亚马·赫曼《肯尼亚滨海省格迪古城遗址出土中国瓷器》，《文物》2012 年第 11 期；秦大树、徐华烽、默罕默德·玛初拉《肯尼亚蒙巴萨塔纳号沉船出水的中国瓷器》，《故宫博物院院刊》2014 年第 2 期；丁雨、秦大树《肯尼亚乌瓜纳遗址出土的中国瓷器》，《考古与文物》2016 年第 6 期。
④ 张铁生：《从东非史上看中非关系》，《历史研究》1963 年第 2 期，第 128 页。
⑤ （唐）段成式：《酉阳杂俎》，许逸民注，学苑出版社，2001，第 64 页。

末香"。① 赵汝适在《诸蕃志》中也提到，"弼琶啰国……产龙涎、大象牙及大犀角，象牙有重百余斤，犀角重十余斤"。② 此外，桑给巴尔同样亦是香料、象牙的重要产地，"产象牙、生金、龙涎、黄檀香"，③ 从古籍记载可见，唐宋时期，我国对非洲龙涎香及象牙的产地已有较为清晰的了解。宋代开国不久，宋太宗在雍熙四年（987 年）便派人到海外"博买香、药、犀、牙、真珠、龙脑"。④ 宋代从海外贸易中进口的商品主要也为"香药、犀、象、珊瑚等物"，⑤ 且太平兴国初"象犀、珠玉、香药、宝货充牣府库"。⑥

阿拉伯人马苏迪约在 915 年访问非洲后表示，"象在黑人土地（即非洲东海岸）上是极其普通的……他们猎象仅仅是为的要杀它们，大象牙就是从此地取得的，大多数象牙都运到阿曼，再从阿曼转运到印度和中国"。⑦ 他据此判断，来自东非的象牙早已是古代中国宫廷方面所重视的奢侈品。随着象牙贸易的兴起，作为象牙中转站的阿曼，也已逐渐成为波斯湾通往印度洋，沟通中国的重要通道。正如周去非在《岭外代答》中也曾记录了一条从广州直达麻离拔（阿曼）的海上航线，这或许是中非象牙贸易的有力证据，中非贸易有了更为直接的表现。

（二）非洲出土宋代钱币的特殊性

已有考古数据显示，在东非沿岸出土的文物中共发现中国古钱币 330 枚（见表 1），其中可以确定的有唐代 4 枚，五代 1 枚，北宋 142 枚，南宋 64 枚，明代 10 枚，清代 4 枚。⑧

由此可见，非洲出土的宋币数量为最，但在横向国别考古比较中，这一数量远不如其他地区。这一现象在某种程度上反映了我国古代货币本位制的演变，而且体现了中非之间虽有贸易联系，但后者并未进入宋代贸易的"核心圈"。

---

① （宋）欧阳修、（宋）宋祁：《新唐书》卷二二一下《西域下》，中华书局，1975，第 6262 页。
② （宋）赵汝适著，杨博文校释《诸蕃志校释》，中华书局，2000，第 102 页。
③ （宋）赵汝适著，杨博文校释《诸蕃志校释》，中华书局，2000，第 100 页。
④ （清）徐松：《宋会要辑稿·职官四四》，上海古籍出版社，2014，第 4203 页。
⑤ （元）脱脱：《宋史》卷一百八十六《食货下八》，中华书局，1977，第 4559 页。
⑥ （元）脱脱：《宋史》卷一百八十六《食货下八》，中华书局，1977，第 4559 页。
⑦ 张铁生：《从东非史上看中非关系》，《历史研究》1963 年第 2 期，第 128 页。
⑧ 马文宽：《非洲出土的中国钱币及意义》，《海交史研究》1988 年第 2 期，第 36—37 页。

表 1 东非宋朝钱币出土统计

单位：枚

国名	出土地点	总钱币数量	宋朝钱币数量
索马里	摩加迪沙	44	14
	布腊瓦	2	1
	梅尔卡	1	0
肯尼亚	给地	3	2
	安哥瓦那	6	5
坦桑尼亚	达累斯萨拉姆	1	0
	桑给巴尔岛	236	156
	马菲亚岛	9	3
	基尔瓦岛	28	25
总计		330	206

资料来源：马文宽：《非洲出土的中国钱币及其意义》，《海交史研究》1988 年第 2 期，第 36—38 页。

其一，供需关系失衡致使铜币自宋以后逐步失去了主流货币地位，流入非洲的宋币稍多，但明清铜币较少。宋朝的"钱荒"一直未得到有效解决，"钱禁"制度也未能阻止铜钱外流，其根本在于供需关系的失衡。据《宋会要》载："入蕃者非铜钱不往，而蕃货亦非铜钱不售。"[1] 宋神宗时期废除钱禁，更进一步加剧了铜钱外流。《宋史》记载："……自熙宁七年颁行新敕，删去旧条，削除钱禁，以此边关重车而出，海舶饱载而回……。"[2] 在此困境下，市场赋予了白银货币的资格。[3] 从两宋白银货币化开始，至明中期以后，铜逐渐被白银取代，不再作为中国主流货币，银本位取代了铜本位。[4] 这亦是非洲出土明、清铜币较少的原因。

其二，非洲诸国并未进入宋朝的主流"交际圈"，中非朝贡关系存疑。在常规贸易与朝贡贸易下，回赐、博买与走私构成了宋代货币外流

---

[1] （清）徐松：《宋会要辑稿·刑法二》，上海古籍出版社，2014，第 8372 页。

[2] （元）脱脱：《宋史》卷一百八十《食货下二》，中华书局，1977，第 4384 页。

[3] 王文成：《宋代白银货币化研究》，云南大学出版社、云南人民出版社，2011，第 246 页。

[4] 参见王文成《宋代白银货币化研究》，云南大学出版社、云南人民出版社，2011；杜恂诚、李晋《白银进出口与明清货币制度演变》，《中国经济史研究》2017 年第 3 期。

的三种主要途径。① 在宋代朝贡贸易中，仅铜钱回赐便上万缗的数目，而走私数量则更为庞大。在回赐部分中，依外来商品折价回赐具有一定参考意义。据《续资治通鉴长编》记载，宋朝回赐给朝贡国的铜钱少则一万贯（缗），多则六万四千缗（贯）。② 但《宋会要辑稿》中记载的来自非洲的俞卢和地入贡，获商品折价回赐仅 2900 贯，③ 与前相比差距较大。此外，有关层檀两次入贡的记载中，虽未有具体回赐金额，但作为层檀故地的桑给巴尔出土的宋币也仅 156 枚。据此或许可以推测，非洲尚未进入宋代朝贡体系这一"核心交际圈"，中非朝贡关系存疑。非洲出土的宋币很有可能是宋代商人在当地博买物资留下的，抑或是部分东非商人夹带而回。在古代东非城邦，主流的贸易对象仍是阿拉伯人，且在 13 世纪以前是以姆潘得贝壳作为当地主要的支付手段。④

这一系列考古案例既是宋代钱币外流的一个侧面，也是古代中国与非洲之间贸易互动的一个表现。一方面，反映了当时中非贸易正处于由间接走向直接的过渡时期。13 世纪以前，姆潘得贝壳为东非地区的主要支付货币，宋代货币的出现，在一定程度上说明了宋币作为辅币的可能，⑤ 而且又部分印证了宋代商人跳过阿拉伯商人的中转，直接与东非商人进行交易的可能。另一方面，反映出非洲作为重要原料地的历史地位。东非城邦国家作为香料、象牙的原产地与主要输出国，吸引着亚洲各国商人至此进行贸易活动，⑥ 宋朝中国商人亦不例外。我们或许可以想象出这样一幅画面：一艘宋朝的货船远航至东非，用宋币与当地商贩讨价还价的场景。

最后，宋币的出土甚至反映出宋代铸币术的高超及其收藏价值。宋代钱币制作精美，钱币的形状、穿孔的大小、轮廓的阔狭、铜色的配合等都相当完善，尤其在钱文、对钱（同一种年号钱同时用两种或三种书体）上体现了美术与文学的完美结合，⑦ 是中国古代货币文化高峰，宋币深受海外诸国喜爱。据《宋会要辑稿》记载："蕃夷得中国钱，分库藏

---

① 黄纯艳：《宋代海外贸易》，社会科学文献出版社，2003，第 44 页。
② （宋）李焘：《续资治通鉴长编》卷二九九，中华书局，2004，第 7276 页。
③ （清）徐松：《宋会要辑稿·蕃夷四》，上海古籍出版社，2014，第 9828 页。
④ 孙光圻：《中国古代航海史》，海洋出版社，2005，第 325 页。
⑤ 黄纯艳：《宋代海外贸易》，社会科学文献出版社，2003，第 54 页。
⑥ 何芳川：《古代东非沿海的城邦》，《世界历史》1983 年第 5 期，第 8 页。
⑦ 彭信威：《中国货币史》，上海人民出版社，1958，第 262 页。

贮，以为镇国之宝。"① 因此，非洲出土的宋代钱币也有被当时的非洲商人当作进口商品收藏的可能。

四 "海丝"雏形与"朝贡"论争：中非贸易体系的历史内涵

总览中非贸易，无论是北非的勿斯里、木兰皮国，还是东非的弼琶啰与层檀等沿海城邦，都带有浓厚的阿拉伯因素；在通道建设方面，跨洋航线的开通，更是宋代航海技术的体现；瓷器作为传统贸易优势产品，依然占据了中非贸易的核心，钱币的外流则进一步证明了中非之间的直接贸易往来。

一方面，航线的拓展与延伸，越洋航线的开辟实现了中非的直接贸易，此时完整版"海上丝绸之路"雏形初现，奠定了元明两代建立同非洲联系的基础。

两汉与西域交通贸易的发展及汉政府西域都护府的建立，不仅促进了与葱岭以西各国的交往，而且保证了商路的便利和安全，中西商品往来频繁，且品种多样。其中就包括当时亚历山大城著名的琉璃工艺品、细布和各种宝石。② 可是，这一时期中国与非洲的联系，在陆上往往通过安息、大月氏等国的中间商转手；而在海上，印度人则扮演了这一角色。至东汉时，中非往来仍需经大秦帝国。巴兹尔·戴维逊认为，除埃及亚历山大港以外，努比亚地区的"库施王国"，以及埃塞俄比亚的阿克苏姆王国也曾通过印度与往来于印度洋西端的汉朝船只建立间接贸易联系。③

唐代，波斯人与阿拉伯人先后成为中非贸易的中间商，尤以阿拉伯人为最。公元 7 世纪后，阿拉伯人建立了横跨亚、非、欧的阿拉伯帝国，控制了西亚和红海两岸。史书记载，"永徽二年，始遣使朝贡"，④ 标志着阿拉伯帝国与唐朝建立了外交关系，使节往来不断，这为发展中非关系

---

① （清）徐松：《宋会要辑稿·刑法二》，上海古籍出版社，2014，第 8372 页。
② 孙毓棠：《汉代的中国与埃及》，《中国史研究》1979 年第 2 期，第 145 页。
③ 巴兹尔·戴维逊：《古老非洲的再发现》，屠佶译，生活·读书·新知三联书店，1973，第 272 页。
④ （后晋）刘昫等：《旧唐书》卷一九八《西戎》，中华书局，1975，第 5315 页。

创造了良好的条件。① 彼时，唐朝商人和商船渡过波斯湾后，便可进入阿拉伯帝国的疆域，但事实上仍是通过阿拉伯人与北非、东非进行间接贸易。②

至宋时，"中国人首次从事大规模海外直接贸易，不再依靠外国中间商"。③ 当时，不管是商品结构还是贸易范围，乃至贸易制度与航海技术，宋朝在世界上均占据主导优势，不但中非直接贸易成为可能，而且描绘了中国古代海上贸易版图的基本轮廓，甚至元明两代均未超越。中非交往时期的贸易往来塑造了完整版的"海上丝绸之路"的雏形，筑造了中非交往的海上通道。

另一方面，随着直接贸易的实现，具有经济因素的"朝贡"亦随之而来，但中非之间的"朝贡"关系属于无政治、文化牵绊的"非朝贡"形态。

所谓朝贡，即藩属国对宗主国按时进献礼品和方物，采用中国王朝的年号、年历，以此表示臣服；而宗主国作为回报，则对藩属国进行回赐、封赏，用以体现天朝恩典。④ 从这一界定可以看出，要符合朝贡体系不仅要具有经济联系，更有赖于政治依附关系，是"经济＋政治"的模式。但到底是经济优先，抑或政治优先，学界尚有争论。

费正清与滨下武志一致认为，经济因素是古代中国朝贡体系运行的基础。⑤ 但全海宗认为，朝贡关系得以维持的主要原因仍是基于政治。⑥ 同时，何芳川也认为，朝贡体制是"华夷秩序"得以维持的重要政治保证。⑦ 因此，政治性仍是朝贡关系的主导。

除经济、政治两大体现朝贡关系的"硬指标"外，"文化"这一"软权力"同样得到了足够的重视。滨下武志强调，商业交易虽是朝贡关

---

① 艾周昌、沐涛：《中非关系史》，华东师范大学出版社，1996，第32页。
② 艾周昌、沐涛：《中非关系史》，华东师范大学出版社，1996，第28页。
③ 斯塔夫里阿诺斯：《全球通史：从史前史到21世纪》，吴象婴等译，北京大学出版社，2006，第261页。
④ 付百臣：《中朝历代朝贡制度研究》，吉林人民出版社，2008，第1页。
⑤ 参见费正清编《中国的世界秩序：传统中国的对外关系》，杜继东译，中国社会科学出版社，2010；滨下武志《近代中国的国际契机：朝贡贸易体系与近代亚洲经济圈》，朱荫贵、欧阳菲译，中国社会科学出版社，1999，第33页。
⑥ 全海宗：《清代中朝朝贡关系考》，载费正清编《中国的世界秩序：传统中国的对外关系》，杜继东译，中国社会科学出版社，2010，第103—104页。
⑦ 何芳川：《"华夷秩序"论》，《北京大学学报》1998年第6期，第38页。

系的推动力，[1] 但仍需要依靠"关系"。这种"关系"的形成是基于权力，本质是东亚特有的儒家文化。同样，费正清等认为，朝贡和贸易是一套机制中不可分离的组成部分，[2] 其目的仍在于跨越风俗习惯、文化差异的鸿沟。基于两位学者对明清两代的朝贡研究可知，朝贡有着特殊的区域经济圈，是"亚洲才具有的唯一历史体系"，[3] 儒家内核的"基础性文化圈"在其中扮演了相当重要的角色。因此，高明士认为，古代中国朝贡体系实际上就是以"礼"为基础的，是以亲疏远近为判断依据的关系型结构，[4] 从属于中国古代"天朝礼治体系"下的朝贡，其实是以"三礼"（礼仪、礼义、礼治）及礼治主义为其运作形式，推行儒学和儒术，建立儒化体制。[5] 这也意味着，经济、政治、文化的三元互动，协同推进了中国古代朝贡体系的发展。

　　但就中非交往历史来看，经济更为优先，政治与文化则不足，这一关系通过"回赐"制度有所体现。宋朝通过海上丝绸之路不断密切对外关系，多数"南海诸国"进入了宋代朝贡体系，[6] 宋代政府对其进行了丰厚的回赐。[7] 在《诸蕃志》中，明确记载了地处非洲的俞卢和地及层檀有派使节来宋朝贡。[8] 据称，熙宁六年（1073 年），"大食俞卢和地国遣蒲啰诜来贡乳香等，诏香依广州价回赐钱二千九百贯，另赐银二千两"。[9] 1071—1083 年便有三次层檀使节来华记录：熙宁四年（1071 年），层檀使团向宋神宗赠送"珍珠、龙脑、乳香、琉璃器、白龙黑龙涎香、猛火油、药物"。[10] 元丰四年（1081 年），"大食层檀国保顺郎将层伽尼请备礼

①　滨下武志：《近代中国的国际契机：朝贡贸易体系与近代亚洲经济圈》，朱荫贵、欧阳菲译，中国社会科学出版社，1999，第 33 页。
②　黄纯艳：《中国古代朝贡体系研究的回顾与前瞻》，《中国史研究动态》2013 年第 1 期，第 56 页。
③　滨下武志：《近代中国的国际契机：朝贡贸易体系与近代亚洲经济圈》，朱荫贵、欧阳菲译，中国社会科学出版社，1999，第 28 页。
④　高明士：《天下秩序与文化圈的探索：以东亚古代的政治和教育为中心》，上海古籍出版社，2008，第 9 页。
⑤　黄纯艳：《中国古代朝贡体系研究的回顾与前瞻》，《中国史研究动态》2013 年第 1 期，第 58 页。
⑥　付百臣：《中朝历代朝贡制度研究》，吉林人民出版社，2008，第 4 页。
⑦　黄纯艳：《宋代朝贡体系研究》，商务印书馆，2014，第 397—418 页。
⑧　黄纯艳：《宋代朝贡体系研究》，商务印书馆，2014，第 300 页。
⑨　（清）徐松：《宋会要辑稿·蕃夷四》，上海古籍出版社，2014，第 9828 页。
⑩　（清）徐松：《宋会要辑稿·蕃夷七》，上海古籍出版社，2014，第 9956 页。

物，诣阙谢恩"，批示"宜多给舟，令赴阙"。[1] 元丰六年（1083 年），层檀国保顺郎将层伽尼再次来华，"神宗念其绝远，诏颁赍如故事，仍加赐白金二千两"。[2]

据此，国内学者将中非贸易同样纳入宋代朝贡体系，[3] 且认为经济优先。[4] 但依据"三要素"模式与我国学者重视的"政治优先"来评估，对于中非朝贡关系的认识，不仅史料并未记载有非洲国家采用宋朝的年号、年历以表示臣服的信息，而且在文化方面更属于华夏与伊斯兰两个文明圈的互动。上述两点一定程度上决定了中非关系内在"朝贡"因素的有限。

公元 7 世纪以后，阿拉伯帝国已在亚欧非建立了"穆斯林秩序"，[5] 至 10 世纪时，其辐射影响力已至俞卢和地及层檀等非洲国家。大量的阿拉伯人（波斯人）移民东非沿岸，[6] 不仅带来了伊斯兰教，也带来了自己的贸易传统和贸易网络，东非海岸城邦兴起，诞生了诸如以层檀为代表的历来以出海经商为营生的城邦国家。[7] 事实上，这是一个与"华夷秩序"完全不同的伊斯兰文明圈。有关古籍中记载的诸如"层檀入贡"或许如白寿彝所说那般，"大概都是商人出头充当贡使，而非国使性质"，[8] 从而使得中非的"朝贡"关系看上去更像是根据文献演绎出来的，是虚幻而非真实的。[9]

中非贸易的经济优先有别于"南海市场"与"东亚体系"，或许尚不能用"朝贡"关系概括之。并且，"非朝贡"的认知使双方摆脱了沉重的历史包袱，得以在历史长河中轻装前行，在追求复兴发展的过程中彼此

---

① （清）徐松：《宋会要辑稿·蕃夷七》，上海古籍出版社，2014，第 9959 页。
② （元）脱脱：《宋史》卷四百九十《外国六》，中华书局，1977，第 14123 页。
③ 参见何芳川《"华夷秩序"论》，《北京大学学报》1998 年第 6 期，第 35 页；林天蔚《宋代香药贸易史》，台北：中国文化大学出版部，1986，第 161 页；许永璋《宋代中国对非贸易探讨》，《黄河科技大学学报》2011 年第 2 期，第 68 页。
④ 黄纯艳：《宋代朝贡体系研究》，商务印书馆，2014，第 463 页。
⑤ 何芳川：《"华夷秩序"论》，《北京大学学报》1998 年第 6 期，第 33 页。
⑥ 马文宽、孟凡人：《中国古瓷在非洲的发现》，紫禁城出版社，1987，第 72 页。
⑦ 佐伊·马什、G. W. 金斯诺思：《东非史简编》，伍彤之译，上海人民出版社，1974，第 17 页。
⑧ 白寿彝主编《中国回回民族史》（上册），中华书局，2003，第 268 页。
⑨ 庄国土：《略论朝贡制度的虚幻：以古代中国与东南亚的朝贡关系为例》，《南洋问题研究》2005 年第 3 期，第 8 页。

互相遥望着对方。①

结　语

  中非贸易建立了"海上丝绸之路"的雏形。古人对于非洲的想象已不再是想象，现实成自然。围绕非洲在哪？怎么去非洲？去非洲干什么？宋人在古籍中呈现了中非关系的全景。不仅传闻中的非洲古国如层檀、木兰皮、勿斯里有据可查，而且在先进的造船、航海技术推动下，继承传统海上线路，开辟越洋航线，中非直接贸易得以实现。与宋代海外贸易相似，陶瓷、象牙、香料在中非贸易中依旧占据主导地位。埃及福斯塔特遗址、基尔瓦"大清真寺"与"大房子"遗址是宋代瓷器集中之地，其与在桑给巴尔等地出土的宋代钱币都是证明这一历史关系不可或缺的关键信息。

【责任编辑】王严

---

  ①　刘鸿武：《当代中非关系与亚非文明复兴浪潮——关于当代中非关系特殊性质及意义的若干问题》，《世界经济与政治》2008 年第 9 期，第 30 页。

非洲研究　2022年第1卷（总第18卷）
第81—98页
SSAP ©，2022

中资银行投资非洲的意义、挑战与对策*

洪永红　杨　璨

【内容提要】　中资银行较早在非洲设立了分支机构，其在非洲资产规模和收入均取得较好的发展。然而对比广袤的非洲以及中非贸易和投资规模，中资银行对非洲市场的覆盖还很不足。目前，非洲国家普遍允许外资进入本地的金融服务行业，然而，中资银行投资非洲面临巨大的挑战。这些挑战包括泛非银行的竞争优势、更高的监管要求、更高的运营成本和更高的不良贷款率。这些挑战要求中资银行投资非洲时，需要准确预估成本与收益、衡量风险承受能力，具体包括充分利用中资银行的竞争优势、严格遵守监管要求、本土化经营并推动金融科技的应用以及制定合理的贷款发放和收回策略。

【关键词】　中资银行；中非金融合作；非洲银行业

【作者简介】　洪永红，教授，博士生导师，湘潭大学法学院，湘潭大学中国—非洲经贸法律研究院院长；杨璨，湘潭大学法学院博士研究生（湘潭，411105）。

在目前国际形势不稳定性不确定性增加的背景下，构建更加紧密的中非命运共同体具有重大意义。中非合作论坛是中非关系发展的重要平台，自2000年中非合作论坛成立以来，论坛历届部长级会议审议通过的行动计划均肯定了中非金融合作的发展成果，强调了中非金融合作的重要性。中资银行投资非洲是中非金融合作的重要内容之一，《中非合作论

---

*　本文系国家社科基金重大课题"非洲国家和地区法律文本的翻译、研究与数据库建设"（项目编号：20ZD&181）的阶段性成果。

坛北京行动计划（2007—2009 年）》首次提出中方鼓励中国金融机构在非洲设立更多分支机构，[①] 此后所有行动计划均提出鼓励双方商业银行扩大业务往来和互设分支机构[②]或中方鼓励并支持双方金融机构在双方国家增设分支机构、扩大互利交流合作。[③]《中非合作论坛—达喀尔行动计划（2022—2024）》再次强调要"继续鼓励并支持双方金融机构……通过投资、合资等方式加强互利合作，提供多元化和普惠金融服务。完善中非双方金融机构和金融服务的网络化布局，促进双方贸易投资便利化"。[④]中资银行应大步走进非洲，与非洲国家分享新机遇，取得中非金融合作的新进展。

一　中资银行投资非洲的意义

非洲国家非常重视金融业的发展，但受欧洲殖民历史的影响，非洲国内的银行，除泛非银行（The Pan-African Banks）外，大部分是欧美国家的银行，中资银行则很少。最早在非洲设立金融机构的中资银行是中国银行，该行 1997 年就在赞比亚设立了分行，这是中国银行在非洲的首家全资子公司。2000 年，中国建设银行也在南非约翰内斯堡设立了分行。后来中国银行还在南非、毛里求斯、吉布提、安哥拉等设立了分行，在肯尼亚、摩洛哥和坦桑尼亚设立了代表处。中国工商银行则在南非收购了标准银行集团 20% 的股权，成为该行第一大股东。2015 年，中国农业银行与刚果共和国合资银行开业，开启了两国在金融领域友好合作的

① 《中非合作论坛北京行动计划（2007—2009 年）》，中非合作论坛，2006 年 11 月 5 日，http://www.focac.org/zywx/zywj/200909/t20090917_8044399.htm，最后访问日期：2022 年 2 月 7 日。

② 《中非合作论坛—沙姆沙伊赫行动计划（2010 至 2012 年）》，中非合作论坛，2009 年 11 月 12 日，http://www.focac.org/zywx/zywj/200911/t20091112_7875842.htm，最后访问日期：2022 年 2 月 7 日。

③ 《中非合作论坛—约翰内斯堡行动计划》，中非合作论坛，2015 年 12 月 25 日，http://www.focac.org/zywx/zywj/201512/t20151224_8044410.htm，最后访问日期：2022 年 2 月 7 日。

④ 《中非合作论坛—达喀尔行动计划（2022—2024）》，中华人民共和国外交部，2021 年 12 月 2 日，https://www.fmprc.gov.cn/web/ziliao_674904/zt_674979/dnzt_674981/qtzt/kjg-zbdfyyq_699171/202112/t20211202_10461174.shtml，最后访问日期：2021 年 12 月 9 日。

新模式。目前在非洲共有 10 个中资银行的代表处、分行和子公司，分布在 8 个非洲国家，但对于有着 54 个国家的非洲而言数量较少，中资银行也确有必要大步走进非洲。中国应加快中资银行在非洲布局，使金融服务业在非洲获得发展。中资银行应秉承构建中非命运共同体的理念，加快走进非洲的步伐，这是服务中非经济发展的必由之路，更是历史的要求、未来发展的需要。具体来说，中资银行走进非洲有如下重要意义。

（一）可以有效解决中非金融合作中的资金问题

中国对非融资资金来源较为单一、资金流向较为集中、资金汇回国内较为困难，具体体现为以下几个方面。其一，对非融资资金主要来自中国政策性银行和国有银行，大部分是中国政府资金。这部分资金与中国对非政策挂钩，因此缺乏民间资本所具有的活力。而且，对非融资资金来源于中国政府，容易被西方舆论攻击，如近年来西方一些媒体和政客经常提到的"中国债务陷阱论"和"中国债务威胁论"。其二，对非融资资金流向较为集中。这些资金集中投资到非洲基础设施建设、采矿、能源等行业。我们与在非民营企业的交流中发现，民企在非洲面临的一个主要的问题是融资困难。这些企业重资产在非洲，国内银行难以查明企业资产信息，拒绝提供融资支持，导致企业海外融资成本过高，估计是国内 3 倍左右。其三，在非企业盈利资金难以汇回国内。例如，在安哥拉投资的中国央企有折合人民币几个亿的资金无法汇回国内。阿尔及利亚某光伏发电企业也存在这个问题，第纳尔与美元在官方与黑市的汇兑差价大，企业不易以官方价格换到。

中资银行走进非洲能有效地解决这三个问题。从资金来源角度说，中资银行包括民营银行，民间资本设立的民营银行更具有活力，其以营利为目的、体量小、经营灵活，在非洲市场更具竞争力。民营银行不带"国"字头，其融资业务更多的是针对在非中小企业，不易涉及非洲国家政府债务，不易遭受国际上的非议。同时，中资银行在非洲可以吸收当地存款，而这些存款不仅可以贷款给本土公司，还可以贷款给中资公司，中国公司投资非洲大型基础设施、矿业等项目需要融资时，这些中资银行还可以牵头组成贷款银团，提供辛迪加贷款，减轻中国对非投资的资金压力。从资金流向角度说，中资银行大步走进非洲可以有效解决在非中资企业、个人缺乏有效金融服务的问题。目前，中资银行在非洲的经营网络尚不能完全满足未来中非企业之间扩大合作的需要。[1] 以国有商业银行为主，以民营银行为辅，可在中国对非贸易和投资中全方位满足中国企业走出去和在非中资企业融资的需要。国家开发银行、中国进出口银行作为开发性金融机构和政策性银行在对非合作中服务于国家政策，支持非洲大型基础设施建设。国有商业银行主要与非洲政府、大型企业和金融机构合作，提供融资服务。而由于民营银行本质为企业，它们具有一般企业的特点，即自负盈亏、独立核算、经营目标利润最大化，[2] 这可以更有效地为大型商业银行服务不到的中资中小企业提供资金扶持，构建企业与金融相结合的良好生态圈。同时，中资银行可以为在非工作的华人华侨提供优质的、符合其习惯的金融服务。从盈利资金回流的角度说，在非中资银行能及时利用了解到的非洲国家金融政策以及其他相关信息，提出合法的方案，有效帮助在非中资企业解决问题，以形成我国与非洲国家的资金循环。

（二）促进中国对非投资规模的扩大，助力中非产能合作

近年来，中非合作不仅仅局限于贸易领域，对非投资也取得了飞速发展。截至 2020 年底，我国对非直接投资存量超过 474 亿美元，遍及 50 多个非洲国家，投资领域、投资方式和投资主体也日益多元化。[3]

中资银行走进非洲能高效促进中国对非投资规模扩大，助力中非产能合作。近年来，大量文献证实了银行海外投资对对外直接投资的促进作用。史蒂文·波尔切克（Steven Poelhekke）使用荷兰的数据进行了实证研究，研究表明银行的海外直接投资促进了母国非金融对外直接投资的数量，这种促进作用在更危险、腐败和法治薄弱的国家更加显著。[4] 张相伟、龙小宁基于我国 2003—2014 年对 147 个国家和地区的对外直接投资数据和境外金融机构布点数据进行实证研究，认为中资银行不仅显著地扩大了中国对东道国的投资规模，增加了投资企业数量，而且主要促

① 刘明志：《非洲经济走势与中非金融合作》，《中国金融》2019 年第 12 期，第 51 页。
② 周旻：《中国民营银行发展研究》，硕士学位论文，武汉工程大学，2018，第 10 页。
③ 郑皓月：《商务部：截至 2020 年底，中国对非直接投资存量超过 474 亿美元》，央广网，2021 年 9 月 3 日，http://news.cnr.cn/dj/20210903/t20210903_525589236.shtml，最后访问日期：2022 年 1 月 24 日。
④ Steven Poelhekke, "Do Global Banks Facilitate Foreign Direct Investment?", *European Economic Review*, 2015（76），p. 25.

进了中国对发展中国家的直接投资。① 吕越、邓利静采用 2003—2017 年的中资银行海外分支机构数据进行实证研究，认为中资银行能够通过促进出口、扩大市场规模进而促进对外直接投资。② 雷皓晴采用共建 "一带一路" 64 个国家 2003—2018 年数据进行实证研究，认为中资银行海外机构的设立显著促进中资企业对外直接投资。③ 麦杨基于我国银行海外金融机构数据和我国企业对外直接投资数据，结合 6 个控制变量进行实证研究，认为中资银行海外布局通过提供信息服务、融资支持和风险管理的路径影响企业对外直接投资。④ 安蕾、蒋瑛根据中资银行境外分支机构和子公司数量信息以及中国对 51 个经济体的对外直接投资数据进行实证分析，证实了东道国（地区）中资银行分支机构数量的增长与随后中国企业进入该市场可能性的增加有关，对于市场导向型投资以及治理水平较低的经济体，中资银行境外分支机构的促进作用更为明显。⑤ 这些研究为中资银行走进非洲高效促进对非投资提供了理论支持。

中资企业在非洲国家融资时成本过于高昂，主要原因既包括中资企业本身对非洲国家法律和语言不熟悉，难以提供高质量的抵押品，也包括非洲国家缺乏金融基础设施，整体经济和社会治理水平偏低，本土银行取得中资企业信用信息较为困难、成本较高等。中资银行具有中资优势、本土优势和国际性银行优势，中资银行投资非洲能够通过为中资企业提供资金支持和降低融资成本、帮助中资企业克服信息不对称问题等途径，促进投资便利化，极大地推动实体企业大步走进非洲。

（三）推动中非经贸合作，促进非洲经济发展

从中长期来看，非洲大陆具有非凡的经济潜力。目前，非洲人口约占世界人口的 17%，但非洲 GDP 仅占全球 GDP 的 3%。皮尤研究中心

---

① 张相伟、龙小宁：《中国境外金融机构促进了对外直接投资吗》，《国际贸易问题》2018 年第 9 期，第 108—120 页。

② 吕越、邓利静：《金融如何更好地服务实体企业对外直接投资？——基于中资银行 "走出去" 的影响与机制分析》，《国际金融研究》2019 年第 10 期，第 53—63 页。

③ 雷皓晴：《中资银行海外机构设立对我国对外直接投资影响分析》，硕士学位论文，南京大学，2020，第 47 页。

④ 麦杨：《中资银行海外布局对企业对外直接投资的影响研究》，硕士学位论文，云南大学，2019，第 51 页。

⑤ 安蕾、蒋瑛：《中资银行境外分支机构与对外直接投资》，《南开学报》（哲学社会科学版）2020 年第 3 期，第 57—66 页。

（Pew Research Center）的数据表明，非洲大陆的人口将由现在的 13 亿增长到 2050 年的 25 亿，在 2100 年增至 43 亿，其中增长主要集中在撒哈拉以南非洲，相比之下，亚洲人口将在 2060 年左右达到顶峰，达到 53 亿，到 21 世纪末将降至 47 亿。[1] 同时，欧洲的人口将在 2050 年增加到 7.1 亿，到 2100 年将回落到 6.3 亿。虽然非洲获得经济社会长足发展还面临着巨大的困境，[2] 但是，劳动人口在增长，推动城市化扩张，技术在进步，推动劳动生产率逐步提高，宏观经济结构将得到改善，执政能力将得到提高。这些变化将进一步促进外国对非投资，撒哈拉以南非洲地区的未来前景光明。[3]

非洲经济的快速发展，催发对金融服务业的巨大需求。金融部门是现代经济中最为重要和最富创新性的部门，最重要的金融中介是商业银行，大量的实证研究发现，银行业的发展有助于促进经济增长，[4] 非洲银行业的发展与非洲的经济发展相辅相成，发展前景可观。非洲银行业在满足非洲经济发展的同时，无疑可以分享到这些金融服务的红利。

中资银行大步走进非洲在促进中非经贸投资合作的同时，也能够促进非洲经济发展。大量研究表明，外资银行进入发展中国家，能增加这些国家银行业的竞争，并通过降低信贷成本促进经济增长。[5] 中资银行投资非洲主要通过为中小企业提供低成本信贷，促进非洲经济发展。伦敦证券交易所集团非洲咨询小组的报告表明，中小型企业是非洲经济的支柱，约占所有公司的 90%，提供了近 80% 的就业机会。[6] 尼日利亚的例子更为极端：中小企业占该国企业的 96%，而美国和欧洲分别为 53% 和 65%。因此，中小企业对非洲大陆未来的成功至关重要，它们有可能建

---

① "Why the Future of the Global Economy Is African", SPEAR'S, January 14, 2020, https://www.spearswms.com/spears-leader-why-the-future-is-african/. Accessed 2020 – 1 – 24.

② 梁益坚、王锦：《撒哈拉以南非洲人口红利及国家政策取向》，《西亚非洲》2018 年第 6 期，第 58 页。

③ Marcus Goncalves, "The Pan-African Banks Phenomenon", *Financial Nigeria Journal*, 2015, 7 (80), p. 28.

④ 林毅夫、孙希芳：《银行业结构与经济增长》，《经济研究》2008 年第 9 期，第 31 页。

⑤ Boubacar Diallo, "Foreign Bank Entry and Bank Competition in Africa: An Inverted U-Shaped Relation", *Journal of Developing Areas*, 2016, 50 (4), p. 289.

⑥ LSEG Africa Advisory Group, "The Challenges and Opportunities of SME Financing in Africa", LSEG, 2018, https://www.lseg.com/sites/default/files/content/documents/Africa_SMEfinancing_MWv10.pdf. Accessed 2020 – 1 – 24.

立一个新的中产阶级，并促进对当地商品和服务的需求。尽管如此，非洲中小企业的融资严重不足，这阻碍了它们的发展。由投资者与合伙人（Investisseurs & Partenaires）进行的一项研究发现，40%的非洲中小企业认为，制约其发展的主要因素是获得资金。[1] 在整个非洲，只有10%的中小企业可以使用金融服务，大大抑制了中小企业充分发挥其发展潜力并削弱了成为各自经济体未来"蓝筹股"的能力。

总之，中资银行深耕非洲，如果能注重非洲数字金融服务的发展和代理银行等创新业务模式的发展，提供多元化和普惠金融服务，并为服务不足的中小企业市场增加融资渠道，注重包括债务性融资和股权融资等在内的融资方式的推进，既能有效促进非洲经济发展，同时又可以分享非洲经济发展的成果。

（四）大力助推人民币国际化

人民币国际化是我国主权货币使用的国际化，即人民币在国际贸易、国际金融市场进行交易，并且成为国际储备货币的过程。[2] 人民币国际化与中资银行"走出去"相辅相成、相互促进。[3]

中资银行加快在非洲设立分支机构，建立营业网点，扩大在非洲金融服务范围，能大力助推人民币国际化。具体来说，其一，其作为境外人民币清算行，有助于提高人民币在跨境贸易结算中的使用率，进一步促进贸易投资便利化。[4] 中国人民银行《2020年人民币国际化报告》的调查显示，[5] 涉外企业希望进一步完善人民币国际化基础设施，优化跨境人民币业务流程。调查问卷显示，2019年以来，外贸企业参与跨境人民币业务的积极性较高，截至2019年第四季度，84.6%的企业选择人民币作为跨境结算主要币种。中资银行在非洲国家布局，不仅能扩大中资企

① Anne-Gaël Chapuis, "SME Finance in Africa: What's New?", Paris: Proparco, 2009, p. 28.
② 甄峰：《人民币国际化：路径、前景与方向》，《经济理论与经济管理》2014年第5期，第23页。
③ 张东阳：《人民币国际化与中资银行"走出去"研究》，博士学位论文，对外经济贸易大学，2016，第100页。
④ 李霖：《进一步发挥境外人民币清算行作用 推进人民币国际化战略》，《河北金融》2020年第3期，第57页。
⑤ 《2020年人民币国际化报告》，中国人民银行，2020年8月17日，http://www.pbc.gov.cn/huobizhengceersi/214481/3871621/4073241/2020081717014093078.pdf，最后访问日期：2021年1月24日。

业选择人民币进行跨境结算业务的规模，还可以提供跨境人民币贷款与融资服务，有助于非洲企业在进出口中国货物时以人民币结算，有效扩大人民币结算量。其二，商业银行是人民币循环体系的重要参与者和服务者，[1] 中资银行立足非洲，可以推动人民币形式的对非直接投资，将人民币资金输出到非洲，有利于人民币资金流入当地后在当地形成人民币市场，[2] 还可以为在境外主体提供各项贷款融资服务，鼓励非居民向中国借款，并且用人民币计价它们的债务。[3] 鼓励非洲个人、公司、政府向中国借以人民币计价的贷款，将人民币资金输出到非洲，可有效增加海外人民币头寸，扩大境外人民币资金池。其三，还可以通过中资银行在非洲发行人民币债券，开拓中非资金融通渠道、拓宽人民币资金回流渠道，有力推进人民币国际化。例如，2017 年中国银行约翰内斯堡分行发行了非洲首支离岸人民币债券"彩虹债"，人民币债券融入南非多币种资本市场。

二 中资银行投资非洲的挑战

目前非洲国家银行业进入壁垒相对较低，普遍允许甚至鼓励外资进入银行业。在撒哈拉以南非洲国家，外资银行所有权占国内银行业的50% 以上。[4] 例如，在东非乌干达，截至 2020 年 10 月，乌干达持牌的商业银行共 25 家，其中仅有两家本土银行：百年乡村发展银行（Centenary Rural Development Bank）和住房金融银行（Housing Finance Bank）。截至2018 年底，西非经济货币联盟 8 个成员国中有 29 家属于国际性或地区性银行，占银行资产的 86.8% 和客户银行账户的 83.4%。[5] 另外，中资银

① 申岚、李婧：《人民币国际化新的可能性：人民币跨境循环体系的升级与发展》，《国际经济评论》2020 年第 5 期，第 58 页。
② 刘明志：《非洲经济走势与中非金融合作》，《中国金融》2019 年第 12 期，第 51 页。
③ 姚文宽：《跨境人民币结算的现状、问题及对策》，《改革与战略》2015 年第 12 期，第54—59 页。
④ Mahawiya Sulemana, John Bosco Dramani and Eric Fosu Oteng-Abayie, "Foreign Bank Inflows: Implications for Banking Stability in Sub-Saharan Africa", *African Review of Economics and Finance*, 2018, 10 (1), p.54.
⑤ Claudio Cali and Emmanouil Davradakis et al., "Banking in West Africa: Recent Trends and Developments", European Investment Bank, 2020, p. 55, https://www.eib.org/attachments/efs/economic_report_banking_africa_2020_en.pdf.

行投资非洲大部分的国家并不存在法律上的阻碍。

然而与其他中资企业一样，中资银行投资非洲还面临各种挑战，如法律方面的风险，包括劳动法律风险、[①] 税收法律风险、[②] 环境法律风险、[③] 刑事法律风险[④]等，还有政治风险、[⑤] 腐败问题、[⑥] 经济问题和犯罪问题[⑦]等。除此之外，由于银行是一种特殊的企业，中资银行投资非洲还面临如下一些特殊的挑战。

（一）泛非银行竞争优势明显

泛非银行的竞争优势明显，其是中资银行商业上强有力的竞争对手。泛非银行是指总部设在非洲，开展跨境银行业务的各个银行集团。在金融服务业较为发达的非洲国家，如肯尼亚、尼日利亚、摩洛哥和南非，欧洲银行的主导地位已被泛非银行取代。在 24 个非洲国家中，仅 8 家泛非银行就占各自东道国银行系统资产的 20% 或以上。在一些较小的市场中，个别银行在东道国系统中占主导地位，如在利比里亚和中非共和国的经济银行（Ecobank）（均为 40%），在莱索托的标准银行（47%）和在塞舌尔的巴克莱银行非洲集团（Barclays Africa Group）（44%）等。[⑧]

泛非银行对母国和东道国都具有系统重要性，其吸收的存款占比大，

---

① 洪永红、黄星永：《"一带一路"倡议下中企对非投资劳动法律风险及应对》，《湘潭大学学报》（哲学社会科学版）2019 年第 3 期，第 66—71 页。

② 洪永红、李琳秀：《应重视非洲国家税收法律问题》，《中国投资》（中英文）2020 年第 Z4 期，第 112—113 页。

③ 张小虎：《"一带一路"倡议下中国对非投资的环境法律风险与对策》，载何勤华编《外国法制史研究（法律·贸易·文化）》（第 20 卷），法律出版社，2017，第 154—184 页。

④ 洪永红、郭炯：《投资非洲应重视防控刑事法律风险》，《中国投资》（中英文）2020 年第 Z2 期，第 104—105 页。

⑤ 赛格、门明：《中国企业对非洲投资的政治风险及应对》，《西亚非洲》2010 年第 3 期，第 60—65 页。

⑥ 洪永红、龙婷：《赴非洲投资应谨慎应对腐败问题》，《中国投资》（中英文）2020 年第 Z8 期，第 98—99 页。

⑦ 刘海猛、胡森林、方恺等：《"一带一路"沿线国家政治—经济—社会风险综合评估及防控》，《地理研究》2019 年第 12 期，第 2966—2984 页。

⑧ Thorsten Beck, Michael Fuchs, Dorothe Singer and Makaio Witte, "Making Cross-border Banking Work for Africa", Germany: Deutsche Gesellschaft für Internationale Zusammenarbeit (GIZ) GmbH, 2014, p. 91.

通常是国库券市场、外汇市场和支付系统的重要参与者。① 泛非银行在约 36 个国家拥有系统性的银行业务，其主要通过收购现有银行并将其设立为子公司的方式进行扩张，仅有少数几个泛非银行使用绿地投资来扩张。目前，泛非银行是撒哈拉以南非洲金融业中效率最高的机构，结合了两方面的优势：外资银行的全球优势和本土银行的竞争优势。在大多数西方集团由于严格的法规和更高的资本要求而撤离后，泛非银行现在已成为领跑者，超过了自殖民时代以来主导银行业的西方竞争对手。② 总体而言，现在的泛非银行在非洲比起历史悠久的欧美银行要重要得多。③ 因此，中资银行投资非洲需要利用自身优势与泛非银行竞争，如何顺利经营并扩张是中资银行面临的巨大挑战之一。

（二）监管要求较高

中资银行还需要面临非洲国家更加严格的监管要求。非洲国家对银行的审慎性监管要求在某些方面大大高于中国人民银行或者一些国际组织，如最低资本要求和资本充足率要求均高于中国。

部分非洲国家每隔几年都会提高最低资本要求。例如，乌干达 2005 年《金融机构（许可）条例》规定商业银行的最低资本要求为 40 亿先令，④ 2010 年《金融机构（最低资本要求修订）条例》调整了最低资本要求，提高到 250 亿先令。⑤ 2021 年 8 月乌干达央行发给所有商业银行的

① Benedicte Vibe Christensen, "Financial Integration in Africa: Implications for Monetary Policy and Financial Stability", BIS Paper, 2014, p. 20, https://www.bis.org/publ/bppdf/bis-pap76c.pdf.

② Moin Siddiqi, "Pan-African Banking Is Changing the Region's Financial Landscape", *African Review*, September 23, 2019, https://www.africanreview.com/finance/banking-a-finance/pan-african-banking-is-changing-the-region-s-financial-landscape. Accessed 2021 – 6 – 3.

③ Charles Enoch, Paul Mathieu, Mauro Mecagni and Canales Kriljenko, "Pan-African Banks: Opportunities and Challenges for Cross-border Oversight", Washington: International Monetary Fund, 2015, p. 1.

④ Bank of Uganda, "The Financial Institutions (Licensing) Regulations", The Republic of Uganda, May 27, 2005, https://bou.or.ug/bou/bouwebsite/bouwebsitecontent/acts/supervision_acts_regulations/FI_Regulations/FI_LicenseRegulations2005.pdf. Accessed 2021 – 1 – 24.

⑤ Bank of Uganda, "Financial Institutions (Revision of Minimum Capital Requirements) Instrument", The Republic of Uganda, May 27, 2005, https://bou.or.ug/bou/bouwebsite/bouwebsitecontent/acts/other_acts_regulations/The_Financial_Institutions_xrevision_of_minimum_Capital_Requirementsx_Instrument_No._43_of_2010.pdf. Accessed 2021 – 1 – 24.

通知称，拟将商业银行的实收资本要求从目前的 250 亿先令提高到 1500 亿先令。① 1997 年尼日利亚规定的最低资本要求为 5 亿奈拉，1999 年增加到 10 亿奈拉，2004 年增加到 20 亿奈拉，到 2005 年达到 250 亿奈拉。在 2010 年，银行被分为三类（国际、国家和地区），最低资本要求分别为 500 亿奈拉、150 亿奈拉和 50 亿奈拉。② 虽然最低资本要求的提高与非洲国家通货膨胀关系密切，但换算过后的最低资本要求也增加了不少。

无论是资本充足率要求还是实际上的资本充足率，整体而言，非洲国家比中国的高。目前，乌干达对银行的资本充足率要求为 12%。尼日利亚对国家或地区银行的资本充足率要求为 10%，对拥有国际银行牌照的银行的资本充足率要求为 15%，南非为 10%，肯尼亚为 12%，埃塞俄比亚为 12%，卢旺达为 12.5%，而中国的资本充足率要求为 8%。2018 年，中国商业银行的实际平均资本充足率为 14.2%，而 32 个非洲国家中，仅喀麦隆、加蓬和马达加斯的实际平均资本充足率低于中国，分别为 10.83%、10.83% 和 13.65%，32 个非洲国家的实际资本充足率中位数为 18.75%，平均数为 20.09%，远高于中国。

实际上，由于筹集资本的成本很高（与纯债务相比），银行需要从额外资本中获得更高回报，迫使它们承担更大的风险。中资银行面临的挑战不仅限于将要或者已经提高的资本要求，而且还在于如果在经营过程中，非洲国家银行监管机构再次提高最低资本要求、资本充足率要求，中资银行只有三个选择，增资、与其他银行合并，或者是破产清算。

同时，非洲国家对反洗钱的监管要求也更为重视，这与非洲国家严重的腐败问题和恐怖主义问题密切相关。非洲国家签署了大量反洗钱方面的国际公约，包括《联合国关于麻醉药品和精神药物贩运的公约》（《维也纳公约》）、《联合国打击跨国有组织犯罪公约》（《巴勒莫公约》）、《联合国反腐败公约》等，这些公约载有反洗钱和打击资助恐怖主义的有关规定。例如，《制止向恐怖主义提供资助的国际公约》于 2002 年 4 月 10 日生效，非洲国家中，仅乍得和南苏丹未签署该公约，布隆迪

---

① "New Capital Requirements for Banks", *The Independent*, August 31, 2021, https://www.independent.co.ug/new-capital-requirements-for-banks/. Accessed 2021 - 1 - 24.

② Resolution Law Firm, "Nigeria: The Process and Types of Banking License in Nigeria", Mondaq, January 12, 2021, https://www.mondaq.com/nigeria/financial-services/1024250/the-process-and-types-of-banking-license-in-nigeria. Accessed 2021 - 1 - 24.

和索马里仅签字但未交存批准书，因此该公约仅对这四个国家不生效。2003 年通过的《联合国反腐败公约》迄今已得到 20 多个非洲国家的批准，比任何其他地区都多。联合国毒品和犯罪问题办公室在非洲驻有办事处，在非洲大陆不同地区管理若干反洗钱项目。世界银行和国际货币基金组织负责协助包括非洲国家在内的各国制定反洗钱、反恐融资标准，特别是制定和实施与银行监管机构和金融机构有关的标准。

除上述全球倡议外，非洲国家还通过了许多公约，并在大陆和次区域两级发起了许多合作倡议。1999 年，非洲统一组织通过了《防止和打击恐怖主义公约》（《阿尔及尔公约》）。2002 年，非洲联盟在关于非洲预防和打击恐怖主义的第二次高级别政府间会议上通过了一项行动计划，其中包括打击资助恐怖主义的十项具体措施，包括将资助恐怖主义和洗钱定为刑事犯罪、对金融机构人员进行打击和预防洗钱培训以及促进国际金融机构合作。2004 年，非盟还通过了非统组织《防止和打击恐怖主义公约》的一项议定书，建立了没收、冻结或扣押用于实施恐怖行为的任何资金的机制，并用这些资金补偿恐怖行为受害者或其家属。

非洲国家国内普遍针对反洗钱和打击资助恐怖主义进行了立法，其内容和形式有所差异，但均极为重视这两个问题。犯罪集团可以通过在国家和国际金融体系中转移资金来隐藏资金来源并进行洗钱，利用银行业务转移和隐藏资金是洗钱环节中极为重要的一环，因此非洲国家以立法的形式规定了银行的调查和报告义务。如何依法建立反洗钱和打击资助恐怖主义的调查及报告框架是中资银行面临的又一巨大挑战。

（三）运营成本较高

非洲银行的运营成本普遍较高。乌干达中央银行估计，一半的银行利润率被运营成本所吞没。帕特里克·莫韦尔（Patrick Mweheire）是非洲最大的银行标准银行（Standard Bank）东非业务负责人，他说"开设一家分行可能要花费 50 万美元"，他补充说，较小的银行因电力、数据存储或只是转移资金的成本而破产。① 各国金融政策、银行市场结构、宏观经济因素等不同，运营成本偏高的原因不一。

---

① "Why Interest Rates Are So High in Africa", *The Economist*, May 23, 2020, https://www.e-conomist. com/finance-and-economics/2020/05/21/why-interest-rates-are-so-high-in-africa. Accessed 2022 – 1 – 25.

运营成本的构成主要是筹资成本、管理费用和税费支出，[1] 非洲国家这三项成本均远高于中国。例如，非洲的电力价格、房屋租金高导致银行固定成本偏高；高存款准备金率、高央行贴现率、高通货膨胀率以及非洲低储蓄能力和储蓄意愿导致资金成本偏高；抵押品不足、缺乏信用证明（credit reference），银行筛选合格的贷款人困难，导致银行发放贷款的成本偏高等。银行成本收入比例为运营费用占营业收入总和的份额，通常用来衡量各类商业银行的成本水平，反映商业银行的成本控制情况。[2] 2017 年，中国的银行成本收入比例为 32.2%，而有数据可查的 47 个非洲国家中，仅埃及的成本收入比例低于中国，而且在 60% 以上的有 22 个国家，在 50% 以上的有 39 个国家，在 40% 以上的有 44 个国家。如何降低运营成本是投资非洲的中资银行面临的巨大挑战之一。

（四）银行不良贷款率较高

与世界其他地区相比，撒哈拉以南的非洲国家不良贷款率较高。撒哈拉以南的非洲国家不良贷款的激增通常伴随着信贷的繁荣和萧条，以及诸如油价崩溃、战争、疾病、瘟疫和不利气候事件等的冲击。从广义上讲，20 世纪 90 年代和 2010 年下半年，不良贷款率出现了两次明显的上升，而在新冠肺炎疫情防控期间，第三次上升浪潮也将出现。[3]

根据国际货币基金组织的报告，自 2010 年以来，撒哈拉以南的非洲国家平均不良贷款率在 10% 以上。2018 年撒哈拉以南的非洲国家不良贷款率中位数为 11.7%，而北美洲为 0.7%，东亚与太平洋地区为 1.8%，拉丁美洲和加勒比地区为 2.5%，欧洲和中亚为 3.8%，中东和北非为 5.4%，南亚为 8.4%。[4]

---

① 刘天峡：《如何有效控制商业银行经营成本》，《西部论丛》2009 年第 7 期，第 60—61 页。

② 房巧玲、崔宏、张华：《商业银行成本控制与经营绩效》，《金融论坛》2012 年第 8 期，第 27 页。

③ L. Eyraud, I. Bunda and J. Jack et al., "Resolving Nonperforming Loans in Sub-Saharan Africa in the Aftermath of the COVID-19 Crisis", Washington：International Monetary Fund, 2021, p. 13.

④ L. Eyraud, I. Bunda and J. Jack et al., "Resolving Nonperforming Loans in Sub-Saharan Africa in the Aftermath of the COVID-19 Crisis", Washington：International Monetary Fund, 2021, p. 8.

银行不良贷款率偏高将对中资银行的盈利能力产生较大的负面影响。一方面，银行不良贷款率高不仅直接降低了利息收入，使投资机会减少，而且监管机构通常要求增加贷款准备金，这将提高银行的融资成本，严重情况下银行将产生流动性危机。另一方面，不良贷款率高的银行更容易产生道德风险，银行利用高风险贷款获得额外利润以抵补不良贷款带来的负面影响，可能会转化为更高的不良贷款。如何提高资产质量是中资银行投资非洲的巨大挑战。

三　中资银行投资非洲的对策

中资银行走进非洲应做到三个"充分"，即充分考虑自身的海外扩张战略、充分调研对应非洲国家的国情、充分预估银行盈利前景，这也是中资银行走进非洲的基础。除此之外，笔者根据上述中资银行投资非洲面临的巨大的挑战，提出以下对策。

（一）充分利用中资银行自身优势

中资银行投资非洲既需要研究并学习泛非银行的竞争优势，也必须充分利用自身的优势。"一带一路"倡议和中非合作等国家政策的支持为中资银行提供营收保障。2021 年 11 月 29 日在中非合作论坛第八届部长级会议上通过的《中非合作论坛—达喀尔行动计划（2022—2024）》不仅强调了中非双方金融机构通过投资、合资等方式加强合作，中方更是表示将继续向非洲国家提供优惠性质贷款等融资支持，鼓励中国金融机构按市场化原则向非洲国家自主提供新增融资等。不仅如此，在中非经贸合作方面，目前中国连续 12 年成为非洲第一大贸易伙伴国。在投资合作上，2021 年非洲已有超过 3500 家各类中资企业，我国在非直接投资存量是 434 亿美元，已经成为非洲第四大投资国。① 然而，中国提供的资金支持主要通过开发性金融机构和非洲的商业银行流到非洲。例如，国家开发银行 2019 年与非洲 40 家金融机构开展了合作，累计发放贷款

---

① 刘晨茵：《商务部：中非经贸互利共赢，中国连续 12 年成为非洲第一大贸易伙伴国》，浙江新闻，2021 年 11 月 17 日，https://zj.zjol.com.cn/news.html? id=1760592，最后访问日期：2021 年 12 月 23 日。

32 亿美元。① 中资银行完全可以发挥"中资"的优势，重点布局经贸往来密切、中资企业聚集的非洲国家，有效满足上述参与中非经贸投资合作的中资企业的资金融通需求。同时，服务中资企业的业务收入是中资银行收入的重要部分，可以作为中资银行在非洲的立身之本，这是中资银行投资非洲最大的优势。

中国大型银行有较强的信息化、数字化能力，管理技术更为先进，具有更加成熟稳定的信息技术系统。截至 2019 年 6 月底，23 家中资银行一共开设了 1400 多家海外分支机构，覆盖了全球 67 个国家和地区，② 这也为中资银行积累了充分的境外发展经验和充分的国际化人才储备。中国数字经济的发展已经走在世界前列，银行通过开发网上银行系统和手机支付软件，提供扫二维码、刷卡和转账等多样化的支付方式，并与支付宝、微信和电信公司等第三方开展了大量的合作，这些国际和国内多样化发展经验既能让中资银行更好地为中资企业和个人提供服务，又能吸引到当地客户。中资银行可以充分利用金融科技，相比非洲本土银行将具有更高的运营效率和更低的运营成本。

（二）严格遵守法律法规和审慎监管规则

中资银行要遵守当地银行监管机构的审慎性监管要求，合法合规经营。这需要中资银行重视挑选具有任职资格的董事和高级管理人员，重视建立反洗钱措施框架。

挑选具有任职资格的董事和高级管理人员是银行合法合规经营的重要保障。非洲的经济社会背景、风俗习惯与欧美国家有显著的差异，与亚洲国家的差异更大。例如，非洲国家高度关注人权问题，女性和艾滋病人的人权问题一旦处理不慎，就会面临巨额罚款；抢劫、偷盗问题、警察和各级官员索贿问题一旦处理不慎，银行责任人员就会面临牢狱之灾；还有各种其他社会风俗习惯如宗教问题、部落问题、土地问题，等等。这些情况对董事和高管提出更高要求，董事和高管必须同时熟悉非

---

① 范燕菲：《强化中非银联体平台作用 推动中非金融合作》，看看新闻 Knews，2019 年 6 月 28 日，https://baijiahao.baidu.com/s? id = 1637514384858397083&wfr = spider&for = pc，最后访问日期：2021 年 12 月 25 日。

② 《2019—2020 中国经济年会召开 会议重点学习解读中央经济工作会议精神》，央广网，2019 年 12 月 15 日，http://china.cnr.cn/news/20191215/t20191215_524898316.shtml，最后访问日期：2022 年 1 月 25 日。

洲社会风俗、了解非洲法律、具有金融方面的专业知识。具有任职资格的人员能够为在非洲投资银行规避大量风险、大幅降低经营成本。因此，建议中资银行至少任命一名中国人为董事，一名中国人为高管。同时，也需要任命多名具有较高道德品质、较高专业素质、没有既往经济纠纷的当地人作为董事、高管。任命当地人为董事或高管，对于其背景需要做详细调查，如要求提交国际无犯罪记录证明，联系前任雇主或学校核实个人经历等。

中资银行还需要严格遵守非洲国家关于反洗钱的法律规定，及时履行反洗钱报告义务。非洲国家法律同样建立了反洗钱的全面法律框架，要求银行举报可疑交易。例如，南非的反洗钱法包括《预防有组织犯罪法》、《金融情报中心法》和《预防和打击腐败活动法》，负有报告义务的机构和个人故意或过失不承担这些义务，会使这些机构或个人面临刑事起诉，并可能面临最高 1 亿南非兰特的罚款或最高 30 年的监禁。巴罗达银行（Bank of Baroda）是印度最大的国有银行之一，2018 年其在约翰内斯堡的分行因被指控洗钱并卷入涉及南非前总统雅各布·祖马（Jacob Zuma）的丑闻而关闭。2007—2017 年，古普塔（Gupta）家族被指控与祖马合作进行贪污，而且指控古普塔家族通过这家分行兜售了 45 亿南非兰特，而这一数额几乎主宰了整个约翰内斯堡巴罗达银行分行的交易。① 中资银行进入非洲应重视反洗钱、反恐怖主义融资和反腐败的法律法规，建立反洗钱的报告制度，及时依法向监管部门报告可疑交易。

（三）本土化经营，推动金融科技的应用

建议中资银行进行本土化经营，大力推动金融科技在非洲的应用，既开源也节流以应对较高的经营成本。本土化经营意味着中资银行运用中国银行先进的管理技术，同时也借鉴泛非银行的发展经验，主动融入非洲国家的人文环境、经济体系，扎根当地。具体而言，本土化经营包括人员的本土化、品牌的本土化以及客户挖掘的本土化。

首先，在已有中国人作为董事和高管的前提下，人员雇用方面，可以非洲人优先，同时关注银行员工的家庭情况、对员工进行定期培训、

---

① Josy Joseph and Khadija Sharife, "Bank of Baroda, the Guptas, Jacob Zuma", February 27, 2018, https://www. thehindu. com/news/national/bank-of-baroda-the-guptas-jacob-zuma/article 22860935. ece. Accessed 2021 – 1 – 24.

培养具有团结合作精神的团队。这样，既可以降低用工成本，又可以在提高员工能力和增强其归属感的同时降低管理费用。其次，扩大品牌影响力，推动品牌的本土化，积极践行银行的社会责任，在当地树立良好的形象。例如，定期或不定期举行各种活动，帮助学生、女性等，以及关注并协助政府解决当地重大民生问题。这样，银行可以有效降低处理公共关系的成本。最后，应重视对本土客户的开发与管理。目前，非洲金融发展的深度和渗透率程度低，大量潜在客户有待挖掘。中资银行可通过细分客户，提供更加个性化的客户服务，以此来优化成本结构，降低融资成本，拓展收入来源。因此，中资银行应重视在非洲开发与管理包括个人和企业在内的本土客户，构建客户信息库，为中资银行在非的长期发展奠定基础。

中资银行需要大力推动金融科技在非洲的应用，搭建包括移动支付在内的金融服务生态系统。非洲移动支付的发展，使得中资银行有机会为更多潜在的客户提供金融服务，提高业务收入。搭建移动支付生态系统不仅包括线上线下的移动钱包、支付与转账，还可以构建应用移动金融服务的平台，如在线零售、乘车共享、保险、医疗保健、能源、小额贷款和财富管理等服务平台。① 随着非洲手机尤其是智能手机普及率的提高，中资银行可以考虑与各个服务供应商搭建 App 服务平台、构建金融服务生态系统，为非洲客户提供使用各种资源的全面解决方案，既可以促进非洲国家的金融包容性，还可以抢得先机、增加银行客户。

（四）制定合理的贷款策略

中资银行在遵守监管要求的前提下，需要制定合理发放和收回贷款的策略。整体而言，非洲国家的银行缺乏贷款给中小企业或个人的意愿，回避私人信贷，转而支持更安全的政府证券，这是由于合同违约及债权人权利保护的缺失②以及中小企业信贷违约率更高。中资银行除了可以投

---

① Tijsbert Creemers, Thiruneeran Murugavel, Frédéric Boutet, Othman Omary, and Takeshi Oikawa, "Five Strategies for Mobile-payment Banking in Africa", Boston Consulting Group, August 13, 2020, https://www.bcg.com/publications/2020/five-strategies-for-mobile-payment-banking-in-africa. Accessed 2021 – 6 – 3.

② 张小峰：《非洲银行业发展趋势与中非金融合作》，《国际问题研究》2014 年第 3 期，第 123 页。

资政府证券或给大型公司发放抵押贷款，还可以有倾向性地为中小型中资企业提供融资。同时，中资银行需要利用征信机构提供的客户信用信息，建立良好的风险筛选机制，合理发放贷款，并制定和实施有效的不良贷款监测、预警政策，制定有效的债务回收政策。

【责任编辑】刘爱兰

非洲研究　2022 年第 1 卷（总第 18 卷）

第 99—114 页

中资企业员工在非安全问题论析

王　涛　王潇茹

【内容提要】随着中非经贸关系的日益发展，在非中资企业员工安全问题的重要性日益凸显，如一些非洲国家政局不稳和反政府武装问题对中资企业员工的安全产生了重大影响。虽然一些非洲国家的反政府武装会制造有针对性的专门袭击，但更多的是偶发的波及性袭击。它们反映出了非洲在营商环境方面存在问题，也揭示出中资企业在应对方面的薄弱。中国应坚持与联合国、非盟在和平安全领域的合作，探索成立安保公司的可行性。中企应履行社会责任，加强对非舆论沟通，改善自身形象。从根本上讲，非洲国家实现政治稳定才是问题解决的关键，这需要非洲探索一条符合自身实际的政治、经济、社会发展道路。

【关键词】安全；在非中资企业员工；中非合作

【作者简介】王涛，云南大学国际关系研究院非洲研究中心教授；王潇茹，云南大学国际关系研究院硕士研究生（昆明，650091）。

一　问题的提出

在非洲中资企业员工安全问题随着中非经贸关系的日益发展而不断凸显。①

---

① 本文聚焦在非洲中资企业中的中国籍员工安全问题，非洲籍员工不属于本文讨论对象。

自 2000 年中非合作论坛召开以来，中非经贸往来日益紧密。2009 年以来，中国已连续十年成为非洲第一大贸易伙伴国，非洲也是中国第三大海外投资市场。[①] 截至 2019 年底，中国对非洲直接投资存量超过 443.9亿美元。[②] 中国投资几乎遍布非洲每一个国家，涵盖科技、地质勘查、房地产、金融、批发零售和农业等领域。[③] 据商务部统计，截至 2018 年底，中国在非洲投资兴业的各类企业超过 3700 家。[④] 其中，中国基建企业在非洲的业务逐年增加，2018 年中国对非洲基础设施投资约占非洲该领域总投资的 1/4。[⑤]

随着在非中资企业数量与业务量不断增长，中国驻非员工人数也在增加。据国家统计局统计，截至 2019 年，中国劳务合作派往非洲的人数超过 1.7 万人，对非洲承包工程派出的人超过 5.5 万人。[⑥] 尽管 2020 年新冠肺炎疫情流行阻滞了人员进一步流动，但若疫情结束，在非洲的中资企业员工仍有可能增长。然而，与之相关的非洲营商环境却不容乐观。中国社科院世界经济与政治研究所发布的涵盖 114 个样本国的"2021 年度中国海外投资国家风险评级"显示，有大量中国投资的非洲 15 国处于投资中高风险级。非洲普遍的部落宗教冲突、经济社会矛盾确已成为威胁中国海外利益不容忽视的因素。其中，各类反政府武装对在非中资企业员工的攻击已对中资企业在非洲开展正常经营活动造成威胁。

学界对在非中资企业面临风险的解释，涉及两个方面。其一，中资企业行为不当论。主要认为中资企业在非洲的不恰当行为引发社会怨恨与不满情绪，尤其是中资企业大量涌入非洲后，给当地实力较弱的民族

---

① 王力军：《非洲大陆自贸区与中国企业在非洲的发展》，《国际经济合作》2019 年第 6期，第 8 页。

② 中国商务部、国家统计局、国家外汇管理局：《2019 年度中国对外直接投资统计公报》，中国商务出版社，2020，第 22 页。

③ 曹煦等：《走进非洲——中国企业的投资故事》，《中国经济周刊》2018 年第 36 期，第17 页。

④ 鲁毅：《中非经贸博览会再引"投资非洲"热》，中国新闻网，2019 年 6 月 29 日，https：//baijiahao. baidu. com/s？ id = 1637681247934545624&wfr = spider&for = pc。

⑤ Mike Salawou ed. ，*Infrastructure Financing Trends in Africa 2018*，Abidjan：The Infrastructure Consortium for Africa，2018，p. 7.

⑥ 国家统计局数据库，https：//data. stats. gov. cn/easyquery. htm？ cn = C01。

企业带来冲击。① 其二，非洲环境决定论。一些学者认为非洲国家治理能力较低，对边远地区的反政府武装鞭长莫及，而在这些地区从事基础设施建设或开发的中资企业也就得不到当事国政府提供的保护，反政府武装则将中资企业进驻等同为政府利益拓展，针对中资企业的攻击也就难以避免。中资企业在这些营商环境不良国家的投资，正是为了追求高收益导致的高风险行为。② 事实上，相关袭击中有不少是非针对性事件，随着中国人在非洲越来越广泛的分布，被袭击波及的

---

① 国外相关研究极多，如 Ana Cristina Alves，"China's'Win-win'Cooperation: Unpacking the Impact of Infrastructure-for-resources Deals in Africa"，*South African Journal of International-al Affairs*，2013，2（2），pp. 207 – 226；Giles Mohan and Ben Lampert，"Negotiating Chi-na: Reinserting African Agency into China-Africa Relations"，*African Affairs*，2013，112（446），pp. 92 – 110；Larry Hanauer and Lyle J. Morris，*China in Africa: Implications of a Deepening Relationship*，Santa Monica，CA: RAND Corporation，2014；Paul Tiyambe Zeleza，"The Africa-China Relationship: Challenges and Opportunities"，*Canadian Journal of African Studies*，2014，48（1），pp. 145 – 169；Murtala Muhammad et al.，"The Impact of Chinese Textile Imperialism on Nigeria's Textile Industry and Trade: 1960 – 2015"，*Review of African Political Economy*，2017，44（154），pp. 673 – 682；Murtala Muhammad et al.，"China's Involvement in the Trans-Saharan Textile Trade and Industry in Nigeria: The Case of Kano"，*Review of African Political Economy*，2020，47（163），pp. 106 – 114。中国学者对此的分析参见刘曙光、郭宏宇《对非投资的政治风险：新动向与应对建议》，《国际经济合作》2012 年第 11 期，第 14—18 页；唐晓阳、熊星翰《中国海外投资与投资监管：以中国对非投资为例》，《外交评论》2015 年第 3 期，第 26—45 页。

② 持这一论点的研究成果也较多，如 Ivar Kolstad and Arne Wiig，"Better the Devil You Know? Chinese Foreign Direct Investment in Africa"，*Journal of African Business*，2011，12（1），pp. 31 – 50；Daniel Large，"China's Involvement in Armed Conflict and Post-War Re-construction in Africa: Sudan in Comparative Context"，in Luke Patey，ed.，*Oil Development in Africa: Lessons for Sudan after the Comprehensive Peace Agreement*，Copenhagen: Danish In-stitute for International Studies，2007，pp. 51 – 76；Daniel Large，"China & the Contradic-tions of'Non-interference'in Sudan"，*Review of African Political Economy*，2008，35（115），pp. 93 – 106；Cyril I. Obi，"Enter the Dragon? Chinese Oil Companies & Resistance in the Niger Delta"，*Review of African Political Economy*，2008，35（117），pp. 417 – 434；Chris Alden and Daniel Large，"On Becoming a Norms Maker: Chinese Foreign Policy，Norms Evolution and the Challenges of Security in Africa"，*The China Quarterly*，2015（221），pp. 123 – 142；Chris Alden and Lu Jiang，"Brave New World: Debt，Industrialization and Se-curity in China-Africa Relations"，*International Affairs*，2019，95（3），pp. 641 – 657；Pádraig Carmody et al.，"China's Spatial Fix and'Debt Diplomacy'in Africa: Constraining Belt or Road to Economic Transformation?"，*Canadian Journal of African Studies*，February 2021，pp. 1 – 21。

概率大大提高。

　　新冠肺炎疫情流行以来，"伊斯兰国"势力快速渗入非洲，在西非与东非都呈现出向南扩张的态势，其势力与当地恐怖主义组织的博弈将制造新的不稳定因素。而非洲业已存在的、基于部落或资源的反政府武装将继续构成非洲政治中的一个"常态"。它们都是中资企业在非洲拓展利益边界时面临的潜在威胁。① 笔者尽力搜集 2004 年以来相关事件的公开新闻报道，在此基础上对这一问题进行初步的讨论。②

二　中资企业员工遇袭的基本情况

　　由于历史因素，世界上许多风险低利润高的市场已被发达国家捷足先登。中资企业大规模进入的非洲地区，在营商环境方面兼具高回报与高风险的特点。其中，反政府武装就是对在非中资企业平稳运营产生较大影响的一个因素。据公开报道，从 2004 年到 2021 年 6 月，非洲地区反政府武装袭击中资企业员工事件达 52 起（见表 1）。

表 1　2004 年至 2021 年 6 月非洲反政府武装袭击中资企业员工情况

单位：人

国家	时间	遇袭地点	遭遇袭击者	制造袭击者	遇袭人数
尼日尔	2007 – 07 – 06	阿加德兹地区	中国公司驻尼日尔工地员工	"尼日尔人争取正义运动"	1

---

①　本文讨论的反政府武装不仅包括通过常规战争形式与政府对抗、占据某一地区（一国国内或跨境）或流动多地、旨在推翻现有政权或试图占据母国部分领土以创立新国家的有组织武装，也包括以下两个部分。第一，恐怖主义组织。非洲恐怖主义组织如非洲之角的索马里"青年党"、尼日利亚的"博科圣地"，以及萨赫勒地区各个组织，都抱持宗教或族群极端主义意识形态，属于一类特殊的反政府武装。第二，不明身份武装分子。其中相当部分的武装分子为反政府武装的成员，另外也可能存在盗匪团伙，他们不属于反政府武装范畴。但因后续报道与信息缺失，所以将"不明身份武装分子"全部排除，不利于呈现反政府武装袭击的整体态势。不过，本文将"不明身份武装分子"全部纳入统计，也存在夸大反政府武装威胁的风险。

②　本文未做详细注释的数据均来自中国领事服务网发布的安全提醒和中国驻非洲各国大使馆的安全提醒，其他数据主要来自公开可见的中国网、中国政府网、中国新闻网、央视网、人民网、新华网、北方网、网易新闻、中国日报网等发布的消息。

国家	时间	遇袭地点	遭遇袭击者	制造袭击者	遇袭人数
尼日尔	2021-06-08	尼日尔西部与马里交界地区	中国矿业公司员工	不明身份武装分子	2
尼日利亚	2007-01-05	尼日尔河三角洲地区	四川通信建设公司员工	不明身份武装分子	5
	2007-01-25	巴耶尔萨州	中国石油集团东方地球物理公司员工	不明身份武装分子	9
	2008-05-06	卡拉巴尔	中土公司尼日利亚分公司员工	不明身份武装分子	3
	2010-09-22	拉各斯港	中国船员	不明身份武装分子	1
	2012-10-06	迈杜古里市郊	中资机构人员	不明身份武装分子	1
	2012-10-19	迈杜古里	中资企业建筑工人	不明身份武装分子	1
	2012-11-07	博尔诺州	中资企业员工	不明身份武装分子	4
	2014-01-24	卡杜纳州	中资公司员工	不明身份武装分子	2
	2015-03-13	科吉州州府洛科贾	中国木材公司员工	"博科圣地"	3
	2016-08-05	纳萨拉瓦州	非洲北极星投资公司中国员工	不明身份武装分子	2
	2016-11-28	纳萨拉瓦州	中国矿工	不明身份武装分子	2
	2017-12-14	拉各斯东部莱基	中国渔民	海盗	4
	2019-04-25	埃博伊州	中资企业建筑工人	不明身份武装分子	2
	2019-11-25	奥雄州	中资企业员工	不明身份武装分子	2
	2020-03-30	埃博伊州	中国东方尼日利亚有限公司员工	不明身份武装分子	2
	2020-06-04	埃博伊州	格林菲尔德金属尼日利亚有限公司员工	不明身份武装分子	2
	2020-07-22	十字河州	中尼合资器材有限公司技术人员	不明身份武装分子	4
	2020-11-27	埃基蒂州	中资企业工程师	不明身份武装分子	1
	2021-04-07	贝努埃州	中资企业建筑工人	不明身份武装分子	3
	2021-06-16	奥贡州	中国铁路建筑工人	不明身份武装分子	4
埃及	2012-01-31	西奈半岛	中国水泥厂工人	"统一和圣战"组织	24

续表

国家	时间	遇袭地点	遭遇袭击者	制造袭击者	遇袭人数
埃塞俄比亚	2007 - 04 - 24	欧加登地区	中国石化中原油田勘探局员工	"欧加登民族解放阵线"	17
	2021 - 05 - 15	奥罗米亚州	中国矿工	奥罗莫解放军	3
苏丹	2004 - 03 - 13	西部地区	天津华北地质勘查局所属苏丹分公司员工	苏丹反政府武装	2
	2004 - 03 - 26	西部地区	中国石油天然气公司—辽河油田筑路公司工人	不明身份武装分子	2
	2008 - 10 - 18	南部油田 4 号地区	中国石油天然气集团公司员工	"正义与平等运动"	9
	2012 - 01 - 29	南科尔多凡州	中国中水电公司员工	苏丹人民解放运动（北方局）	29
	2014 - 04 - 18	西科尔多凡州	中国石油工人	苏丹人民解放运动	1
	2014 - 10 - 16	西科尔多凡州	中国石油工人	不明身份武装分子	1
马里	2015 - 11 - 20	巴马科丽笙酒店	中国铁建国际集团员工	"血盟旅"	7
喀麦隆	2014 - 05 - 20	极北省	中国水利水电第十六工程局员工	不明身份武装分子	11
索马里	2015 - 07 - 27	摩加迪沙半岛皇宫酒店	中国驻索马里大使馆人员	索马里"青年党"	4
阿尔及利亚	2007 - 12 - 11	阿尔及尔	中国建筑工程总公司员工	不明身份武装分子	8
	2010 - 06 - 10	布维拉省	中资企业员工	不明身份武装分子	1
	2011 - 08 - 14	东部地区	中国商人	不明身份武装分子	2
	2013 - 04 - 12	南部地区	中资企业员工	不明身份武装分子	9
	2018 - 06 - 10	达尔贝达库米娜区	中资企业员工	不明身份武装分子	1
肯尼亚	2013 - 09 - 22	内罗毕西门购物中心	中国公民	索马里"青年党"	2
布基纳法索	2016 - 01 - 15	瓦加杜古	驻马里中国公司员工	"伊斯兰马格里布基地组织"	2
中非	2018 - 10 - 04	索索-那孔波	中资企业员工	不明身份武装分子	4
刚果（布）	2005 - 10 - 13	布拉柴维尔	中国援刚专家	不明身份武装分子	2
	2018 - 09 - 14	布拉柴维尔以北国家 2 号公路	中国木业公司员工	不明身份武装分子	2

续表

国家	时间	遇袭地点	遭遇袭击者	制造袭击者	遇袭人数
刚果 （金）	2009 – 10 – 05	北基伍省 RN4 号公路项目沿线	中国水电建设集团第十四工程局采石场员工	东北部民兵武装	8
	2019 – 03 – 17	伊图里省	中国采矿场员工	不明身份武装分子	2
	2020 – 04 – 04	伊图里省	中资企业	不明身份武装分子	3
莫桑比克	2010 – 03 – 22	马尼卡省	中国务工人员	不明身份武装分子	6
南非	2013 – 04 – 22	南部地区	中国公民	不明身份武装分子	2
赞比亚	2014 – 02 – 12	卢萨卡	"点线科技公司"员工	不明身份武装分子	7
加纳	2021 – 05 – 19	近海	中国船员	不明身份武装分子	3
加蓬	2019 – 12 – 22	利伯维尔港	中国船员	海盗	4
总计					238

资料来源：笔者根据公开报道整理。

　　袭击事件主要发生在尼日尔、尼日利亚、埃及、埃塞俄比亚、苏丹、马里、喀麦隆、索马里、阿尔及利亚、肯尼亚、布基纳法索、中非、刚果（布）、刚果（金）、莫桑比克、南非、赞比亚、加纳和加蓬共 19 国。其中已证实参与袭击中资企业员工的反政府武装包括："尼日尔人争取正义运动"、埃及"统一和圣战"组织、"欧加登民族解放阵线"、索马里"青年党"、"伊斯兰马格里布基地组织"、"血盟旅"、苏丹人民解放运动（北方局）和苏丹达尔富尔地区"正义与平等运动"，此外多为不明身份武装分子且缺乏后续报道。被波及的企业包括中国国有企业和私营企业。

　　非洲反政府武装制造的袭击主要可分为两类。第一类，非洲反政府武装将中资企业及员工作为主要袭击目标。这类袭击目的性强，带有政治诉求（它们视中资企业为政府支持者或赞助者）或经济目的（它们试图抢劫财物并勒索赎金），[①] 主要表现为其对中资企业营地的有组织突袭，

---

① 参与苏丹人民解放运动的一位指挥官曾指出，"南方人的苦难是中国人造成的"；该组织前领导人约翰·加朗甚至认为，中国石油公司是应当被袭击的"合理目标"，毕竟"他们都是为伊斯兰政权工作的商人"。参见刘辉《苏丹和南苏丹石油纷争研究》，中国社会科学出版社，2019，第 188、196 页。

往往被波及的人员数量多，造成的伤亡人数也较多。不过此类袭击数量不多。第二类，非洲反政府武装的袭击目标并非中资企业及员工，只是波及在场的中国人（死亡、受伤、被绑架）。这类袭击具有随机性，一般发生于酒店、餐馆和商场等公众场所。鉴于非洲安全形势，这类袭击的数量反而更多。

三 袭击事件的特点

在 2004 年至 2021 年 6 月非洲反政府武装制造的袭击事件中，至少有52 起针对或波及中资企业及员工，涉及 19 个非洲国家，波及 238 名中国员工。

第一，从袭击事件的发生次数及其分布来看，大多数非洲国家只发生过一次针对或波及中资企业及员工的反政府武装袭击事件，呈现出鲜明的随机性与偶发性特征。但在尼日利亚（20 起）、苏丹（6 起）、阿尔及利亚（5 起）、刚果（金）（3 起）（见图 1）四国发生的袭击又较为集中。其中，发生在尼日利亚的袭击数占全部袭击事件数量的 38%。

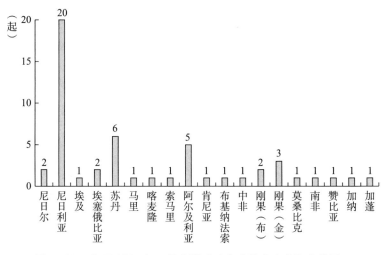

图 1 2004 年至 2021 年 6 月非洲反政府武装袭击中资企业员工
事件的国别次数分布

这四国恰是非洲国内局势较为动荡的几个国家。其一，尼日利亚北部"博科圣地"肆虐、农牧民冲突频仍，南部三角洲地区也由于石油权益的中央与地方分配争执而陷入低烈度的长期动荡中。① 其二，苏丹 2011 年以前，既存在南方分离主义威胁，也需应对达尔富尔、科尔多凡、青尼罗河州等地的多支反政府武装。② 2011 年南苏丹分离后，随着石油收入锐减，经济形势恶化，新的政治、社会矛盾层出不穷，铁腕的巴希尔政权也在 2019 年 4 月因政变倒台。③ 其三，阿尔及利亚则属于整体平稳但局部安全局势较严峻的国家，如南部深入撒哈拉沙漠的地区，活跃着图阿雷格人的分离主义反政府武装，北部沿海地区的伊斯兰极端主义组织尽管处于蛰伏状态，但势力尚在，且该国民众中存在一定程度的排华情绪。④ 其四，刚果（金）在经历两次大规模内战后，国内整合与和解进程挑战重重，东北部地区外国干涉势力与地方部落割据相呼应，甚至对中央政府的权力更迭造成影响。⑤ 可以说，四国反政府武装波及中资企业员工的袭击事件，与各国整体安全态势有一定关联；中资企业作为政府"替罪羊"，也难免被反政府武装针对。

　　从地区占比上分析，可以发现西非地区反政府武装针对或波及中资企业员工的袭击事件占全非近一半，北非也占了 1/4 多，这两个地区是袭击事件高发区。考虑到联结西、北非的萨赫勒地区反政府武装（以图阿雷格人武装最为典型）的跨国流动性，在评估投资风险时，对西非、北非地区的分析就不能只考虑各国国内营商环境，也应考虑地区战略安全态势这一变量。而面对袭击事件发生较少的南部非洲地区，中资企业投资就更应关注各国国内社会冲突对投资的影响，如南非、津巴布韦的群体性排外事件。不过，新冠肺炎疫情流行以来，"伊斯兰国"势力趁势向南部非洲渗透，莫桑比克北部近海天然气投资项目也因恐怖袭击而被

① 李文刚：《尼日利亚农牧民冲突：超越民族宗教因素的解读》，《西亚非洲》2018 年第 3 期，第 69—93 页；宁㻋：《尼日利亚"博科圣地"问题研究》，博士学位论文，云南大学，2018；王涛：《尼日利亚"油气寄生型"反政府武装探析》，《西亚非洲》2017 年第 3 期，第 142—160 页。
② 刘辉：《苏丹和南苏丹石油纷争研究》，中国社会科学出版社，2019，第 217—222 页。
③ 周华、黄元鹏：《政治合法性与苏丹巴希尔政权的倒台》，《阿拉伯世界研究》2019 年第 5 期，第 91—103 页。
④ 王涛、汪二款：《图阿雷格人问题的缘起与发展》，《亚非纵横》2014 年第 5 期，第 88—102 页。
⑤ 胡洋：《刚果（金）东北地区土著与移民的冲突研究》，《世界民族》2020 年第 3 期，第 48—62 页；胡洋：《非洲大湖地区地缘关系与族群问题的关联性研究》，《世界地理研究》2019 年第 2 期，第 78—85 页。

迫中断。① 参考西非、北非情况，制定在南部非洲的投资风险预案，可能不失为具有前瞻性的举措。

第二，从遇袭中资企业员工伤亡情况及其分布来看，袭击事件共导致 54 人死亡。大多数非洲国家反政府武装袭击事件针对或波及的中资企业员工不到 10 人，但同样在尼日利亚（57 人）、苏丹（44 人）、阿尔及利亚（21 人）等国，遇袭中资企业员工人数较多，与袭击事件的高频次相呼应。两个例外是埃及与埃塞俄比亚。前者只统计到一次袭击事件，但牵涉 24 名中资企业员工，后者有两次袭击事件，牵涉 20 名中资企业员工（见图 2），都属于单次袭击人数多的情况。由此也可以发现，袭击事件频次与遇袭中资企业员工人数之间不存在简单的正相关性，还是应判断袭击有无针对性。

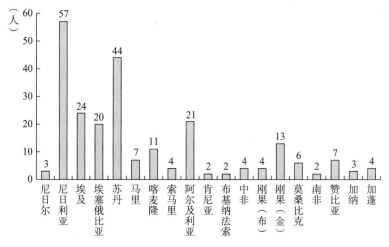

**图 2　2004 年至 2021 年 6 月非洲反政府武装袭击中资企业员工
事件的人员伤亡分布**

从地区分布上看，中资企业员工遇袭人数最多的地区是北非，其次是西非。遇袭人数分布呈现由北向南递减的特点。不过，北非袭击频次低，近年来鲜有新的袭击事件，而西非袭击事件持续至今，也表明非针对的波及性袭击可能会对中资企业员工带来更多威胁。

遭遇反政府武装袭击事件的中资企业多涉及石油开发、矿产资源开

---

① Ed Reed, "Total Hits Freeze on Mozambique LNG", *Energy Voice*, April 26, 2021, https://www.energyvoice.com/oilandgas/africa/lng-africa/317737/total-mozambique-force-majeure/.

发和基础设施建设等领域。非洲不少反政府武装，如"尼日尔三角洲解放运动"就是以盗取、掠取油气资源、矿产资源为生的。中资企业进入非洲能源、矿业领域后，在客观上形成了与反政府武装的"资源争夺"态势，这无疑增加诱发反政府武装袭击中资企业员工的可能。[1] 在油气开发、矿产勘探等领域发生的遇袭事件，在本文统计范围内就已波及 146 名中资企业员工。

在非中资企业影响力日益增强，也会使反政府武装"特别关注"中资企业及其员工。一方面，中资企业经营活动在特定情况下可能会冲击当地民众生计，引发民众不满，反政府武装会通过袭击中资企业员工的方式赢取地方民众同情与支持，从而增强自身合法性。另一方面，反政府武装也会向中资企业"借势"，通过对中资企业员工进行袭击，扩大自身国际影响力，并迫使政府采取有利于反政府武装的政策，赢取政治上的主动。

当然，随着中资企业进入非洲深度与广度的拓展，从可接触性、影响力等方面考虑，反政府武装对中资企业员工袭击的意愿也会随之增强。不过，中资企业在非洲的经验在逐步累积，对安保等的重视程度也在不断提高，因此反政府武装袭击中资企业员工的机会成本也相应提高了。因而，意图与实际后果之间必定存在"差距"。据图 3 可发现，近 15 年来中非贸易额基本保持增长态势，但中资企业员工遇袭事件的频次并未

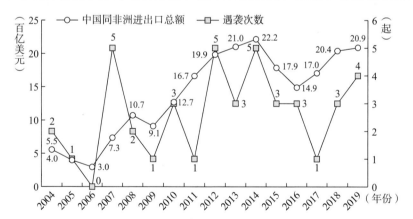

图 3　2004—2019 年中非贸易额与中资企业员工在非洲遇袭频次对比
资料来源：据中华人民共和国国家统计局《中非进出口额》2000—2020 年版整理。

---

① Päivi Lujala, "The Spoils of Nature: Armed Civil Conflict and Rebel Access to Natural Resources", *Journal of Peace Research*, 2010, 47（1）, pp. 15–28.

同步增长，这可以解释为反政府武装袭击中资企业员工机会成本提高，或者也可以认为中非经贸关系的发展只是反政府武装袭击中资企业员工的一个背景因素，二者并不存在正相关性。

四 袭击事件的影响

反政府武装对中资企业员工的袭击不仅给中资企业造成了直接的人员、财产损失，而且影响了中资企业在非洲的正常经营活动。这类袭击事件的发生同样恶化了非洲所在国投资环境，打击了投资者信心，影响了中非经贸关系的深入发展，从长远看也不利于非洲国家政治稳定。

（一）对中资企业的影响

对于遇袭的中资企业来说，袭击事件造成企业、中资企业员工的生命财产损失。一方面，伤亡与损失需要提供赔付、补偿、抚恤，满足反政府武装提出的赎金要求等，这增加了经营的额外成本。另一方面，中资企业为了防止未来发生类似事件，势必要增强在非洲从事经营活动时的安保配备，这又是一笔不菲的支出。目前投资非洲的中资企业中，除了 100 多家大型国有企业外，其余绝大多数都是中、小型企业。安全风险的提升、安保的开销都会提升其经营活动的成本。尤其面对中非经贸活动中出现的误解与排斥时，企业履行社会责任的压力越来越大，这更增加了许多中、小企业的经营成本，企业的利润空间被进一步压缩，这些不利于其在非洲安心开展业务。①

反政府武装制造的袭击事件具有影响面广、遇袭国家多、伤亡较大、难以预测等特征。这不仅导致企业经营成本增加，更是对一个企业生存的挑战，毕竟风险的高低对利润的取得也有影响。许多在非洲投资兴业的中资企业可能会因此而撤离，对尚未赴非投资的企业而言，反政府武装袭击带来的恐吓也可能会令其止步，一定程度上打击了中资企业对非洲投资的热情。

---

① 黄梅波、范修礼：《我国中小企业对非投资的现状、问题与对策》，《国际经济合作》2010 年第 12 期，第 15—19 页。

（二） 对非洲当事国的影响

中国对非洲投资遭遇到的一个普遍性问题就是政治风险，反政府武装则是其中一个最重要的因素。中国基础设施、资源开发等企业的经营地点往往在非洲国家较落后、偏远的地方，这些地方恰恰就是反政府武装肆虐之地，反政府武装对中资企业员工的袭击，在增加经营成本的同时，也损害了企业投资非洲当事国的信心，在迫使企业撤出的同时，也不利于当事国发展。

从表面上看，这是投资环境的问题，从根本上讲，则是政治发展问题。非洲许多国家仍在艰难探索合适的发展道路与模式，一些政治矛盾往往会被激化并发展为体制外对抗与冲突，反政府武装应运而生，中资企业难免被波及。例如，尼日利亚反政府武装对中资企业的袭击，本质上是与尼日利亚政府的对抗，而不单纯是一个索要赎金的经济犯罪行为。① 另外还要注意，在反政府武装猖獗的环境中，一些非政治类的劫匪也会打着反政府武装的旗号作案，混淆视听，更加恶化投资经营环境，如 2012 年尼日利亚中国工人遇袭身亡事件便是如此。②

（三） 对中非关系发展全局的影响

中非关系的发展是全方位的，其中经济关系是重要的一个驱动力。反政府武装袭击中资企业员工，虽然是偶发性、局部性事件，但长此以往，将会"放大效应"，在某些投资、贸易领域整体上产生对中资企业的吓阻效果。面对这一问题，如果中企投资仅集中在投资风险较低的国家或地区，显然不利于中国与广大非洲国家开展经贸合作，也不利于中非全面友好关系的可持续发展；但若进入风险高的地区，中资企业员工的安全又难以得到保障。这就成为中非经贸关系发展中的一个两难问题。

更严重的情况则是反政府武装袭击中资企业员工所产生的对中非关系不可逆转的伤害，如在袭击频率和遇袭人数都居高不下的苏丹和南苏丹地区，中资企业被迫撤离。2011 年南北苏丹分离，南苏丹独立，随着

① "Policeman Killed as Gunmen Abduct Three Chinese in Nigeria", *Times of Oman*, March 14, 2015, https://www.thefreelibrary.com/_/print/PrintArticle.aspx? id=405273068.
② "Chinese Workers Killed by Gunmen in Nigeria", *News Ghana*, November 8, 2012, https://www.newsghana.com.gh/chinese-workers-killed-by-gunmen-in-nigeria/.

南北苏丹纷争以及南苏丹内战，反政府武装对中资企业员工造成了威胁，这迫使中国石油企业及关联企业撤离南苏丹。双方的经贸合作一落千丈，更不利于中国—南苏丹政治关系的平稳发展。①

五　思考与对策

21世纪以来，中资企业"走进非洲"的经验日益累积，中国外交部门应对各类危机的能力也不断提升。如何在坚持"不干涉别国内政"这一原则的基础上，维护中资企业与员工合法权益，有效规避反政府武装袭击的风险，将是未来考验中国外交的一个重大课题。

第一，中国应坚持与联合国、非盟在和平与安全领域的合作，支持它们在应对非洲反政府武装问题上发挥主导性作用。目前，安全合作已成为中非之间继政治、经济和文化合作的第四根支柱。作为全球安全治理的主要参与者，中国是联合国安理会常任理事国，同时又是非盟的战略伙伴。就联合国方面来看，作为第二大会费缴纳国和第二大维和摊款国，中国应主动利用此契机，加强与联合国在非洲维和问题上的沟通与合作，积极支持联合国在非洲冲突地区的维和行动，促进联合国向非盟的安全机制建设提供更多的资金支持和人员培训。此外，中国应在当前开展与非洲安全合作的基础上，探索新的合作增长点。2015年9月，习近平主席表示将在五年内为非盟提供总额1亿美元的无偿军事援助，用以支持非洲常备军的建设。② 在中非合作论坛约翰内斯堡峰会上，习近平主席再次强调要加强中非安全合作，为非洲常备军的建设提供支持。③ 2016年3月，中国又单独向西非国家经济共同体常备军援助520万美元

---

① 2013年12月，苏丹人民解放运动内部支持不同部落的派别发生冲突，中石油被迫从南苏丹上尼罗州撤出工人304人。2014年4月，冲突形势进一步恶化，5月中石油再次从上尼罗州3/7区撤出404人。参见刘辉《苏丹和南苏丹石油纷争研究》，中国社会科学出版社，2019，第199页；曹峰毓、王涛《南苏丹石油出口通道问题探析》，《非洲研究》（2017年第2卷）总第11卷，中国社会科学出版社，2017，第12—15页。

② 习近平：《携手构建合作共赢新伙伴 同心打造人类命运共同体——在第七十届联合国大会一般性辩论时的讲话》，《人民日报》2015年9月29日，第2版。

③ 习近平：《开启中非合作共赢、共同发展的新时代——在中非合作论坛约翰内斯堡峰会开幕式上的致辞》，《人民日报》2015年12月5日，第2版。

的武器装备。① 2018 年召开的中非合作论坛北京峰会又再次强调，"中方支持非洲自主维和能力建设……积极推进落实 1 亿美元的对非无偿军事援助，以支持非洲常备军和危机应对快速反应部队建设，并共同推动广大发展中国家提升在联合国维和领域的话语权和影响力"。② 不难发现，与非洲的安全合作主要集中于物资援助领域。③ 未来，中国在坚持"以非洲方式解决非洲问题"原则基础上，应将这种物资援助的合作机制化、规范化、常态化，如仿照"中国—联合国和平发展基金"设立"中国—非洲和平发展基金"，这样就能为下一阶段中非安全合作新领域的拓展提供坚实基础。

第二，可以考虑在非洲成立国有安保公司。随着中资企业和公民不断进入非洲投资兴业，其面对的风险与挑战将日益多样化、复杂化，仅靠现有中国领事保护显然不够。中国在非洲成立安保公司，越来越有必要。中国安保公司虽起步晚，但在海外也有所发展，如南非的中华玄龙安保公司和苏丹的华信中安（北京）安保服务有限公司，它们主要为当地中资企业和华人华侨提供安保服务。④ 据笔者对塞内加尔中资企业的走访，发现它们对安保公司的兴趣也十分浓厚。

笔者认为，成立中国国有安保公司不仅必要而且可行。在非洲地区的这类公司应该配备训练中心、靶场及安全顾问等，可以执行各类大中小型安保任务。同时，安保公司应配备具有较强管理经验的人员负责管理。安保公司还须与中国大使馆和国内相关部门保持密切联系，以便遇到问题及时反馈，有机联动。在运营上，安保公司应按照市场定价模式来确定安保费用，并按照安保规模大小以及危险程度进行估价。安保公司应配备充足人员，以便在突发情况下有可调集的富余资源。另外，在成立安保公司过程中，尤其需要重视中国驻非洲地区安保人员签证与装备问题。考虑到非洲地区一些国家严格限制工作签证的办理，安保公司

---

① "China Supports ECOWAS Standby Force with Military Equipment", Economic Community of West African States, http://www. ecowas. int/china-supports-ecowas-standby-force-with-military-equipment/.

② 《中非合作论坛—北京行动计划（2019—2021 年）》，2018 年中非合作论坛北京峰会官网，2018 年 9 月 5 日，https://focacsummit. mfa. gov. cn/chn/hyqk/t1592247. htm。

③ 王涛：《集体安全机制视野下的非洲常备军建设》，《西亚非洲》2020 年第 2 期，第 133—135 页。

④ 赵亚赟：《中国应该有自己的"黑水"吗？》，《社会观察》2012 年第 4 期，第 47 页。

不妨考虑适当雇用少量熟悉当地情况且可信可靠的非洲本地员工。①

　　反政府武装袭击中资企业员工也在一定程度上也与非洲舆论中的中资企业负面形象有关。中非经贸关系的健康发展，离不开中非人文交流、民心相通。在非中资企业要注意与当地媒体建立良好关系。在某些非洲国家，若条件允许，中资企业甚至可以尝试投资、入股当地新闻媒体企业。在面对虚假和片面不实的报道时，中资企业应采取积极接触、释疑解惑的策略，引导塑造于我有利的公共媒体环境。② 同时，中资企业要学习自我宣传，做得好，宣传也不应落后，不应"低调"。行动和宣传并举，更有利于引导非洲民众对中资企业的正面认知。事实上，在非洲有关中国的负面舆论并非主流，存在不当行为的中资企业也是少数。但是，中资企业自己若不注重总结、宣传，不注意让当地民众了解企业行为，导致隔阂，舆论中的"真空区"便会被非洲某些受西方影响的负面舆论占据。③ 中资企业只有"理直气壮"地"讲好中国故事"，反政府武装对中资企业员工的袭击才会丧失合法性基础，也无法借此来赢取民众同情，这或许将削弱非洲反政府武装袭击中资企业员工的意愿。

　　反政府武装袭击中资企业员工事件的症结在于非洲反政府武装的肆虐。基达内·门吉斯塔布认为，与对国家间冲突的介入不同，"外力"手段很难在解决非洲国内冲突中发挥作用。反政府武装乃是非洲国家面临的结构性问题，反映的是政治经济体制与当地经济、族群、宗教等关系的错位，以及现代国家能力的缺失。④ 因而，非洲国家只有实现社会经济的良性发展，只有找到符合本国国情的政治发展道路，才能从根本上解决反政府武装问题。当务之急则是非洲自主安全能力的建设，有效发挥"非洲常备军""非洲快速反应部队"等现有军事机制的潜能，从而通过军事手段弹压反政府武装，达成集体和平的非盟愿景。

【责任编辑】 李鹏涛

---

① 　相关建议是在 2019 年 7 月对塞内加尔中资企业管理人员访谈基础上形成的。

② 　程诚：《在非中企如何正确处理公共关系?》，《公关世界》2018 年第 1 期，第 45—46 页。

③ 　于国龙、樊少华：《中企赴非投资应及早防范舆论风险》，《中国对外贸易》2017 第 4 期，第 61—63 页。

④ 　Kidane Mengisteab，"Africa's Intrastate Conflicts：Relevance and Limitations of Diplomacy"，*African Issues*，2003/2004，31/32（1/3），pp. 25 – 39.

非洲研究 2022 年第 1 卷（总第 18 卷）
第 115—126 页
SSAP ©，2022

中国援非农业技术示范中心可持续 发展的困境与出路[*]

吴月芽　张一轩

【内容提要】 援非农业技术示范中心是中国对非农业援助的一种重要形式。它是增强中非政治互信、解决非洲粮食安全问题、促进中国农业"走出去"的平台和窗口，也是维系中非友谊的重要纽带和助推力量。目前，受中非观念、文化、资金、规模及国家制度、法律、管理体制等多种因素的影响，其可持续发展面临困境。本文从明确功能定位、理顺管理体制、多渠道筹集发展资金、完善产业化商业化运营模式、稳定援非农业技术人才队伍等视角提出了对策建议。

【关键词】 中国援非农业技术示范中心；产业化；可持续发展

【作者简介】 吴月芽，浙江师范大学学术期刊社副编审，非洲研究院兼职研究员（金华，321004）；张一轩，河南财经政法大学经济学院学生（郑州，450016）。

对外援助是大国外交的重要手段，也是我国对外交流与经济合作战略的重要组成部分。^① 农业援助一直是我国对外援助的重要内容。从 20

---

* 本文系浙江省哲学社会科学重点研究基地（非洲研究中心）课题"中国援非农业示范中心建设及带动农业'走出去'中的问题和对策研究"（项目编号：2015012）的阶段性成果。

① 《关于〈对外援助管理办法〉的政策解读》，http://www.cidca.gov.cn/2021 - 08/31/c_1211351316.htm，最后访问日期：2021 年 10 月 1 日。

世纪中期开始，我国就开始对非洲农业进行援助，经历了四个发展阶段：初始阶段（1965—1978 年），以纯农业无偿援助为主；探索调整阶段（1978—1990 年），改革开放以后，中国对非援助由单纯无偿援助转变为多种形式的发展合作；全面改革阶段（1990—2000 年），我国确立市场经济体制后，对非援助的资金来源和方式变得多样化，援助与互利合作并存；机制化阶段（2000 年至今），随着中非合作论坛的设立，对非农业援助进入机制化阶段。[①] 农业援助成为维系中非友谊的重要纽带和助推力量。在 2006 年 11 月中非合作论坛北京峰会上，作为"八项政策措施"之一——援非农业技术示范中心的隆重推出，标志着中非农业合作进入了新阶段。

一 中国援非农业技术示范中心发展现状及成效

（一）援非农业项目发展现状

中国援非农业技术示范中心（简称"援非农业项目"）是集农业技术试验示范、技术培训与推广、管理经验传授以及产业化经营等为一体的援助项目。项目推出初期，由商务部和农业部牵头，坚持"政府引导、企业为主、市场运作"原则，由政府出资，通过援助非洲基础设施、技术示范、人员培训等方式推动中非农业合作。自 2006 年以来，中国政府分批在非洲国家援建了 26 个农业技术示范中心，其中大多数已进入自主运营阶段[②]（见表 1），惠及 50 余万当地民众，[③] 涌现出如刚果（金）农业技术合作项目和马拉维棉花技术投资合作项目等成功案例。

表 1 援非农业技术示范中心项目情况

国别	实施单位	主要合作领域	实施阶段
莫桑比克	湖北农垦集团	良种繁育、畜禽	自主运营阶段

① 张海水：《中国援非迈入机制化阶段》，《文汇报》2011 年 12 月 4 日，第 3 版。
② 王静怡、张帅、陈志钢、毛世平：《PPP 模式在中非农业合作中的实践与对策分析——以中国援非农业技术示范中心为例》，《国际经济评论》2021 年第 5 期，第 168 页。
③ 《加大投资力度 非洲多国全力保障农业生产》，https://baijiahao. baidu. com/s? id = 168 3110739258463881&wfr = spider&for = pc，最后访问日期：2020 年 9 月 8 日。

续表

国别	实施单位	主要合作领域	实施阶段
坦桑尼亚	重庆市种子集团	水稻	自主运营阶段
赞比亚	吉林省粮食集团	玉米、小麦	自主运营阶段
多哥	江西省华昌国际经济技术公司	水稻	自主运营阶段
利比里亚	湖南隆平高科集团	水稻	自主运营阶段
贝宁	中国农业发展集团	玉米、蔬菜	自主运营阶段
刚果（布）	中国热带农业科学院	木薯	自主运营阶段
埃塞俄比亚	广西八桂公司	经济作物	自主运营阶段
卢旺达	福建农林大学	水稻、桑蚕	自主运营阶段
乌干达	四川省华侨凤凰集团	水产养殖	自主运营阶段
津巴布韦	中机美诺公司	农业机械、灌溉	自主运营阶段
苏丹	山东省外经集团	玉米、小麦	自主运营阶段
南非	中国农业发展集团	水产养殖	自主运营阶段
喀麦隆	陕西农垦总公司	水稻	自主运营阶段
马拉维	青岛瑞昌棉业有限公司	水稻、玉米、肉牛、棉花	自主运营阶段
毛里塔尼亚（农业）	黑龙江燕林庄园科技公司	水稻、玉米、养猪、沼气	自主运营阶段
毛里塔尼亚（畜牧业）	宁夏金福来羊产业公司	奶牛养殖、饲草种植、乳品加工	自主运营阶段
刚果（金）	中兴能源有限公司	水稻、玉米、蔬菜	自主运营阶段
赤道几内亚	江西赣粮实业有限公司	木薯、甘薯、香蕉、蔬菜	自主运营阶段
马达加斯加	湖南省农业科学院	水稻	自主运营阶段
布基纳法索	中地海外集团	水稻、灌溉	自主运营阶段
中非	山西国际经济技术合作公司	水稻、玉米、木薯、养鸡	自主运营阶段
布隆迪	广西农业科学院	水稻、玉米、蔬菜	自主运营阶段
安哥拉	新疆北新国际工程建设有限公司	水稻、玉米、肉牛	自主运营阶段
尼日利亚	中国政府无偿援助，中铁十四局承建	待定	建设阶段
马里	江苏紫荆花纺织科技有限公司		停工

资料来源：根据新华社、商务部及农业农村部对外经济合作中心网站公布的相关资料统计。

（二）农业发展援助成效显著

援非农业技术示范中心援助模式相较于以前纯项目援助"交钥匙工程"和"援助项目+后期中国企业租赁承包"模式，弥补了"建设—移交—中断—再投入—再移交—再中断"的农业援助缺陷，取得了较好的成效。

一是外交窗口功能彰显，有利于增强中非政治互信。长期以来，中国外交非常注重中非关系，而中非农业合作又是中非关系中的重中之重。集公益性功能和经济性功能于一体的援非农业技术示范中心建设，不仅可以提升非洲国家的农业生产水平，而且有助于分享中国从农业国家快速发展成现代强国的经验，符合中非双方利益。中国援建非洲农业技术示范中心既适应了经济全球化的需要，也是中非双方优势互补、建立国际政治经济新秩序的需要。援非农业项目向世界展示了中国先进的农业技术，彰显了中国负责任的大国形象，提升了中国的国际影响力，深化了中非传统友谊，有利于增强中非之间的政治互信。

二是试验示范效果显著，有利于促进受援国农业发展。援非农业技术示范中心通过试验研究、技术培训和示范推广，有效提升了受援国所在示范领域的农业技术水平，促进了受援国农业的发展。援非农业项目因地制宜，积极开展试验示范，筛选了一大批适合在受援国生产的粮食作物、经济作物、蔬菜、畜禽品种和配套生产技术，一些品种已通过受援国审定并开始种植，与当地品种对比，增产效果十分显著。援非农业技术示范中心每年分批次向受援国农业生产者、农业技术人员或基层农业官员传授农业生产技术，大大提高了受援国农业生产效率。定期开展技术交流与示范推广工作，将高产优质品种以及中国先进实用的育苗、耕作、植保、施肥、灌溉、收获等配套技术推广到示范中心周边和受援国各重点农区，一些品种和技术已在受援国广泛应用，显著提高了受援国的农业生产水平。援非农业技术示范中心还探索多种综合运营模式，如"种植+养殖+加工+销售"模式、"设备租赁+销售"模式、"有偿服务+订单"模式，出现了一些成功案例。例如，科特迪瓦是世界上腰果第二生产大国，但加工能力落后，中国辽宁国际合作集团运用商业化运作方式，通过引进畜牧业以及腰果、木薯加工的先进技术和设备，挖掘科特迪瓦的资源优势，促进科特迪瓦畜牧业、腰果加工、木薯加工获得较大发展。

三是发挥对外展示平台功能，有利于促进中国农业"走出去"。援非农业技术示范中心较好地发挥了对外展示平台功能，如拓宽了我国农产品"走出去"渠道，有利于推动我国农产品输出，开拓农业生产资料国外市场，提供外贸市场窗口；促进对非洲国家的经济政策、投资环境、市场需求的了解，为中国农业"走出去"提供市场信息反馈窗口；有利于宣传我国优秀农业企业，塑造良好国际形象,[①] 为我国与发展中国家合作提供了示范样板。中国援非农业技术示范中心在农业援助与发展合作方面成效显著，有利于中国农业实现"走出去"的战略目标。

经过十多年的建设和发展，援非农业项目总体进展顺利，试验示范效果显著，带动作用明显，公益性功能和经济性功能得到有效发挥，帮助非洲国家提高了农业生产力，不仅提高了非洲粮食自给能力，也推动了中国企业、资金、农业技术走进非洲，实现了合作共赢的预期目标。

二　援非农业技术示范中心可持续发展的影响因素

2016 年 1 月 1 日启动的《2030 年可持续发展议程》，既表达了人类的共同愿景，也反映了非洲各国的普遍心声，是国际开展对非合作最大的共识。但是受中非观念、文化、国民素质及社会环境、国家制度方面的差异以及农业行业属性等多因素的影响，有些援非农业项目存在可持续发展困境。为此，笔者对照企业发展要素，从思想认识、资金保障、经营方式、运营环境及人才供给等方面对影响援非农业项目可持续发展的因素加以分析。

（一）可持续发展理念认同不足

通过对已建立的援非农业技术示范中心的观察可以看出，中非双方在认识上存在差异，对项目的可持续发展理念认同不足。从中方看，相关政府管理部门缺乏长远规划和深入调研，对援建国家的法律法规、社会环境、民族宗教、地缘政治等不够了解，未能完全因地制宜选择援建国家和项目定点。主管部门和项目实施主体对农业技术示范中心的市场

---

① 秦路、楼一平、张晨:《援非农业项目可持续发展研究》，中国农业出版社，2014，第43 页。

化、商业化、持续性理念的宣讲和解释不够，同受援国家的沟通不足，导致自主运营阶段未能得到非洲政府的有力支持。从非方看，部分受援非洲国家注重短期利益，重点关注援非农业项目援建三年期满后，能否顺利接管示范中心，并无偿获得示范中心的房屋、农机设备和灌溉设施完备的土地，而对今后能否可持续发展关心较少。[1] 部分非洲国家对中方缺乏足够信任，对项目的可持续发展持保留态度。

（二）资助期限与农业发展周期不匹配

农业是自然再生产和经济再生产相结合的行业。农业生产受自然、政治、社会等诸多因素的影响，抗灾能力弱，同时又有投入大、成本高、周期长、效益低、见效慢、投资回收期长等特点。因此，援非农业项目需要大量资金的长期投入。目前，政府财政资助期限一般为三年，进入自主运营阶段后政府就会停止发放援助款项。三年的资助期限相对于农业发展周期而言稍显不够。在资助资金有限的情况下，援非农业项目融资也较困难，国内机构对援非企业的融资方式仍然是传统的抵押贷款、融资租赁，没有更多的倾斜支持，援款断供后，出现项目难以为继的局面。例如，江苏紫荆花纺织科技有限公司主持的援马里农业技术示范中心，受战乱及缺乏后续资金等因素的影响，不得不暂时停止项目开发。

（三）农业产业化经营能力不强

从中方看，大多数援非农业项目规模较小，资金有限，经营领域不宽，产业链延伸困难，直接影响农业产业化经营，影响援非农业技术示范中心可持续发展。如援莫桑比克农业技术示范中心，占地总面积约 52 公顷，总投资 4000 万元；援苏丹农业技术示范中心占地总面积 67 公顷，总投资也是 4000 万元，与美国等西方国家相比规模偏小。[2] 从非方看，农业产业化经营条件不足，例如，农业生产方式落后，剩余农产品不多，市场条件发育不全。非洲国家缺乏高效的行政服务体系，难以满足援非农业产业化发展的社会条件。例如，埃塞俄比亚出口/进口清关时间为 15.8/25.1 天，世界平均水平仅为 7.2/11.4 天，且有 70% 的中国企业认

---

[1] 秦路、楼一平、张晨：《援非农业项目可持续发展研究》，中国农业出版社，2014，第 41 页。

[2] 秦路、楼一平、张晨：《援非农业项目可持续发展研究》，中国农业出版社，2014，第 166、174 页。

为税收管理和政策修订的不一致增加了企业的经营障碍。① 由此可知，援非农业项目的内外部环境，都不利于其产业化经营。

（四）商业化运营环境不健全

援非农业项目助力非洲农业产业化过程中，无论是农业产业链的延伸还是集聚性规模化经营，都需要商业化运作方式的参与和带动。商业化运营是援非农业项目实现可持续发展不可缺少的重要环节。由于非洲的商品市场发育落后，市场经济必须具备的三要素即市场主体、市场体系和市场机制不成熟，非洲国家很多地方还盛行物物交换，商业化运营的市场环境不健全；加上非洲国家治理能力较弱，政府计划多变，部分非洲受援国法律法规体系不健全、市场准入和知识信息不足、投资回报率低，制约了非洲农业的商业化运营。② 援非农业项目自身商业化运营能力也不强，对运营环节中必须具备的客户定位、业务模式、赢利模式、关键资源能力等既没有认真规划，也没有有意识地培育。"援非农业技术示范中心的商业运营方案没有进行经济合理性、技术可行性、风险可控性的全面充分论证，造成了技术合作阶段与商业运营阶段的工作脱节，影响其可持续发展。"③

（五）援非农业专家队伍稳定性不够

在人力资源方面，目前援非农业专家队伍的稳定性和可持续性不够。中方农业专家派遣时间过短，无法跟踪完整的农业生产过程和新品种研发过程，与农业生产的长周期性不匹配。分批次派出的农业专家之间衔接不畅，不同批次专家之间缺少沟通和交流，存在人力资本和时间资本浪费的现象。既懂专业、会外语又善于经营的复合型人才匮乏，对外沟通较为困难，限制了中国关于援非农业项目的对外交往和合作。同时奖惩机制不健全，也影响援非农业专家的积极性。从非方看，受援国在对接专家方面存在不确定性，往往不能按照双方协议，落实农业专家的对

---

① Michael Geiger and Wenxia Tang, "Chinese FDI in Ethiopia: A World Bank Survey", World Bank Other Operational Studies, No. 74384, 2012.

② Apurva Sanghi and Dylan Johnson, "Deal or Not Deal: Strictly Business for China in Kenya?", World Bank, Policy Research Working Paper, WPS 7614, 2016.

③ 秦路、楼一平：《援非农业技术示范中心：成效、问题和政策建议》，《国际经济与合作》2016 年第 8 期，第 53 页。

接比例。非洲国家的治安和政局不稳，医疗条件不好，中方农业专家的人身财产安全得不到保障。[1] 以上因素都不利于援非农业专家队伍的稳定性和可持续性。

三　援非农业技术示范中心可持续发展的对策建议

援非农业技术示范中心的最终目标是促进非洲农业的自主可持续发展。2021 年 8 月 31 日，国家国际发展合作署等颁布的《对外援助管理办法》指出："对外援助致力于帮助受援方减轻与消除贫困，……增强受援方自主可持续发展能力。"[2] 笔者基于上文影响因素的分析，对援非农业项目的可持续发展提出相应的对策建议。

（一）明晰项目规划与定位，促进援非农业项目协调发展

首先，要统一中非双方对项目的认识。"授人以渔"是援非农业技术示范中心的初心和宗旨。为此，在项目设计阶段，中国政府主管部门要强化对可持续发展理念的宣讲和阐释，善于运用外交和法律手段，使受援国尽量与中方保持思想认识上的统一。非洲受援国要改变"等、靠、要"思维习惯，尽量落实议定书承诺的条件，为援非农业技术示范中心提供好本地服务。通过中非双方有效深入的沟通，加强对项目可持续发展的认同。其次，要明确功能定位，理顺管理体制。政府部门作为援非农业项目的主体，在公益性功能层面，要发挥统筹规划、监督协调作用。在经济性功能层面，相关政府部门应根据不同项目的性质、受援国基础条件和发展空间，针对不同类型的援非农业项目，采取不同的技术路线，发挥好不同的功能。例如，完全由政府部门出资维持运营的公益性援非农业项目，基于国家政治外交需要，政府部门要提供更多的扶持，发挥好农业项目的示范、试验、推广、培训等公益性功能。政府与项目承担单位、受援国共同出资维持运营的混合性农业项目，参与主体多，各类主体出于追求利益最大化的动机，有可能出现经济效益置于公益目标之

---

[1]　陆继霞、何倩、李小云：《中国援非农业专家派遣项目的可持续性初探》，《世界农业》2015 年第 4 期，第 18—19 页。

[2]　《对外援助管理办法》，http://www.cidca.gov.cn/2021 - 08/31/c_1211351312.htm，最后访问日期：2021 年 10 月 2 日。

上的情况，政府部门应发挥监督与协调职能，在发挥好公益性功能的同时，力求实现经济层面的可持续发展。由国企或私企、大户出资的竞争性援非农业项目，相关企业经营灵活，自主性强，有的已成功在非洲扎根，政府应该发挥指导服务功能，加强基础设施建设，做好中非政府间沟通工作，助推这些企业继续发展。[①] 最后，要加强援非专家队伍的稳定性和可持续性建设。人是生产力中的决定性因素。农业专家是援非农业技术示范中心发挥功能的关键组成部分，中方要加强对农业专家派遣工作的全面规划，使专家派遣周期与农业生产与研发周期相匹配，确保不同批次农业专家的衔接顺畅，保障项目实施的连续性。健全奖惩激励机制，调动农业专家积极性和主动性。完善专家培养和选拔机制，积极为非方农业数字经济方面的从业人员提供技能培训，培养一批非洲急需的数字农业人才，为援非农业项目的可持续发展提供有力的人力资源支持。

（二）多渠道筹集发展资金，完善融资机制

资金是影响援非农业项目可持续发展的主要因素。为此，一要拓宽援非农业项目的融资渠道和放宽融资条件。管理部门要制定及出台一系列比较完整和配套的融资政策，降低企业在非洲从事农业发展与开发的风险和成本，为援非农业项目提高国际竞争力和实现可持续发展创造条件。中非发展基金、国家开发银行等金融机构可对援非农业项目提供必要的融资支持，增加企业融资供给。探索设立"援非农业项目可持续发展专项资金"或"中非农业合作基金"，推动国家金融机构制定相关管理和审批制度，为援非农业项目可持续发展提供有力的资金支持。二要争取多方资金支持，向国际组织、政府部门、私营企业等争取资金支持。积极争取（双）多边机构的资金支持，如向联合国粮农组织、南南合作信托基金申请资金援助，争取多边机构的资金资助，呼吁发达国家给予相关支持。努力争取政府资金支持，中非双方政府应放宽农业援助项目的优惠贷款条件，使援非农业项目尽量争取到无息贷款或优惠贷款，尽量争取私营部门的合作资助，如中国—比尔及梅琳达·盖茨基金会—莫桑比克三方合作项目，其资金来自三个私企，这种资金获取方式值得援

[①]　秦路、楼一平、张晨：《援非农业项目可持续发展研究》，中国农业出版社，2014，第55—56页。

非农业项目融资借鉴。[①] 探索用经营收入补充可持续发展资金，如通过农业生产经营收入、技术服务收入、农产品销售积累资金等。[②] 三要借鉴国外经验做好援非农业项目的海外投资保险。农业是高风险行业，建议国合署设立专门机构承担此项工作，负责战乱、外汇等风险的投保工作。扩大农产品出口特别险的承保范围，如从出口报关阶段延伸到生产养殖阶段，减少企业风险。建立风险应对机制，探索设立对非农业投资风险基金，建立风险防范机制和警示管理体系，帮助援非农业项目规避政治风险和商业性风险，为其可持续发展提供坚实的风险防控保障。

（三）推动产业化经营模式，延伸产业链条

非洲农业发展潜力大，如何使其从传统农业转型到现代农业，实现农业高速发展是大部分非洲国家面临的难题，而农业产业化是解决这个难题的重要一环。农业产业化经营是连接分散农户与市场经济的纽带，有利于提高农业经济效益，增加农户收入，也是实现农业现代化必经的环节。一要深化合作内容，延伸农业产业链条，注重从粮食作物生产环节向全产业链扩展。援非农业项目，如果单独投资种植业、养殖业、农产品或畜产品的加工业等，就可能面临上游产业的不确定性带来的风险。因此，应以市场为导向，连接当地农户，拓宽上下游产业，将当地农产品产前、产中、产后、加工和销售全过程有机衔接起来，延伸产业链，实现多元化经营。这样，不但可以把外部风险内部化，有效降低风险，而且可以将产业化经营的所得，为可持续发展提供资金保障。二要有意识地提供农业产业化经营条件。壮大农产品市场，丰富市场上交换的农产品；扩大企业规模，承担起援建国龙头企业责任；成立农民专业技术培训班或农民专业技术协会，助力受援国健全社会服务体系，打造"种养加、产供销、农工商"一体化经营的产业链体系。青岛瑞昌棉业有限公司承担的援马拉维农业技术示范中心项目就是比较成功的案例，值得借鉴。该示范中心项目采取"公司＋农户"的生产模式，发挥公司的技术、设备、管理及销售渠道优势，形成育种、种植、加工、销售一体化产业链，实现各环节优势互补和企业的稳定、可持续发展。经过几年发

---

① 唐丽霞、赵文杰、李小云：《中非合作论坛框架下中非农业合作的新发展与新挑战》，《西亚非洲》2020 年第 5 期，第 10 页。

② 高贵现：《中非农业技术示范中心的功能定位及可持续发展的建议》，《世界农业》2016年第 7 期，第 204 页。

展，该项目不但取得了年收入约 3 亿元人民币的经济效益，还发挥了让
"更多的人走上了就业岗位，增加了农户的收入，促进社会安定和谐"的
社会效益。① 三要深挖非洲地域优势，培育区域特色产业链。按照区域比
较优势原则，突破行政区划的界限，形成有特色的作物带和动物饲养带，
连接分散农户，使区域生产规模化，培育农业地域产业链。"这种依据当
地农业资源、产品品种和基础优势，以产业化为基础，以创新为动力，
以形成国内外竞争优势为目标，以持续增收增效为目的，形成某种特色
和相当生产经营规模，一业为主各业有机协调发展"的区域产业链，是
现代农业一大特色。② 幸运人集团在安哥拉登盈农场打造的木薯经济区域
产业链值得借鉴。③

（四）健全商业化运作方式，培育市场环境

　　商业化运作，是援非农业项目可持续发展的关键。完善市场体系，
健全市场机制，首先要培育市场主体，活跃市场要素。市场主体是市场
经济的基础。援非农业项目要把包括小农户、上游产品供应商、仓库运
营商、国际贸易企业在内的商业企业等变为产业链上的环节，注重培育
市场主体，活跃市场要素，改变农产品用于农户自给、较少拿来交换的
传统农业模式。世界粮农组织支持的小农商业化做法值得借鉴。2008 年
为应对全球粮食价格动荡，世界粮农组织帮助塞拉利昂政府建立了 490 个
农民组织运作的 193 个农业商业中心，每个农业商业中心能为 400 个左右
的家庭提供小额信贷、农产品加工、买卖、存储，农业机械设备租用、
粮食运往市场、通信技术等服务。这样不仅培育了众多市场主体，使近
15000 名农民（其中 30% 是妇女）找到就业岗位，而且活跃了市场要素，
商业化运营环境得到有效改善。其次要完善市场体系。扩大项目规模，
增加农产品的市场供给，并且要考虑市场需求，在满足自身和社区需求
的基础上，主动接轨国际市场，培育国内城市市场和食品加工市场，完
善市场体系。再次，要健全市场机制，包括供求机制、价格机制、竞争

① 秦路、楼一平、张晨：《援非农业项目可持续发展研究》，中国农业出版社，2014，第
206—207 页。
② 《现代农业主要的特征》，http://qihangsoft.com/nongye/840.html，最后访问日期：2021
年 5 月 15 日。
③ 《中非携手抗击疫情 深挖农业合作潜力》，http://www.ccpit.org/Contents/Channel_4126/
2020/0909/1290307/content_1290307.htm，最后访问日期：2021 年 5 月 16 日。

机制和风险机制，从而在非洲培育满足项目商业化运营所需的成熟的市场经济环境。最后，要融入数字化发展潮流，优化援非农业项目商业化运营平台。2015 年通过的非盟《2063 年议程》以及 2020 年非洲联盟出台的《非洲数字转型战略》，使非洲数字经济得到快速发展。新冠肺炎疫情暴发后，非洲数字经济的发展进一步加速。非洲可以参照中国国内线上线下相结合的网络经济模式，拓宽贸易销售渠道，优化商业化运营平台。援非农业项目应充分利用数字经济带来的机会，搭建数字平台，带动非洲传统产业转型升级，获得新的增长动能，促进非洲国家社会经济和谐发展。

【责任编辑】王珩

社会文化与教育

非洲研究　2022年第1卷（总第18卷）
第129—142页
SSAP ©，2022

她们仍在故事途中*

——布林克长篇小说中女性原型意象研究

张　　甜　蔡圣勤

【内容提要】南非种族隔离制度于1994年土崩瓦解，给南非文学带来了自由，对南非著名作家安德烈·布林克的文学创作也产生了深远的影响。他开始探索与审视那些被掩埋和被禁言的历史，叩问男性主导叙事下边缘化的女性的故事，试图用笔的力量，通过文学中的经典原型意象，重塑女性在南非历史中的存在，让她们从受支配地位变为故事的主体和叙事主体。本文试图以原型意象为经，以小说中的女性人物为纬，借助希腊悲剧美狄亚杀子、法国英雄圣女贞德和《天方夜谭》里的故事高手舍赫拉查德三大原型意象，隐喻布林克后期的四部长篇小说《沙漠随想》《魔鬼山谷》《沉默的反面》《菲莉达》中不同肤色、不同文化、不同历史背景的女性人物，揭露在南非种族主义政治和性别政治驳杂的景深之下，女性悲惨的命运、遭受压迫后的奋起反抗和对主导命运的无限渴求，镜映出女性在南非历史和现实语境中的文化历史内涵和主导叙事欲望。

【关键词】安德烈·布林克；原型意象；女性人物

【作者简介】张甜，讲师，武汉学院，中南财经政法大学访问学者，从事南非英语小说研究（武汉，430212）；蔡圣勤，中南财经政

＊　本文系国家社科基金重大项目"非洲英语文学史"（项目编号：19ZDA296）阶段性成果。

法大学外国语学院教授，文学博士，主要从事南非英语文学和西方文论研究（武汉，430073）。

安德烈·布林克（André Brink，1935—2015）是南非著名的作家、批评家和社会活动家。他一生著作等身，并且在教育、人权、政治等领域都做出了卓越的贡献。他在南非是"与诺贝尔文学奖获得者戈迪默和库切齐名的大作家"，①曾三次入围曼布克奖短名单，三次荣获南非中央新闻社最高文学奖，也曾获得法国政府颁发的"艺术与文学骑士勋章"和"法国荣誉骑士军团勋章"。布林克在一生的写作生涯中有三次转型，促成转型的转捩点分别是作家早年在巴黎的学习经历、南非政治环境的改变和对后现代主义思潮的吸纳，其中对他写作影响最大的是 1994 年南非种族隔离制度的废除，这一政治境况的嬗变为其文学创作带来了很多自由气息，他终于可以摆脱政治束缚，开始毫无保留地涉足自己想要探索的主题。布林克承认，他对女性主义的解读，以及其妻作为女性主义者对他的影响，"让他意识到，在他最近的小说中对女性的塑造是在造访一个非常危险的领域"，②因为他在写作后期开始探索与审视那些被掩埋和被禁言的历史，叩问男性主导叙事下边缘化的女性的故事，试图让女性从受支配地位变为故事的主体和叙事主体，揭示南非女性的历史之维。

一　布林克的女性书写
——原型之源

布林克生于南非北部自由省的高级知识分子家庭，父亲是治安法官，母亲是教师，深厚的家学渊源使他从小浸润在经典文学中。此外，父亲治安法官的工作让布林克很早就接触到了一些真实的社会事实，他回忆说："大约从十岁起，我常常偷偷地溜进法庭，坐到法庭后面，听父亲

---

① 周小青：《"岔路口"的抉择——安德烈·布林克文学创作的三次转型》，《外国文学动态研究》2015 年第 5 期，第 50 页。

② John Huggins, "What You Never Knew You Knew: An Interview with André Brink", *Pretexts: Literary and Cultural Studies*, 1999, 8 (1), pp. 7 – 15.

审理各种案件。这在我童年的记忆中留下了抹不去的印记。"① 从童年开始，他对南非社会中白人虐待黑人的种族压迫和男性欺辱女性的性别压迫有着刻骨铭心的记忆。少年时期，布林克读到了圣女贞德，深深地爱上了这位具有叛逆精神的女性，并在后来的写作中"将其写进了《沉默的反面》和其他多部作品"。② 青年时代，布林克曾留学法国，深受阿尔贝·加缪的影响，广泛阅读其文学和哲学作品，包括其关于"人在异己的世界中的孤独"的美狄亚。他后来在多部作品中书写了在极端情况下母亲杀子的情节，无不体现出与美狄亚杀子的关联性。

　　从法国归来，布林克出于一位作家和批评家的良知及强烈的社会责任感，不断用笔锋挑战南非普遍存在的种族压迫和性别压迫。种族隔离制度废除之前，他的作品集中于对种族隔离制度的强烈批判和跨越种族的白人与有色人种之间的婚姻爱恋故事，触犯了当时南非种族隔离政府文字审查制度所禁忌的话题——性与政治。也正因如此，布林克曾遭受种族隔离政府的各种监视、威胁、恐吓甚至查抄。据诺贝尔文学奖获得者南非作家库切回忆，布林克"有段时间，几乎天天得与出版审查机关交涉，人身也受到某种程度的迫害……他面对政府强权时所表现出来的巨大勇气和正直操守，值得每一位知识分子学习"。③ 即使遭到迫害，布林克一直坚持驻守南非，在现场写作，显示出一位伟大作家的英雄气质和直言不讳的品性。他曾说："除了种族压迫外，还有其他形式的社会压迫。在当今的南非，迫害妇女的事件无论是在黑人社区，还是在白人社区或者印度人社区，都还时有发生，这类事件从来就没有断过，而迫害的形式也五花八门。这使我始终难以释怀。"④ 1994 年南非种族隔离制度土崩瓦解，这无疑成为布林克文学创作的转捩点。他的创作开始享受更多的自由气息，减少了宣传鼓动，开始"给人一种新鲜的历史感"，⑤ 开始探索与审视那些被掩埋和被禁言的历史，叩问男性主导叙事下边缘化

① 安德烈·布林克：《小说的语言和叙事：从塞万提斯到卡尔维诺》，汪洪章等译，上海人民出版社，2010，序言，第 2 页。
② André Brink, *A Fork in the Road*, London: Harvil Secker, 2009, p. 129.
③ 安德烈·布林克：《小说的语言和叙事：从塞万提斯到卡尔维诺》，汪洪章等译，上海人民出版社，2010，序言，第 5 页。
④ 安德烈·布林克：《小说的语言和叙事：从塞万提斯到卡尔维诺》，汪洪章等译，上海人民出版社，2010，序言，第 6 页。
⑤ 安德烈·布林克：《小说的语言和叙事：从塞万提斯到卡尔维诺》，汪洪章等译，上海人民出版社，2010，序言，第 6 页。

的女性的故事。本文研究的四部长篇小说《沙漠随想》（*Imaginings of Sand*，1996）、《魔鬼山谷》（*Devil's Valley*，1998）、《沉默的反面》（*The Other Side of Silence*，2002）、《菲莉达》（*Philida*，2012）也正是在这样的背景下产生的。他试图通过写作，让女性从失语走向发声，从受支配地位变为故事的主体和叙事主体，以揭示南非女性在历史和现实的存在。澳大利亚著名的南非文学研究者苏·科苏（Sue Kossew）认为"有两个女性人物一直影响着布林克最近的创作——圣女贞德和舍赫拉查德。这两位女性分别代表了布林克写作的两个重要信条"。① 其一，圣女贞德展示了一位觉醒的女性拒绝被投入历史的垃圾桶的勇气和决心，拒绝成为无数被禁言的女性群体中的一个；其二，《天方夜谭》中的舍赫拉查德通过讲故事引起国王的兴趣来推迟死亡，他被迫不断允许她多活一天又一天。叙事是一种愈疗，也是一种生存方式。布林克作品中女性叙事者所述故事的嵌套结构特征和故事的疗愈功能，深刻体现了与舍赫拉查德这一原型的相关性。

加拿大文学批评家弗莱在作品《批评的解剖》中表示，原型即"典型的反复出现的意象"或"联想群"。② 他在《布莱克的原型处理手法》一文中指出："我把原型看成是文学作品中的因素：它或是一个人物、一个意象、一个叙事定势，是一个可从范围较大的同类描述中抽取出来的思想。"③ 原型作为一种可独立交际的单位，一种在文学作品中反复出现的具有约定性和稳定性的结构因素，将孤立的作品相互联系起来，使文学作品成为一种统一整合的意识形态。④ 布林克长期以来深受文学文艺经典影响，在后期的四部代表性长篇小说中，他以原型意象为经，以小说中的女性人物为纬，借助希腊悲剧美狄亚杀子、法国英雄圣女贞德和《天方夜谭》里的故事高手舍赫拉查德三大原型意象，隐喻小说中不同肤色、不同文化、不同历史背景的女性角色，揭露在南非种族主义政治和性别政治驳杂的景深之下，女性悲惨的命运、遭受压迫后的奋起反抗和对主导命运的无限渴求，镜映出女性在南非历史和现实语境中的文化历史内涵和主导叙事欲望。

---

① Sue Kossew, "Giving Voice: Narrating Silence, History and Memory in André Brink's *The Other Side of Silence* and *Before I Forget*", *Tydskrif vir Letterkunde*, 2005, 42 (1), p. 135.
② 弗莱：《批评的解剖》，载《西方二十世纪文论选》第 1 卷，中国社会科学出版社，1989，第 231 页。
③ 转引自王世芸《关于神话原型批评》，《文艺理论研究》1995 年第 1 期，第 34 页。
④ 王世芸：《关于神话原型批评》，《文艺理论研究》1995 年第 1 期，第 34 页。

二　悲怆的女性

——美狄亚杀子

　　1959—1961 年，布林克在法国索尔邦大学攻读硕士学位。在此期间，他读到了加缪的文字，并深受其影响。布林克曾多次公开表示加缪是他的人生导师。"对我的作品产生深远持久影响的正是阿尔贝·加缪"，[①]"加缪在情感和道德上彻底征服了我"。[②] 除了是荒诞哲学的创始人，加缪的小说、戏剧和随笔深受希腊神话中的悲剧人物"美狄亚"的影响，深刻地揭示了人在异己的世界中的孤独。"美狄亚——由'古代剧团'演出。听到这样的语言，我仿佛一个终于回到家乡的人，无法不流泪。这些就是我的话语，我的情感，我的信仰。'一个没有城邦的人是何其不幸。''哦！别让我无城邦可归去。'"[③] "你怀着一个愤怒的灵魂，离家远航，穿过海上的岩礁，定居在异国的土地上。"[④] 美狄亚是希腊神话中一个重要而且复杂的悲剧人物，她是忠诚的伴侣，也是被遗弃的妻子，是被迫杀子的母亲，是一个永远的边缘人。[⑤] 她被爱神之箭射中，爱上了伊阿宋，为了他背叛家族，背井离乡，并与伊阿宋生下两个孩子。为了爱情，美狄亚奉献了一切，而后伊阿宋却因权力和新的爱欲背叛了家庭，抛妻弃子，并配合新欢驱逐美狄亚和孩子们。受到伤害的美狄亚实施了死亡复仇，在绝望中杀死了孩子，造成了可怕的人伦悲剧。布林克在小说创作中潜入南非的历史深处，揭露了女性被奴役和被压迫的历史境遇。他笔下有两位女性的命运与美狄亚如出一辙。第一位是《菲莉达》中的女主人公菲莉达，她是南非奴隶制后期（1833 年英国国会通过解放黑奴法令，南非作为英属殖民地也实施这一法令，所以南非奴隶制后期指的是临近

---

① 转引自蔡圣勤、张乔源《论布林克小说中的人性异化和逃离自由》，《山东社会科学》2016 年第 4 期，第 92 页。

② 转引自蔡圣勤、张乔源《论布林克小说中的人性异化和逃离自由》，《山东社会科学》2016 年第 4 期，第 92 页。

③ 阿尔贝·加缪：《加缪手记》（第 3 卷），黄馨慧译，浙江大学出版社，2016，第 43—44 页。

④ 阿尔贝·加缪：《蒂巴萨的婚礼》，郭宏安译，中央编译出版社，2015，第 132 页。

⑤ 黄凤祝：《美狄亚的愤怒》，《读书》2010 年第 7 期，第 115 页。

1833 年的一段时间）赞第府列特庄园（Farm Zandvliet）的一名黑人女奴。在白人奴隶主的儿子弗朗斯的强迫和虚伪承诺下与之保持亲密关系。随着时间的推移，两人渐生情愫，并生下孩子。然而在弗朗斯父母的安排之下，他要迎娶一位有助于家族发展的富家千金。随后地狱模式开始，与美狄亚的命运一样，菲莉达受到驱逐，她必须消失，她的孩子更需要消失。

　　美狄亚杀害亲子，不仅仅是为了复仇，也是因为对孩子的未来感到绝望。美狄亚遭到驱逐，她所面临的命运是：一个异乡人，带着没有父亲的孩子漂泊无依，在那个遥远的父权时代背景下，这是怎样凄惨的生活？历史中有一个著名的杀子案例，是二战期间德意志帝国的"模范母亲"玛格达·戈培尔，她的丈夫是希特勒的宣传部部长。希特勒自杀后，玛格达在柏林的地下堡垒中毒杀了自己的六个孩子，最后与丈夫自杀。她在遗书中写道，"后希特勒时代的生活是没有意义的，她不愿意自己的孩子活在一个没有希望的世界中"。① 在布林克的小说里，菲莉达面临着相似的处境，她夺去了儿子的生命，是想让他免受黑人奴隶的命运——如狗畜般活着，生不如死地煎熬着。② 布林克另一部长篇小说《沙漠随想》中女主的姐姐安娜从美丽骄傲的"蓝花楹女王"，③ 成为一个"满脸倦容、身材走样、身边围满孩子的中年妇女"。④ 仔细梳理小说故事情节，可以发现安娜长期处在丈夫卡斯珀的压制下，他每天招摇过市，花天酒地，甚至骚扰安娜的妹妹，而安娜却要独自照顾五个孩子，像仆人一样伺候丈夫，还要忍受丈夫对她的鄙夷贬斥和家暴毒打，她俨然已成为沙文式夫妻关系的牺牲品。于安娜，丈夫的所作所为已经背叛了家庭，剪断了他们婚姻的纽带。她终日在动荡不安的南非社会和恶劣的家庭环境中忍受折磨，最后在一种白热化的撕裂状态中选择终结自己的家庭——杀死了孩子和丈夫，最后自杀。对于安娜而言，这也许是唯一获得解脱和自尊的方式。菲莉达和安娜最终走上绝路，犯下杀子的骇人罪行。她们是残暴的母亲，更是悲怆的母亲。也许我们要站在道德的制高点抨击她们丧尽天良、穷凶极恶，而通读小说后却发现，她们戕害幼子并不是出于天性的残暴，而是悲怆的母亲在绝境中做出的歇斯底里的选择。如果不是身处绝境，没有一个女人愿意在夹缝中活着，如果不是出自内心

---

① 黄凤祝：《美狄亚的愤怒》，《读书》2010 年第 7 期，第 113—114 页。
② André Brink, *Philida*, London：Vintage, 2012, p. 62.
③ André Brink, *Imaginings of Sand*, San Diego：Harcourt Brace & Company, 1996, p. 13.
④ André Brink, *Imaginings of Sand*, San Diego：Harcourt Brace & Company, 1996, p. 13.

的绝望与愤怒，没有一个母亲会杀死自己的孩子。所以，杀子悲剧不能完全归因于身处物质和精神困境的母亲，虚伪的社会道德和毫无责任心的父亲更是罪责难逃。

美狄亚之所以复杂，还在于她的边缘人身份。美狄亚是位于高加索和黑海东岸之间的科尔奇斯王国的公主，来自古希腊人所认为的东方蛮夷之地。对于西方文明而言，她是个永远的边缘人。笔者通过查阅文献，发现无论是欧洲中心主义的叙事框架还是女性主义的文学解读，美狄亚都不曾拥有真正的话语权，也无法通过正常程序为自己申辩。婚后的安娜生活在丈夫卡斯珀的影子里，婚姻让她走下"蓝花楹女王"的神坛，退化成一个终日围绕丈夫和孩子的中年妇女。在妹妹克里斯汀的鼓舞下曾想提出离婚，但是因为没有经济独立的能力，更没有话语权，她无法脱身。她既是婚姻的奴仆，也是永远的边缘人。赞第府列特庄园中的菲莉达，虽然生长于此，但她无法摆脱黑奴的身份，她的生活空间总是处在分裂的幻想和扭曲的现实之间，加速了她的身份焦虑，"我从来不是能决定去哪里，什么时候去的那个人，这总是取决于他们，总是取决于别人，而永远不是我"。[1] 她的使命就是按照主人的意愿去干活，任由主人对她做出一切行为。"我是一块编织物，由别人编织摆布着。"[2] 当菲莉达鼓起勇气，尝试去斯坦陵布什告发弗朗斯时，她的不幸遭遇不但没有得到应有的重视，反而被主人反咬一口，诬陷她勾引主人，诬陷儿子并非她与弗朗斯所生。所有这些不公遭遇皆是因为菲莉达的黑人女奴的身份，"生而有罪"的黑人在当时的历史语境下是永远的边缘人，"第二性"的性别压迫更将菲莉达排除在主导叙事之外。种族主义和性别压迫阴云密布，菲莉达遭遇了"交织性"[3] 的折磨，这是沉重的叠加压迫，她的自我意识遭受创伤和极度削减。

三　抗争的女性
——圣女贞德

布林克小说中的女性角色也会在经受磨难之后，鼓起勇气，奋勇反

---

① André Brink, *Philida*, London：Vintage, 2012, p. 62.

② André Brink, *Philida*, London：Vintage, 2012, p. 65.

③ 朱云：《交织性》，《外国文学》2021 年第 1 期，第 103 页。

抗，这一形象塑造与布林克对圣女贞德的热爱是分不开的。圣女贞德是欧洲文学画廊中一位不可多得的女性英雄人物。从洛林的农村到与英国对峙的战场，她的身份随着空间的转移而变换：在洛林，她是普通的牧羊女；在法国皇宫，她是能言善辩的谏者；在抵御外敌的战场，她是保卫国家的勇士。贞德展示了一位觉醒的女性拒绝被投入历史的垃圾桶的勇气和决心，拒绝成为无数被禁言的女性群体中的一个。在西方文学众多女性原型中，圣女贞德特征鲜明，具有新女性的魄力，是勇敢、坚毅、反抗的代名词。从萧伯纳戏剧《圣女贞德》的第一场我们便知道贞德是崇尚自由、勇敢正义、追求平等且辩才无阂的女人。① 正因为这些品质，布林克不到 14 岁便无可救药地爱上了她。他一次又一次地阅读关于贞德的文学作品，从不同的角度欣赏她的魄力。少年的布林克经常独自游荡于非洲大草原，对着树木爬虫讲述贞德的故事，并幻想它们的回复。② 圣女贞德填满了这位少年的睡梦，也将灵感注入了他的笔尖，极大地影响了他在种族隔离时期"反叛"的文学创作。

　　作为女性原型，圣女贞德成为文学创作者心中的镜与灯，深深影响着一代又一代的文艺创作者，让他们有机会挪用经典的文学形象，并予以深度再创造。圣女贞德对布林克的影响首先体现在其对众多女性人物的塑造上。《风中一瞬》中的伊丽莎白不甘困于家庭围栏内做"花瓶"，抵制父权家庭对女性的定义。她向往内陆的自由，力图挣脱父权制对女性身体和思想的束缚，与丈夫一起去南非内陆冒险。伊母对此的决定大为震惊："一个男人去探险无可厚非……但是你，伊丽莎白，你习惯了得体的生活，你是有教养的，你是别人的榜样。"③ 这一情节对照了 2018 年布克奖获奖作品《送奶工》中女主的母亲对她说的话，"女人的命运是婚姻和做母亲，承担责任，忍受限制、局限和障碍"。④ 波伏娃说，"女人不是天生的，而是后天形成的"。⑤ 女性的生活空间受到挤压和封闭，在很大程度上是不合理的文化规训的结果。在小说故事发生的历史语境下，从未有南非白人女性去内陆探险，而这却正是伊丽莎白心之所向，她最终顶住压力，毅然跳出了开普敦的舒适圈，踏上了前往南非内陆的历险

---

① 肖丽霞：《论贞德的身份演变及其政治困惑》，《文学教育》2013 年第 4 期，第 34 页。

② André Brink, *A Fork in the Road*, London：Harvil Secker, 2009, p.129.

③ André Brink, *An Instant in the Wind*, Chicago：Sourcebooks Landmark, 2007, p.38.

④ Anna Burns, *Milkman*, London：Faber, 2018, p.50.

⑤ 波伏娃：《第二性》II，郑克鲁译，上海译文出版社，2011，第 9 页。

征程，做了一般女性难以想象的事情。这一人物形象与在法庭接受审判的贞德有极大的关联性。当宗教法官指责贞德说她只不过是牧羊女时，她承认自己"和别人一样照顾过羊"，并且"在家会纺线或者织布"，①但她反对他们把她定位为一个只在家庭中做女红的女性，况且"这些事情已经有非常多的女人在做了，可是却没有人做过我做的事"。② 她曾穿着战袍，在战场上浴血奋战、保家卫国，这是她作为一个法国人（而不止是个女人）为国家而战的自由意志的体现，同时也扩大了女性活动的领域，她铿锵有力的反驳像一道璀璨的光芒，照亮了压迫女性的黑暗。

《沉默的反面》里的汉娜是一位孤儿，幼时遭受了身体和心灵的摧残，成年后又沦为"父国的漂浮物"，③ 被德国家政服务机构从汉堡运送到西南非洲（即今纳米比亚），给殖民地的男性们做新娘（这种毫无人性的家政服务从1900年一直持续到1914年）。汉娜在两方面遭遇到了暴力的禁言。首先，汉娜是一个无依无靠的孤女，备受欺凌，同时又极力反抗外界的欺压，被夺去了姓氏，成为汉娜·某某，被送上前往殖民地的船只，被排除在主导历史叙事之外。再者，汉娜不肯安静地顺从暴力侵犯，作为惩罚，她被残忍地拔掉了舌头。④ 圣女贞德的原型不仅体现在布林克对汉娜的人物设计上，她对汉娜的影响也严丝合缝地嵌入汉娜的心理变化中。因为她相信自己与贞德之间存在"紧密的个人关系"。⑤ 汉娜的老师告诉她，圣女贞德的历史影响力不仅在于"她做了别人认为是不可能的事"，更在于她"永远保持真我本色"。⑥ 如此，圣女贞德以其骄傲和决心，以及鼓励他人思考和质疑的能力不断启发着汉娜，"去揭示我们不敢直视的黑暗地带"。⑦ 汉娜想象圣女贞德以及她所代表的一切能量每时每刻萦绕在她身边，激励自己"采取新的策略将之前的失败转为成功"，⑧ 这种精神张力淋漓尽致地体现在汉娜对德国士兵采取的复仇行动中，她无所畏惧，披荆斩棘，她成为圣女贞德，成为一位敢于掌握自己

① 萧伯纳：《圣女贞德》，房霞译，新星出版社，2013，第105页。
② 萧伯纳：《圣女贞德》，房霞译，新星出版社，2013，第110页。
③ André Brink, *The Other Side of Silence*, London：Vintage, 2002, p.12.
④ Sue Kossew, "Giving Voice：Narrating Silence, History and Memory in André Brink's *The Other Side of Silence and Before I Forget*", *Tydskrif vir Letterkunde*, 2005, 42 (1), p.137.
⑤ André Brink, *The Other Side of Silence*, London：Vintage, 2002, p.107.
⑥ André Brink, *The Other Side of Silence*, London：Vintage, 2002, p.66.
⑦ André Brink, *The Other Side of Silence*, London：Vintage, 2002, p.66.
⑧ André Brink, *The Other Side of Silence*, London：Vintage, 2002, p.121.

命运的战士。

圣女贞德不仅仅是布林克小说中众多女性人物的原型，更是其作品的整体结构叙事和创作行为的缩影。布林克是一位具有英雄气概的作家，他在作品中对殖民暴力的描写，反种族隔离的言论和对性的直言不讳，违反了严格的社会、宗教和政治禁忌，得罪了南非民族主义政府，成为"阿非利卡民族的叛徒"，[①] 他的作品与种族隔离时期南非"合法"文学作品格格不入，因此他遭受了各种威胁、恐吓、监视甚至查抄。但无论在何种境遇下，他坚持驻守南非，不断挑战种族隔离制度和父权制度体系。所以，圣女贞德对布林克的影响没有止步于小说女性人物的塑造，他的整个创作行为也是"圣女贞德式"的。他认为在种族隔离制度和父权制织就的黑暗之网里，作家有责任拿起笔枪，对违反人性的社会制度进行揭示，反抗不公，弘扬正义。

四　女性的叙事欲望
——舍赫拉查德

库切曾指出，南非社会是一个崇拜男性上帝的父权社会，女性在这个社会里几乎是空白的。[②] 布林克的小说让读者看到了被主流叙事和宏大话语所遮蔽的女性故事，而这些被遮蔽的因素，恰恰成为一种更为真实的女性个体存在，她们的故事亟待被人听到。作为一位为边缘人群发声的良心作家，布林克试图将女性从受压迫到抗争的故事写下来，让女性跳出受害者的叙事框架，利用《天方夜谭》中舍赫拉查德故事嵌套结构特征和叙事疗愈功能，表达了女性成为主导叙事者的欲望。

舍赫拉查德是夏拉国王的新王后，是一位讲故事高手。夏拉国王因前王后的背叛，决定杀死每日新娶的女孩，直到聪慧的舍赫拉查德成为他的新娘，给他讲起了故事，并精妙地设置了故事悬念，让国王不舍杀死自己，如此日复一日，年复一年，舍赫拉查德的故事治愈了夏拉国王的强迫症和他内心的伤痛（心灵紧缩症状），她自己也因此获得了生存的

---

①　周小青：《"岔路口"的抉择——安德烈·布林克文学创作的三次转型》，《外国文学动态研究》2015 年第 5 期，第 50 页。

②　黄晖、兰守亭：《库切小说中的疯癫叙事解读》，《当代文坛》2014 年第 3 期，第 76 页。

机会。①

《沙漠随想》中克里斯汀家族中的女性是故事的叙述者，她们深刻了解女性在南非历史和现实中的窘境，决定用口头叙述的方式留下女性的故事。② 克里斯汀的祖母在南非全民大选之际的动乱中严重烧伤，年过期颐，却不肯离去。她并不是因为贪念人间，而是还未将家族女性故事传承下去，心愿未了、使命未结，怎能离去?③ 叙事欲望让她选择坚持下去，等到克里斯汀从伦敦回到南非，祖母便在弥留的病床上，带着她开启了家族长河的寻根之旅。所以小说呈现出故事中的故事这一显著特征。嵌套内置式的故事保存着母性的想象力和生命力，具有创造性，属于人类精神的女性层面。克里斯汀的祖母试图以家族女性的故事作为良药，治愈克里斯汀幼时在南非遭受的伤害，让她重新接纳并留在了不完美的故土。这个情节也是布林克的自我投射：青年时代赴法国求学，其间南非隔离政府针对黑人的和平示威制造了沙佩维尔大屠杀事件，导致70多人被无辜杀害。这一事件给布林克造成了极大的打击，使他打消了学成回国的念头。④ 但是暂居法国的布林克最终没有办法无视故土发生的暴力而置之不顾，于是本着作家对社会的责任，回到南非并坚持在现场写作，试图用故事，让自己，也让南非人有机会从伤痛累累的过往中走出来。

克里斯汀家族历代女性中有不少人具有匪夷所思的超能力，比如被视为异类遭到父母幽禁，却具有高超艺术禀赋的蕾切尔——祖母的母亲；⑤ 具有惊人的语言天赋和超乎常人的预言能力的彼得罗内拉——祖母的祖母；⑥ 还有更加遥远的祖先卡玛，可与鸟兽虫鱼交流无碍，可随意消失在沙漠之中。⑦ 这些故事突破了时间与空间的阈限，将克里斯汀包裹进祖辈的经历中，向她提供进入时间本质的渠道，提供比现状更广阔的视野，让她有机会重新认识自己在南非的过去和南非作为一个国家的过去。作为讲述者，这也是祖母重温生活的最后机会，"而且是以创造性的方式

① 程晓琼主编《天方夜谭》，吉林大学出版社，2020，第9页。
② André Brink, *Imaginings of Sand*, San Diego：Harcourt Brace & Company, 1996, p.174.
③ André Brink, *Imaginings of Sand*, San Diego：Harcourt Brace & Company, 1996, p.57.
④ 安德烈·布林克：《小说的语言和叙事：从塞万提斯到卡尔维诺》，汪洪章等译，上海人民出版社，2010，序言，第3页。
⑤ André Brink, *Imaginings of Sand*, San Diego：Harcourt Brace & Company, 1996, p.89.
⑥ André Brink, *Imaginings of Sand*, San Diego：Harcourt Brace & Company, 1996, p.100.
⑦ André Brink, *Imaginings of Sand*, San Diego：Harcourt Brace & Company, 1996, p.182.

重温过去的生活"，① 所以叙事对于祖母而言，既是愈疗，也是生存。当克里斯汀问起这些是故事还是历史的时候，祖母回答："两者没有多大的不同。在你小的时候，你觉得是故事，但不管怎么样，它们都（与历史）吻合了。我们总是在隐藏对不可能的事情的一种渴望。我、你，你妈妈，还有在我们之前的那些祖辈女性们。"② 这些故事不是无视历史事实的向壁虚构，而是布林克作为一位社会活动家在深刻了解南非历史中女性的处境与社会地位之后，艺术性地重构了凝固于集体历史记忆背后那些令人怦然心动和危机四伏的时刻。如库切所言，小说旨在"补充历史而不是与历史竞争"。③ 一代又一代南非女性被卷入时代的洪荒，大多数却没有在历史上留下更多的记载。比如彼得罗内拉——克里斯汀祖母的祖母，曾参与南非的历史主线，在布尔人"大迁徙"中曾带领族人与敌人殊死搏斗，却没有被写进历史。"历史被掩盖、毁坏、模糊化或是被撕碎、被扭曲……我们想要重构我们的历史、发觉自我，以重新理解我们的遗产。"④ 祖母试图用祖辈女性的故事与历史中男性主导叙事相互交织，填补历史的空白与沉默，也试图在重述历史时纠正性别不平等的过去，为那些终极沉默的她者（逝者）发声。对于她们而言，主导叙事等于主导命运。祖母在故事中告诉克里斯汀祖辈女性如何在更糟糕的生存环境中活出自己，教会她如何保持对过去的开放心态，如何去期待未来和未知，让她知道自己从何而来，也就为她向何而去指明了方向。家族的故事摘下克里斯汀戒备的面具，拂去了她心境的尘埃，使长期屈居于故土之外的她呈现在自由的阳光下。小说结尾，克里斯汀留在了南非，参与国民大选活动，用自己的行动继续书写家族女性的历史故事。

有学者认为，舍赫拉查德的故事是对当时僵化的社会和精神结构的一种反映，表达了对世俗束缚的狂欢式的颠覆。⑤ 克里斯汀家族历代女性的叙事内容和行为、主导叙事的欲望均代表着一种僭越和颠覆，打破了

---

① 郝思特·孔伯格：《故事的力量》，薛跃文译，西安交通大学出版社，2017，第 290 页。

② André Brink, *Imaginings of Sand*, San Diego：Harcourt Brace & Company, 1996, p. 88.

③ Stephen R. Clingman, *The Novels of Nadine Gordimer：History from the Inside*, London：Unwin Hyman, 1986, p. 2.

④ 罗良功等：《历史、声音、语言：泰辛巴·杰斯与张执浩论诗》，《外国语文研究》2019 年第 5 期，第 3 页。

⑤ Eva Sallis, *Sheherazade through the Looking Glass：The Metamorphosis of the Thousand and One Nights*, Richmond, Surrey：Curzon Press, 1999, p. 24.

南非女性长期被禁言的历史现实，表达了她们主导叙事和主导命运的无限渴求。

在《沉默的反面》中，布林克试图用汉娜的故事进一步诠释叙事与治疗之间的联系。汉娜在去温特和克的火车上遭到德国军官暴力侵犯，被拔掉舌头和残暴殴打。幸运的是，她残缺的身体被非洲土著部落纳马族发现，并在他们的救治下奇迹般康复。这不仅仅因为他们的草药疗效，更是因为纳马族部落文化的传统故事。"日日夜夜，当她半睡半醒，晕眩昏迷时，这些故事像具有难以明喻的疗效作用的洪水和药膏，暗暗潜入她的身体"，"没有什么痛苦或邪恶是故事治愈不了的"。① 这种难以明喻的疗效作用存在于纳马部落对沙漠植物疗效的强大知识储备里，更存在于他们的口头文化和语言里，后者产生于非洲这片土地，而又让非洲的土地景观复活。土地与故事之间的联系如此紧密，以至于当汉娜行走在这片土地上时，她觉得脚下不是土地，而是"有灵魂的故事，有生命的隐藏着的存在，自然与超自然相互交替或同时进行"。② 汉娜通过纳马族的故事轻触着非洲这片土地，缓解了记忆和身体的创伤，这就是故事的意义。布林克对故事的疗愈效果这一主张也体现在文章《审问沉默：南非文学面临的新可能性》当中。他写道，"非洲有一种独特的魔幻现实主义，可以向世界展示生者与死者之间的交际是不可分割的一部分"，并且"我认为，通过将世界视为一个有待讲述和不断重塑的故事，读者实际上被鼓励对这个世界采取行动……（所以）文学的影响力越来越大，而不是减弱"。③

结　语

布林克的女性书写并不是简单的对个别现象的揭示，而是南非女性集体的痛切陈情。南非女性，黑人、白人或有色人种，多数处于这个动乱的国家的最底端，她们身处于巨大的生活困境之中，镜映了最真实的

---

① André Brink, *The Other Side of Silence*, London: Vintage, 2002, p. 94.

② André Brink, *The Other Side of Silence*, London: Vintage, 2002, p. 56.

③ André Brink, "Interrogating Silence: New Possibilities Faced by South African Literature", *South Africa: Literature, Apartheid and Democracy, 1970 - 1995*, Cambridge: Cambridge University Press, 1998, p. 26.

历史现实。在"书写即匡正"（writing as righting）的文学武器的助益下，布林克以作家的敏感，透过语言和历史，以文学经典原型发现过去，为南非女性这一长期哑言的主体还原历史、修正历史、补充历史。布林克小说中的女性们幸存下来，成为叙述主体，并不意味着他所书写的世界中女性建构主体的胜利，也"不意味着小说以圆满和谐结尾，而是代表着新的、更有希望的起点，"① 其影响更是投射到了文本之外。尽管这些女性没有交集，却形成了一条女性命运的平行线，她们是受压迫的养育者，是悲伤的母亲；她们是勇敢的抗争者，是伟大的战士；她们是真诚的叙事者，是故事的主人。她们用自己独特的感悟力书写着南非女性历史和现实的生活。她们，仍在故事途中。

【责任编辑】杨惠

---

① 李元：《析安娜·伯恩斯小说〈送奶工〉中的后现代女性成长叙事》，《外国文学》2021 年第 1 期，第 23 页。

非洲研究　2022 年第 1 卷（总第 18 卷）
第 143—158 页
SSAP ©，2022

非洲新华商与当地社群的接触状况研究[*]

——基于接触理论视角

温国砫

【内容提要】 基于接触理论视角，本文对 30 名 20 世纪 80 年代以来在非洲经商创业的新华商与非洲当地社群的接触状况进行了探讨。研究发现，非洲新华商在与当地社群接触中采用了渐进式接触、脱离接触与情境化接触等策略，形成了工具型、情感型以及"工具—情感"型接触行为模式，对双方经济地位的提升起到了积极作用。但是，新华商在与非洲当地社群的接触中还存在刻板印象、接触误判、接触领域单一化等问题，这容易使双方在日常跨文化接触中产生不必要的损失。在"南—南"移民流动框架下，非洲新华商与当地社群应在平等互利的基础上构建嵌入式的利益共同体，扬长避短、增进相互了解，拓宽接触渠道、提升接触能力，避免产生误判，为促进中非友好交流贡献力量。

【关键词】 非洲新华商；当地社群；接触策略；接触模式

【作者简介】 温国砫，赣南师范大学历史文化与旅游学院讲师（赣州，341000）。

21 世纪以来，随着中非关系的深入发展，非洲成为中国移民人数增

---

* 本文系国家社会科学基金教育学一般项目"推进中非教育合作的战略与机制创新研究"（项目编号：BDA170026）的阶段性成果，感谢浙师大非洲研究院王珩教授以及《非洲研究》外审专家的修改意见。

长速度最快的大陆之一。① 截至 2019 年，非洲中国移民的人数已有 100
万人，② 其中多数为在非洲投资经商的华商群体，他们对非洲经济发展、
提高当地居民生活水平以及解决当地人就业等发挥了重要作用。③

近 30 年来，中国生产的轻工产品种类齐全、价格跨度大，对外贸易
亦得到国家鼓励，这使新华商能够便利地建立各种轻工产品向非洲出口
的跨国贸易通道，但 20 世纪 80 年代以前迁往非洲的中国移民却不具备这
些条件。④ 故而本文将 20 世纪 80 年代以来在撒哈拉以南非洲国家经商创
业的中国新移民称为新华商，并将新华商在非洲接触到的当地朋友、雇
工、警察、经销商、政府官员等统称为非洲当地社群，以分析归纳新华
商与当地社群的接触规律。因此，本文以接触理论为理论分析框架，通
过笔者在非工作期间的沉浸式观察与对 30 名新华商的深度访谈，分析他
们与当地社群的接触策略与模式。

一　文献梳理与研究方法

（一）文献梳理

1. 族群互动、接触理论以及移民与移居国社群的群际接触

长期以来，学界将两个不同文化背景的族群接触称为族群互动，群
体成员在与陌生群体的互动中产生对所属群体的认同感以及对陌生群体
的排斥感形成了族群间的社会边界。⑤ 族群社会边界使经常接触的群体之
间能够迅速锁定双方的差异所在，并在不断接触过程中选择自我群体认

---

① 张秀明：《21 世纪以来海外华侨华人社会的变迁与特点探析》，《华侨华人历史研究》
2021 年第 1 期，第 3 页。
② 李新烽、格雷戈里·休斯敦等：《非洲华侨华人报告》，中国社会科学出版社，2019，第
15 页。
③ 甘振军：《浅论当代非洲华商的现状、特点和机遇》，《八桂侨刊》2019 年第 2 期，第
54 页。
④ 温国砬、黎熙元：《跨国连接、族裔资本与喀麦隆新华商的本土化》，《北方民族大学学
报》（哲学社会科学版）2021 年第 5 期，第 81 页。
⑤ 弗雷德里克·巴斯主编《族群与边界——文化差异下的社会组织》，李丽琴译，商务印
书馆，2014，第 2—11 页。

同以及感受陌生群体的差异，形成"主体间性"。① "主体间性"在增进群体成员认同的同时，也增加族群之间的了解，因而群际接触就成为凝聚族群认同、展示族群差异与减少群际偏见的重要手段。

群际接触理论指在特定情境下个人或群体在与外群体的接触和联系过程中将会降低对外群体偏见的理论。② 当前，关于群际接触主要存在两种观点：一是认为群体间接触次数越多、接触时间越长，就越能减少群体间的偏见，并且减少偏见的群际接触需要符合平等的地位、共同的目标、群际合作以及法律与权威的支持等四个条件，③ 以达到增进了解、缓解焦虑、产生共情的群际接触结果；④ 二是群际接触越多未必能改善群际关系。学者们注意到群际接触的临界点现象，即个体对外群体的偏见在互相接触到一定程度时不但没有消解反而开始加深的现象。⑤ 以上两种观点表明，群际接触减少群际偏见的关键在于群体之间的接触及是否满足相应的条件，以及是否达到接触临界点等。

对于移民与移居国社群接触情况的分析，移民研究同化论认为移民与移居国社群接触能够进入移居国主流社会的共享文化生活之中。⑥ 移民分层同化论则指出移民与移居国社群接触后会产生融入移居国中上层、底层以及选择性同化三种可能结果。⑦ 多元文化论则主张移民在与主流社会群体的接触过程中会保留自己的生活方式与文化，从而形成多元化的社会和经济秩序。⑧ 然而，以上理论均脱胎于"南—北"移民框架，即移民为融入移居国主流社会、避免被主流社会歧视，会选择积极主动与移

---

① 范可：《何以"边"为：巴特"族群边界"理论的启迪》，《学术月刊》2017 年第 7 期，第 100—105 页。

② G. W. Allport, *The Nature of Prejudice*, Reading：Addison-Wesley, 1954, p. 55.

③ G. W. Allport, *The Nature of Prejudice*, Reading：Addison-Wesley, 1954, p. 88.

④ T. F. Pettigrew, "Intergroup Contact Theory", *Annual Review of Psychology*, 1998, 49 (1), p. 83.

⑤ 徐祥运、张特、赵帅：《族群接触理论视角下城市民族工作实践路径研究——以辽宁省为例》，《黑龙江民族丛刊》2020 年第 3 期，第 23 页。

⑥ R. Park and E. W. Burgess, *Introduction to the Science of Society*, Chicago：University of Chicago Press, 1921, p. 735.

⑦ Alejandro Portes and Min Zhou, "The New Second Generation：Segmented Assimilation and Its Variants among Post-1965 Immigrant Youth", *The Annals of the American Academy of Political and Social Sciences*, 2010, 530 (1), p. 95.

⑧ Alejandro Portes and R. L. Bach, "Immigrant Earnings：Cuban and Mexican Immigrants in the United States", *International Migration Review*, 1980, 14 (3), p. 330.

居国社群接触。① 然而，在"南—南"移民框架下，移民在移居国面对的社会环境大有不同，加之南方国家的基础设施、经济社会环境等与北方国家存在一定差距，故而"南—南"移民与移居国社群的接触策略、模式必然与"南—北"移民不同。

因此，本文以"南—南"移民流动下非洲新华商与当地社群的接触为研究切入点，探讨新华商在非洲国家的社会政策环境下与当地社群的接触策略、模式以及产生的问题等，并提出相应建议。

2. 非洲华商与当地社群的接触状况

当前，学界对非洲华商与当地社群接触状况的探讨主要为分以下三种。

第一种观点认为华商与非洲当地社群在不同领域存在接触差异。华商在非洲经商投资过程中过于专注解决经济领域内与非洲当地社群的冲突，而常常忽视政治、文化等维度冲突，② 这使得他们在非洲呈现出"经济领域与当地社群频繁接触，社会层面与当地社群主动隔离"的特点。③

第二种观点认为非洲华商会与当地社群进行渐进式接触。非洲华商在经商创业中深深体会到，如果没有非洲当地社群的支持与帮助，那么他们将很难获得成功，④ 而他们之间的信任关系则主要通过渐进式接触形成。华商与非洲当地社群在平等与相互尊重的基础上不断接触，可以构建紧密的中非民间关系。⑤ 可见，随着时间的推进，华商与非洲当地社群接触的增多对双方都有益。

第三种观点认为经商的中国新移民会回避与非洲当地社群接触。中国新移民在非洲经商过程中不用与非洲当地社群接触就能获得经济利益，

---

① 参见 E. Fregetto, "Immigrant and Ethnic Entrepreneurship: A U. S. Perspective", in H. P. Welsch, ed., *Entrepreneurship: The Way Ahead*, New York: Routledge, 2004, pp. 253 – 268; Chan Kwok-bun, *Migration, Ethnic Relations and Chinese Business*, Routledge of the Taylor & Francis e-Library, 2005, p. 35。

② 麻芦娟、张一力：《华商海外多维度冲突分析：非洲温州新经济移民的案例研究》，《八桂侨刊》2019 年第 3 期，第 47 页。

③ 庄晨燕、李阳：《融入抑或隔离：坦桑尼亚华商与当地社会日常互动研究》，《世界民族》2017 年第 2 期，第 71 页。

④ 李其荣：《在夹缝中求生存和拓展——非洲华商发展的特点及原因》，《广东社会科学》2013 年第 2 期，第 160 页。

⑤ 李安山：《中非合作的基础：民间交往的历史、成就与特点》，《西亚非洲》2015 年第 3 期，第 73 页。

故而他们一般避免融入非洲当地社会。① 他们与当地人在交往过程中产生的一些负面看法亦会使他们回避与当地人接触，进而难以融入当地社会。② 非洲的中国商人会通过将自己的经商与生活的活动范围限制在一定区域，以此来避免针对他们的犯罪和腐败情况的发生。③ 因此，主动回避是华商在非洲与当地社群的接触策略之一。

可见，华商不同的个人经历、人力资本使得他们在与非洲当地社群接触中呈现出不同的策略选择。而就新华商的特点来看，持续获取经济利益、保障自身安全看起来是他们与非洲当地社群接触的主要动机。然而，新华商与非洲当地社群在群际接触中形成的具体接触策略、模式、动机以及面临的问题等，还需要进一步研究。

（二）研究方法

本文的数据来源于 2017 年 4 月至 2019 年 12 月进行的针对非洲新华商经商创业的定性研究。其间，笔者曾对喀麦隆、坦桑尼亚、尼日利亚、南非、乌干达 5 国 30 名新华商与部分当地人进行了半结构式的深入访谈，还曾对喀麦隆、坦桑尼亚新华商的经营场所，新华商与当地员工、经销商等的接触进行了沉浸式观察。此外，笔者还对新华商的部分当地员工进行了访谈。本文的受访对象主要通过"滚雪球"的方式获得，年龄从 27 岁到 63 岁不等，以男性为主，访谈地点在坦桑尼亚、喀麦隆以及中国等地，受访对象基本情况如表 1 所示。

表 1 非洲新华商访谈信息情况概览

单位：人

受访对象基本情况		人数
受访者年龄	20—29 岁	5
	30—39 岁	12

---

① 林胜、梁在、朱宇：《非洲中国新移民跨国经营及其形成机制——以阿尔及利亚的福清移民为个案》，《世界民族》2017 年第 4 期，第 92 页。

② 沈晓雷：《试析中国新移民融入津巴布韦的困境》，《国际政治研究》2015 年第 5 期，第 131 页。

③ T. McNamee, "Africa in Their Words: A Study of Chinese Traders in South Africa, Lesotho, Botswana, Zambia and Angola", Brenthurst Foundation, http://www. thebrenthurstfoundation. org/files/brenthurstcommisioned_ reportsBrenthurst-paper-201203-Africa-in-their-Words-A-Study-of-Chinese-Traders. pdf. Accessed 2021 – 8 – 24.

续表

受访对象基本情况		人数
受访者年龄	40—49 岁	8
	50 岁及以上	5
受教育水平	初中及以下	15
	高中	9
	大专/本科及以上	6
外语水平	入门	17
	一般	8
	熟练	4
	精通	1
赴非时间	2000 年及以前	3
	2001—2008 年	12
	2009—2016 年	13
	2017 年及以后	2
创业行业	国际贸易	7
	百货/小商品批发	3
	轻工业（涂料厂/家具厂/水泥厂等）	4
	工程承包	2
	木材砍伐与加工等	4
	中医诊所	2
	中餐馆	5
	其他行业	3
创业地点	尼日利亚	5
	喀麦隆	14
	坦桑尼亚	7
	南非	2
	乌干达	2
当地员工人数	10 人及以下	14
	11—20 人	4
	21—50 人	7
	50 人以上	5

根据表 1，可知多数受访者在喀麦隆经商创业，其次是坦桑尼亚、尼日利亚等国家，赴非时间多数集中在 2001—2016 年，[①] 他们的教育程度大都集中在高中及以下程度，涵盖了国际贸易、木材砍伐与加工、中餐馆等行业，多数规模较小。

二　非洲新华商与当地社群的接触策略

作为从遥远的中国迁移到非洲的国际移民，新华商与非洲当地社群的接触与认知经历了一个由浅到深、由表及里的过程，形成了新华商与非洲当地社群三种不同接触策略。

（一）逐步深入：渐进式接触策略

接触理论第一种观点指出，减少偏见的群际接触需要一定条件，新华商与非洲当地社群的接触亦不例外。由于初到非洲的新华商与非洲当地社群之间互相不熟悉，因而他们之间的接触经历了一个不断深入的过程。对此，2002 年到喀麦隆从事鞋帽批发与国际贸易的翁先生表达了他的观点：

> 我们在喀麦隆做生意，并没有歧视当地人，有一个跟了我 17 年的当地工人，他跟我说他家盖房子需要两万元人民币，我就直接给他两万元人民币让他自己去盖，他说到时候用工资还给我。我们就尽量把他当家人，他年龄跟我差不多，只比我小一点，但我们彼此都将对方视为家人。[②]

翁先生在喀麦隆经商近 20 年，跟他接触的当地员工非常多，而他愿意帮助跟他接触 17 年的员工，说明接触时间长短对双方建立互信关系具有重要影响。此外，超过一半的受访者表示，他们几乎从来不让新入职

---

① 由于 1980—1995 年前往非洲创业的新华商目前大多撤出了非洲，故而较难通过"滚雪球"的方式找到类似受访者，但本文的部分受访者与他们是合作伙伴，故而通过他们的叙述可弥补稍早到达非洲的新华商资料的不足。

② 出于田野伦理要求，对受访者翁先生进行匿名处理。访谈地点：喀麦隆杜阿拉；访谈时间：2018 年。

的当地员工单独管理仓库或当会计、管钱，对重要资产（如汽车、货柜等）的管理也都亲力亲为，对于接触一定时期（一般两年以上）的员工，新华商才会将一些涉及财物的事情交给他们去做。可见，长时间的接触容易使新华商与非洲当地社群建立信任关系。

除商业领域外，新华商在日常生活领域亦遵循渐进式的接触策略，即随着与当地社群接触时间的增多，才逐步开放其他领域进行接触。多名受访者表示，他们对于刚接触的非洲当地保姆、保洁员以及当地朋友等大都抱有一种戒备心理，直到通过一定时间的接触后，才会慢慢放松戒备，并逐步深入其他领域进行接触。可见，渐进式接触是多数新华商初到非洲后采取的与当地社群接触的主要接触策略，对他们在非洲站稳脚跟发挥了重要作用。

（二）触底反弹：脱离接触策略

接触理论第二种观点认为，群体间的接触有临界点，超过临界点会使群际偏见加深。由于语言、文化、宗教等差异，新华商与非洲当地社群在接触过程中容易产生冲突，他们之间的接触容易到达临界点，此时新华商一般倾向于脱离与当地社群的接触，以远离接触冲突带来的不适与冲击。对此，在喀麦隆经商 18 年的林先生表达了他的看法：

> 非洲当地人个个都是好朋友，但办起事情来都不是朋友，只要有钱就可以办事，没钱就办不了。所以我尽量不跟他们打交道，要不然各方面都要钱打点，本来到这边钱就越来越难赚，所以我尽量不跟他们来往，做好自己的事就行了。[①]

显然，林先生在与非洲当地社群的接触中体验到了冲突并遭到了一些损失，这使他倾向于选择与非洲当地社群脱离接触，以避免产生更多的损失。当前，非洲新华商与当地社群减少偏见的接触临界点尚无明确定论，但如果双方在接触中损失巨大或遭遇不愉快的经历，那么他们必然会选择脱离接触。对此，受访者林先生提到，在他饭店里工作两年多的喀麦隆当地电工，无论在什么情况下断电，都会向林先生要钱才会修理，林先生最终选择辞退这名当地电工。

---

① 访谈地点：喀麦隆雅温得；访谈时间：2017 年。

此外，华人社区社团的边界维护、巩固与制裁机制等也对新华商采取脱离接触策略有较大影响。非洲当地侨团/商会等的领袖往往会告诫新华商不要将当地人带到自己的住处，因为这样很容易暴露财物，进而引发盗抢事件。同时，新华商加入的社团/商会以及小圈子之间具有一定的排他性，对于那些与非洲当地社群接触过深的新华商，可能会被排斥在社团/商会等组织之外，很难再从同胞那里获得信贷资金。

（三）步入调整：情境化接触策略

调研发现，在非洲生活超过一定时间（一般为 3 年）的新华商往往具有丰富的与当地社群接触的经验，故而他们会在不同的情形下采取差异化的接触策略，使他们与当地社群的接触策略更为灵活多变。例如，新华商与当地员工、经销商的接触十分频繁，却大多限于在商业领域接触，只有那些接触时间较长的当地员工、经销商，新华商才会在日常生活、家庭与文化等领域与他们有所接触。对此，2015 年前往喀麦隆从事涂料生产、塑料品批发的吴先生分享了他与非洲当地员工接触的经验：

> 当地人当然有毛病，但你如果不用他们的话，你到这个地方来干吗？再说了这里人的平均工资才 600 块，所以要善用他们好的一面，但是又要想办法遏制他们不好的一面。所以我现在就重点培养几个当地人，给他们权力，给他们待遇好一点，比如请他们吃中餐，放手让他们去管理其他当地人，给他们的工资比其他当地人高一点，他们为了这份工作，当然会感谢你，也就会给你好好干了。[①]

吴先生在认识到当地人的特点后，采取了对自己较为有利的差异化接触策略，即对当地普通员工尽量采取脱离接触策略，对重点员工给予更多信任、开放更多接触领域等。超过一半的受访者都有类似经历，并且还对他们比较重视的群体开放了更多的接触领域。这种情境化的接触策略，体现了他们在与非洲当地社群接触过程中更加自信、更为灵活的特点。此外，除部分侨领为维护多数新华商利益与当地政府官员接触外，多数普通新华商不愿与当地政府官员产生太多纠葛，以避免出现不必要

---

① 访谈地点：喀麦隆杜阿拉；访谈时间：2018 年。

的损失。

可见，新华商到达非洲后与当地社群的接触经历了一个逐步深入、遭遇冲突并及时调整的过程。在这一过程中，他们分别采用了渐进式接触、脱离接触以及情境化接触三种接触策略。需要说明的是，这三种接触策略并非一成不变，而是随着具体情况的变化而不断地在各种接触策略中切换。

三 非洲新华商与当地社群的接触模式

基于不同接触动机，非洲新华商与当地社群会产生不一样的接触行为模式，并贯穿于不同的接触策略之中。具体而言，主要分为以下三种。

（一）工具型接触模式

新华商对市场机会极为敏感，他们到非洲后的首要目标便是获取经济利益，以便尽快在陌生的非洲站稳脚跟，实现经济地位提升。因此，出于获取经济利益这一工具性的接触动机，新华商一般会主动与非洲当地社群接触。据了解，多数新华商会在到达非洲的一定时期内（1—3 年）学会当地语言，这样不仅方便了与当地人接触，而且还给非洲当地人留下他们愿意与当地人平等接触的良好印象。

在招收当地员工方面，新华商往往会亲自面试把关、主动与他们接触，以便观察他们的日常表现，对于那些上班不积极的员工，新华商往往会终止与他们的接触并辞退他们；在开拓当地市场、培育当地经销商方面，新华商们会主动与他们接触，以利益共同体为切入点，渐进式地与当地经销商合作，进而使他们的商品、货物等迅速地销售一空；在日常生活方面，新华商会主动与当地保姆或厨师接触，以教会他们做中国菜，满足他们中国式的生活需求。对此，2009 年前往尼日利亚从事国际贸易及家居生产的陈先生谈及了他的经历：

> 我在这边认识我每一个当地员工，他们的表现我基本都知道，只要他们表现好，我肯定不会亏待他们。在开拓市场方面，我有一个专门的团队去与当地人沟通，以顺利地将货物卖出去。我这里有一个食堂，师傅是当地人，但经过我们的培训，他已经能够做大多

数中国菜，这点很好。①

同时，为了获得高工资，非洲当地社群亦会主动与新华商接触。据了解，多数非洲国家的基本工资相对中国而言普遍较低，以喀麦隆为例，该国成年劳动力平均月工资约 7 万中非法郎（约合人民币 750 元），大学毕业生平均月工资约 9 万中非法郎（约合人民币 1000 元）。② 而非洲新华商在招收当地雇员之时，往往会超过当地基本工资线进行招聘，故而在非洲人看来这是一个获取经济利益的重要途径，使他们倾向于主动与新华商接触。可见，新华商与非洲当地社群在接触过程中具有一定的工具性动机，这使他们容易形成互利共赢的接触形态。

（二）情感型接触模式

虽然有研究显示非洲新华商较为关注经济目标的实现而忽略融入非洲当地社会等问题，③ 但笔者发现，新华商会主动与当地社群接触以了解当地文化，通过履行企业社会责任、奉献爱心等方式构建和谐的在地关系，到当地孤儿院探望，为当地残障、困难人群举办爱心捐赠活动，以展示他们乐善好施、互助友爱的形象，进而获得自身及企业在非洲的长足发展。例如，2006 年前往喀麦隆从事国际贸易与轻工业的林先生就在经商过程中做了许多善事，对此，他回应道：

> 非洲人和我们是一样的，只要你真心对待他们，他们也能感受到，这样他们就不会做出伤害你的事情，但是很多人认为非洲人毛病很多，不愿意跟他们打交道，这是很危险的，我就是真诚地跟他们交朋友，尽量去帮助需要帮助的非洲人。④

林先生明白，要想长时间在非洲安全地获取经济收益，就必须在与非洲当地人接触中投入一定的情感，即在平等的基础上与他们交朋友。

① 访谈地点：中国中山；访谈时间：2019 年。
② 温国砫：《在华非洲留学生文化适应策略研究》，《浙江师范大学学报》（哲学社会科学版）2020 年第 2 期，第 67 页。
③ 林胜、梁在、朱宇：《非洲中国新移民跨国经营及其形成机制——以阿尔及利亚的福清移民为个案》，《世界民族》2017 年第 4 期，第 91 页。
④ 访谈地点：喀麦隆杜阿拉；访谈时间：2018 年。

林先生旗下有 14 个当地员工，在他的影响下，以前从不存钱的员工开始存钱，赚到钱的当地员工对他十分敬佩。除林先生外，2011 年到喀麦隆从事国际贸易的王先生就在与当地经销商、员工等通过情感接触建立稳固的信任关系后，带动他们一起从事国际贸易行业并最终改善了他们的经济状况，当地人亲切地喊他为"大王哥"。① 可见，情感型接触是新华商与非洲当地社群融洽相处、获取双赢局面的又一重要接触模式。

（三）"工具—情感"混合型接触模式

作为理性的行动者，为了持续获取经济利益，非洲新华商经常会在与当地社群的接触中同时兼具工具性与情感性。这不仅可以使非洲新华商持续地获取经济利益，而且还能让他们迅速地与非洲当地社群建立融洽的在地关系。对此，2009 年前往乌干达经商的傅先生提到了他的做法：

> 我成立了一个慈善基金会，给这边农村免费送去了价值 10 万元人民币的太阳能电灯，而且还免费给当地的小学安装了太阳能电灯，疫情以来我还主动找到当地政府领导，给他们捐助了大量防疫物资，我要到这个地方投资赚钱，故而与当地人搞好关系是很重要的。②

傅先生的考虑是：一方面，做慈善回馈当地社会可以构建和谐的与当地社群关系，同时令与他接触的当地政府官员取得政绩，进而使他能与当地政府官员保持良性互动；另一方面，傅先生所在的国家对外资企业的收入所得税一般较高，有的行业甚至高达 35%，而通过慈善基金会，其就能够将企业收入所得"投入"其中。据了解，非洲许多国家鉴于外资企业的爱心慈善行为，一般会给它们一定的减免税收等优惠政策（例如，对爱心捐赠的款项减免税收等），这种互利共赢的行为在一定程度上体现了新华商工具性与情感性共存的与当地社群接触模式。

基于以上分析，可知工具型、情感型以及"工具—情感"混合型接触模式是非洲新华商与当地社群在渐进式接触、脱离接触以及情境化接触策略中选择出来的。新华商在与非洲当地社群的接触中使用了各种不

---

① 访谈地点：坦桑尼亚达累斯萨拉姆；访谈时间：2017 年。
② 访谈地点：中国中山；访谈时间：2019 年。

同的接触策略与模式，使他们在非洲获得经济上成功的同时，也让一大批非洲当地人的经济状况得到了明显改善。

四　非洲新华商在与当地社群接触中的问题与思考

新华商与非洲当地社群随着接触时间的深入而对彼此的了解不断加深，并形成了不同的接触策略与模式，但由于近年来非洲当地社会环境的发展与变化，新华商与当地社群的接触仍旧存在一定的问题，需要高度重视并采取相应措施加以克服。

（一）　新华商在与当地社群接触中存在的问题

由于非洲新华商之间的人力资本、个人经历、到达非洲时间等都各不相同，非洲当地社群之间亦存在差异，新华商在与非洲当地社群接触中存在以下问题。

1. 刻板印象

2018 年，笔者在非洲给当地学生上汉语课之时，向当地学生讲述了新华商陈先生的遭遇，即在非洲经商创业超过 8 年的陈先生的公司里有一位在他那里工作 5 年的非洲当地员工携巨款潜逃，造成陈先生约十几万元人民币的损失。当地学生得知这件事后的反应竟然是：中国人真有钱。可见，非洲当地人对新华商的刻板印象容易产生误会，并在行动方面与中国人产生差异。对于多数非洲人而言，他们对新华商的刻板印象主要在于"很有钱""不信任他们"等，这使他们很容易认为作为老板、朋友的新华商有帮助自己的义务，而且陈先生的遭遇很有可能会在其他新华商的身上重演。

同时，新华商则认为非洲人"不讲人情""干什么都要钱"，这使许多新华商在与非洲当地社群接触过程中都小心翼翼、如履薄冰，并千方百计地对他们进行防范。2010 年前往喀麦隆从事国际贸易行业的钱先生提到，当地人干什么都要钱，找各种理由向他要钱，这让他很烦恼。[①] 许多受访者亦遭遇过类似情形，他们对此无一不感到烦恼，最终他们不得不在付出一定的资金成本后设立奖惩制度才得以解决。可见，刻板印象

---

　　① 访谈地点：喀麦隆杜阿拉；访谈时间：2018 年。

会使新华商与当地社群在接触过程中产生期望差异，新华商希望当地员
工、朋友等通情达理，而当地的员工、朋友等却希望新华商能够多帮助
作为下属、朋友的自己。

2. 接触误判

2021 年 6 月，有西方背景的 NGO 曼德拉国际中心发布消息称，在喀
麦隆东部地区卡纳的一个矿井工地上，出现一起向当地前员工开枪的事
件，经过当事矿主（新华商）的解释，才知当地前员工存在偷盗行为，
中方人员与当地军警在鸣枪示警无效后，才使用橡皮子弹开枪向其射击，
且中方人员均有合法的枪证与持枪证。此外，该员工有 8 天工资未付，
因其逃跑时尚未到发薪时间，故而不存在因拖欠工资产生纠纷的情形。
可见，受西方媒体、NGO、新华商缺乏话语渠道等因素的影响，新华商
在与非洲当地社群的接触中会产生误判的情形，容易使双方产生不必要
的误解。

中非双方语言、文化差异的存在，新华商容易与非洲当地社群在接
触中产生误判，导致消极的接触结果。上文提到，不同文化背景之间的
群体接触时容易产生期望差异，双方产生误解与冲突的可能性较高。同
时，非洲当地社群普遍存在时间观念不强、自由散漫等特点，而新华商
往往比较注重员工纪律性、忠诚度等。尤其是在新冠肺炎疫情的大背景
下，不少非洲新华商为防控疫情一般会采取让当地员工全程戴口罩、不
允许私自接触新华商企业以外的人等措施，而非洲当地员工则认为新华
商侵犯他们的人权，进而产生误判与冲突等。

3. 接触领域单一化

受自身人力资本、金融资本以及社会资本的限制，新华商迁移至非
洲的主要目的在于获取经济利益，① 故而他们最为关心的是如何在经济领
域与非洲当地社群接触。据了解，新华商到非洲后一般从事将中国的产
品运到非洲当地销售赚取差价的行业，如国际贸易、小商品批发、服装
鞋帽批发与零售等行业。此外，部分新华商到非洲后也会从事将非洲的
初级产品运到中国出售的行业，如木材砍伐与贸易、矿业等行业。这样，
新华商较多地与非洲当地社群在经济领域内进行接触，而其他领域则涉
及较少。

---

① 　温国砫、黎熙元：《跨国连接、族裔资本与喀麦隆新华商的本土化》，《北方民族大学学
报》（哲学社会科学版）2021 年第 5 期，第 83 页。

多数新华商将非洲作为提升经济社会地位的场所，将在非洲获取的经济资本用于提升国内家庭生活水平、经济社会地位方面，这种经商模式使他们在家庭生活与文化认同方面几乎保留了所有中国的特征，进而较少考虑与非洲当地人接触与交流，呈现出接触领域单一化的倾向，这容易招致新华商在非洲关注经济利益、忽略融入当地社会的批评，并且使新华商很难与当地社群建立真正的信任关系。

（二）促进非洲新华商与当地社群接触的思考

综上可知，新华商通过不同接触策略和模式与非洲当地社群形成了一定程度上的互利共赢、相互尊重以及相互信任的接触形态，不仅促进了新华商经济社会地位的提升，而且也带动了许多非洲当地人走向共同富裕。但是，由于双方接触过程中还存在刻板印象、接触误判以及接触领域单一化等问题，故而需要新华商与非洲当地社群双方高度重视，并做出行动加以解决。

1. 平等互利，求同存异，构建嵌入式的关系网络

中国与非洲远隔万里，双方的体制、政策、语言文化等都不一样，故而当新华商与非洲当地社群进行接触时，必然会面临各种问题。对此，新华商与非洲当地社群均应在平等互利的基础上，求同存异，摒弃双方对彼此的刻板印象，构建互利共赢的嵌入式关系网络，在促进新华商本土化的同时又带动非洲当地人走向共同富裕。当前，已有不少新华商意识到与非洲当地社群平等相待、利益共享的重要性，并且部分新华商已经在付诸行动。例如，在坦桑尼亚从事家装公司的唐先生，他不仅与当地员工建立了"你离不开我，我也离不开你"的嵌入性关系，并且跟上下游的当地企业亦形成了持久稳定的合作关系，[1] 这使他们在非商业领域的重要时刻会互相提供帮助与支持。[2] 近年来，新华商被当地雇员抢劫、伤害的事件频发，造成新华商损失巨大财产，部分事件甚至让新华商付出了宝贵的生命。由此，善待当地员工的话题不断出现在媒体报端，引发了新华商、非洲当地社群的反思。因此，只有在平等互利的前提下，构建新华商与非洲当地社群一荣俱荣、一损俱损的利益共同体，才能从

---

① 访谈地点：坦桑尼亚达累斯萨拉姆；访谈时间：2018 年。

② 例如，当唐先生家庭遭遇抢劫、盗窃时，当地员工、供应商们毫不犹豫地站出来为他提供声援与尽可能的帮助；当地员工、上下游当地合作商面临困难时，唐先生亦会伸出援手。

根本上杜绝类似悲剧事件的发生。

2. 扬长避短，加强交流，树立新华商在非洲的良好形象

通过分析 30 名新华商与非洲当地社群接触的实证资料，笔者发现新华商通过积极学习当地语言与文化、履行企业社会责任、热心承办当地公益慈善活动等情感型接触模式，不仅使他们得到了非洲当地社群的好评，更让他们迅速地与非洲当地社群建立起了互相包容、互利共赢的信任关系。非洲新华商应继续通过弘义融利的与非洲当地社群的情感型接触模式，加强双方交流，避免双方因刻板印象带来不必要的损失。具体而言，可从以下几方面进行。一是搭建平台，增进了解。中国与非洲国家政府可联合非洲所在国的华侨华人社团、商会等搭建各种双方交流平台，让新华商与非洲当地社群交流接触，以增进双方相互了解。二是设立冲突与矛盾解决机制。例如，设立由中非双方共同担任委员的劳动仲裁委员会、市场投诉委员会等，力求将新华商与当地社群在接触过程中的矛盾与冲突解决在萌芽阶段。三是树立典型，举一反三。将一些典型的因语言、文化差异导致的新华商与非洲当地社群的冲突与矛盾案例通过大众媒体等进行广泛宣传，以取得触类旁通的效果，达到树立新华商在非洲良好形象的目的。

3. 拓宽接触渠道，提升接触能力，避免误判的产生

由于非洲独特的接触环境，新华商与非洲当地社群的接触难免会引起相关方的关注。对此，一方面，要打造非洲新华商的宣传话语权，在非洲当地大众媒体上开辟新华商报道专栏，由非洲当地独立撰稿人报道新华商弘义融利的故事与行为，让尽可能多的非洲当地社群了解非洲新华商的风采。同时，在遇到新华商与当地社群产生冲突与矛盾的关键时刻提供关键报道，以达到澄清事实、消除误判的目的。另一方面，要加强对非洲新华商关于当地语言、法律、文化习俗、行事风格等的培训，同时强化非洲当地人熟悉中国文化、中国人的处世风格、企业管理文化等的引导等，以提升双方的接触能力。例如，坦桑尼亚华助中心、中华商会等组织每年都会举办免费的有关当地税务的公益讲座，喀麦隆孔子学院打造的"院企联合"培养模式等，均是有益的尝试，可大力在非洲其他国家推广。

【责任编辑】王珩

非洲研究　2022 年第 1 卷（总第 18 卷）

第 159—173 页

SSAP ©，2022

印度对非奖学金政策的发展历程、特点及启示[*]

程媛媛　田小红

【内容提要】印度对非奖学金政策经历了初成、过渡和加速发展三个阶段。初成阶段，对非奖学金政策以亚非文化奖学金项目为开端发展起来；过渡阶段，奖学金政策发展缓慢，但开始服务于印度对非的经济、技术合作战略；加速发展阶段，非洲重新成为印度外交重点，奖学金政策力度不断加大。整体来看，印度日益重视奖学金政策在对非外交中的作用，奖学金政策面向精英群体精准调控，奖学金项目命名方式彰显印非传统友谊和印度荣光。此外，印度政府还重视为在非印裔印侨提供奖学金，并且在奖学金管理中同时重视制度性与人文性。印度对非奖学金政策可以为我国相关政策提供一些启示。

【关键词】印度；非洲；对非奖学金政策

【作者简介】程媛媛，浙江师范大学教师教育学院比较教育学博士研究生，主要从事印非教育合作研究（金华，321004）；田小红，浙江师范大学教师教育学院副研究员，主要从事比较教育基本理论、中非高等教育合作、印非教育合作等研究（金华，321004）。

印度与非洲隔海相望，有着天然的地缘优势。尽管印度独立之际，

---

* 本文系教育部规划基金项目"'中非大学 20 + 20 合作计划'运行机制和绩效评价研究"（项目编号：18YJA880074）的阶段性成果。

非洲只有四个主权国家，但是在贾瓦哈拉尔·尼赫鲁（Jawaharlal Nehru）长达 17 年（1947—1964 年）的执政过程中，在外交话语上强调印非是"近邻"，宣称"印度的利益与非洲的发展密切相关"。① 政府奖学金是吸引外国留学生的重要手段，其所支持的人脉资源对构建外交关系、促进国与国之间的友谊发展至关重要。印度政府对非奖学金政策始于 20 世纪40 年代末，是印度开展对非教育援助的传统方式，也是维系印非友好关系、培养知印友印的高端人才的重要手段。作为印度对非教育援助政策的重要组成部分，整体来看，对非奖学金政策的发展一直受到印非关系和印度对非援助政策变化的影响。当前，随着印非关系的改善，印度对非奖学金政策也迎来新发展，并在对非援助与合作中发挥更加重要的作用。印度对非洲奖学金政策在印非外交政策/战略中具有特殊性，其本身具有重要的研究意义，但我国学界对此鲜有研究，对当前的状况和特点也缺乏完整的描绘和总结。21 世纪以来，中印两国对非高等教育交流与合作不断发展，奖学金政策在其中扮演了重要角色。因而，从高等教育治理与国际化来说，关注印度对非奖学金政策的发展、特点和趋势对我国的相关政策也会有一定的启示。

一　印度对非奖学金政策的发展历程

印度独立以来，对非奖学金政策随印非关系变化而变化，主要经历了三个阶段。奖学金政策最初在不结盟外交政策的背景下制定，以团结非洲精英为主要目的；20 世纪 60 年代中期后，奖学金政策逐渐过渡至以为印非双方的经济与技术合作服务为主，奖学金的规模有所扩大，形式逐渐多元；20 世纪 90 年代以来，对非奖学金政策加速发展，奖学金的形式和内容更加丰富，特色日益彰显。

（一）政治团结驱动下的初成阶段（20 世纪 40 年代末至 60 年代初）

印度与非洲一衣带水，古老的印度洋贸易仿佛和印度洋季风存在的时间一样久远。近代以来，共同的反帝反殖经历又使印非人民结下了深

---

① T. G. Ramamurthi, "Foundations of India's Africa Policy", *Africa Quarterly*, 1997, 37（1/2）, p. 30.

厚的友谊。独立初期，印度在美苏两极格局下实行不结盟外交政策，积极倡导第三世界进行不结盟运动，以期充当领导者角色。在这种背景下，非洲成为印度必须争取的国际力量，非洲的支持对印度推行不结盟外交政策和获得国际地位至关重要，印非关系一度较好。该时期虽然非洲国家陆续独立，但整体上非洲的许多国家和地区仍然受到帝国主义和殖民主义的侵扰，战火不断，教育制度破败，几乎没有完整的教育系统，这导致一些有条件的非洲人选择留学来获得知识与技能。随着印度和非洲国家政治和经济关系的发展，印度开始对非进行教育援助，对非奖学金政策开始作为印度对非教育援助的主要方式。1949 年印度为亚非学生设立文化奖学金项目（Cultural Scholarships Scheme），每年提供 70 个奖学金名额，这是印度对非奖学金政策的开端。文化奖学金项目主要面向埃及、埃塞俄比亚、肯尼亚和乌干达等北非和东非国家。1950 年印度文化关系委员会（Indian Council for Cultural Relations）成立，主要负责处理印度对外文化联系和管理对外奖学金政策。至此，印度建立起了以奖学金为主要形式的对非教育援助的正式机制。

　　初期印度对非奖学金政策的发展主要得益于印度首任总理尼赫鲁的推动。他在 1952 年曾建议教育部门把享受印度政府奖学金的非洲留学生的人数从 70 人增加至 100 人。对此，他有这样的表述：印度应该采取积极的做法满足非洲赴印留学生的奖学金需求，这无关乎经济利益而是人类共同的做法，必须使非洲学生在印度感到宾至如归。[①] 随之，印度政府将文化奖学金项目的名额增加到 100 个，并拓展了奖学金的国别适用范围。到 1953 年已经有 339 人受益于文化奖学金项目。随着时间的推移，印度对非奖学金的项目种类和名额都持续增加。1953 年印度批准了区别于学历教育奖学金的另一类奖学金，即为非洲提供 25 个手工业培训奖学金名额。自此，印度的对非奖学金项目开始涵盖学历教育奖学金与非学历教育奖学金两种形式。但是囿于国力，印度所能提供的奖学金跟非洲的实际需求相比非常有限，一些与印度交好的北非和东非国家尚且只能获得少量奖学金，比如 1955 年在文化奖学金项目下印度分配给埃及 2 个奖学金名额，为苏丹提供仅 1 个奖学金名额。除了文化奖学金项目外，

---

① Suresh Kumar, "Rising Africa and India's Role in Strengthening Education", http://africain-dia. org/rising-africa-and-indias-role-in-strengthening-the-education-sector/. Accessed 2020 – 3 – 16.

自 1962 年开始，印度为南非学生在一般奖学金项目（General Scholarship Scheme）下提供奖学金。这些奖学金项目涵盖多种专业，既有文学艺术类，如印度音乐、舞蹈类奖学金，也有实用技术类，如农学、工程学和医学类奖学金，还有语言类，如印地语奖学金等。这一时期，印度对非奖学金政策经高层的推动，在一衣带水的历史友谊和不结盟政策的反帝反殖话语下得以成型和初步发展。

（二）维持印非关系的缓慢过渡阶段（20 世纪 60 年代中期至 80 年代末）

随着不结盟政策及不结盟运动的国际影响力日益增强，印度的国际地位显著提升，然而"盛况"并未长久。1962 年，印度在中印边境战争中失利，直接导致了印度独立十余年来苦心经营不结盟政策所赢得的国际地位下降，理想主义色彩浓厚的不结盟外交政策在薄弱的综合国力面前日渐苍白无力，政策的有效性和合理性受到质疑。1964 年不结盟外交政策的提出者尼赫鲁总理的逝世更是客观上加剧了这一政策在印度政坛的"尴尬境遇"。为此，印度开始调整外交策略，外交中逐渐摒弃了过于理想化的不结盟外交政策而趋于实用主义，非洲渐从印度的外交重点中偏离。该时期，印度对非外交仍以政治团结为口号，但是日益寻求经济和技术上的合作机会，以求获取更多经济利益。受这种外交趋势影响，奖学金政策也出现了一些变化。

1964 年印度外交部设立印度技术与经济合作项目（Indian Technical and Economic Cooperation，ITEC），这是印度开展对外经济、技术援助与合作的主要项目，标志着印度以人力资源开发为主的对外援助形成。印度技术与经济合作项目的对象国主要来自亚非拉地区，这些国家一般难以负担本国人员的培训费用。为保障项目的顺利进行，印度在技术与经济合作项目下为受援国人员提供了更多教育培训奖学金名额。非洲国家是印度技术与经济合作项目的主要成员，也是教育培训奖学金的主要受益国家，技术与经济合作项目的姊妹项目英联邦非洲特别援助计划（Special Commonwealth African Assistance Programme，SCAAP）更是专门为非洲的英联邦国家提供教育培训奖学金。综上，从印度对外奖学金的政策设计来看，相较于上一阶段，20 世纪 60 年代中期以后的对外教育培训奖学金规模不断扩大，并逐渐形成了与学历教育奖学金并驾齐驱的态势。可见，扩大为非洲国家提供的教育培训奖学金规模是该时期印度对非奖学金政策的重要内容。

20 世纪 80 年代中后期，对非奖学金拓展到了远程教育领域。1985 年印度成立英迪拉·甘地国立开放大学（Indira Gandhi National Open University，IGNOU），其是印度远程教育的领导机构。该大学在非设立海外学习中心，为非洲学生提供在线课程，远程教育奖学金也逐渐作为对外远程教育援助的标配出现。然而，由于该时期远程教育技术的发展水平有限，远程教育尚未"飞入寻常百姓家"，远程教育奖学金的规模较小。

整体来看，在国际环境变化、尼赫鲁去世、实用主义思想等因素的影响下，非洲在印度外交中的地位下降，印非关系陷入低潮期，双方政治、经济、文化和教育联系减少，对非奖学金政策受其影响，相较于上一时期发展缓慢。但不可否认，印度仍然希望维持与非洲的联系，对非奖学金政策无疑符合这一希冀，因此，该时期奖学金政策实际上仍然在维护印非关系以及促进双方经济与技术合作方面起到过积累、存储人脉资源的作用。整体来看，该阶段对非奖学金政策发展缓慢，基本形成了学历教育奖学金与非学历教育奖学金并重的奖学金体系，并为下一阶段的发展做好了较为充足的准备。

（三）助力外交新局面的加速发展阶段（20 世纪 90 年代以来）

20 世纪 90 年代以来，伴随着两极格局的瓦解，世界多极化趋势增强，经济全球化席卷世界。在这种情况下，非洲在国际政治、经济贸易和能源资源供给上的重要地位日益凸显，印度也因此开始重新认识到非洲在提高其国际地位、开拓国际市场和获取经济利益方面的价值，逐渐调整对非外交政策，发展与非新型伙伴关系。为配合印度对非洲的经济、政治和文化教育交流与合作举措，对非奖学金政策开始产生新的变化，这种变化尤其体现在 21 世纪以后。例如，2007 年印度与非盟在印非战略伙伴关系框架下合作设立姆瓦利姆·尼雷尔非洲联盟奖学金项目（The Mwalimu Nyerere African Union Scholarship Scheme），专门为非洲学生提供在非著名大学和研究机构攻读农学等专业硕博学位的奖学金。[①] 再如，为加强海外印度人与母国的联系，外交部下属海外印度人事务部（Ministry of Overseas Indian Affairs，MOIA）于 2006—2007 年开始设立印裔印侨奖

---

①　"Mwalimu Nyerere African Union Scholarship Scheme：Africa—India Fellowship Programme"，African Union，https：//au. int/sites/default/files/newsevents/workingdocuments/27545-wd-fourth_ call_ africa-india_ scholarship_ revised1. pdf. Accessed 2020 – 3 – 18.

学金项目（Scholarship Programmes for Diaspora Children，SPDC），在非海外印度人（Indian Diaspora）也可申请。

　　三届印非峰会的召开大大促进了对非奖学金政策的发展。2008 年，印度通过峰会的形式首次开展与非洲层面的合作对话。为满足合作需求、促进非洲人力资源开发与加强能力建设，印度加大了对非奖学金政策的力度。首先，印度承诺赴印非洲留学生的奖学金名额增加一倍，印度文化关系委员会专门设立非洲奖学金项目（Africa Scholarship Scheme），该项目每年为非洲提供约 900 个奖学金名额。其次，印度技术与经济合作项目增加对非教育培训奖学金，承诺每年为非洲培训的技术人员由 1100 人增加到 1600 人，重点学习科学技术、信息技术等课程。再次，为支持非洲开展科研，印度外交部、印度科学与技术部门（Department of Science and Technology，DST）和印度工商联合会（Federation of Indian Chambers of Commerce & Industry，FICCI）联合设立了 C. V. 拉曼非洲研究人员奖学金项目（C. V. Raman Fellowship for African Researchers Programme），专门为非洲研究人员和博士后提供赴印开展研究的资金支持。[①] 最后，印度还承诺为非洲设立农业特别奖学金（Special Agricultural Scholarships），四年内为非洲培养 100 个博士生和 200 个硕士生。[②] 农业特别奖学金由印度农业研究委员会（Indian Council for Agricultural Research，ICAR）负责管理，供硕博研究生学习农业、林业、渔业和园艺等学科。在 2011 年峰会上，印度政府又宣布今后三年内为非洲国家提供 2.2 万个奖学金名额，将有 25000 名非洲青年接受印度的教育和培训。[③] 此次峰会还促进了对非洲远程教育奖学金政策的发展。印度总理辛格在这届峰会上承诺建立印非虚拟大学（India-Africa Virtual University）。该虚拟大学是继泛非电子网络计划（Pan African e-Network Project）之后的又一印非远程教育合作项目，将和泛非电子网络计划一起为非洲提供 10000 个远程教育奖学金名额。

---

① "C. V. Raman International Fellowship for African Researchers 2017", DST&MEA&FICCI, Indo-Africa, 2017, http://www. indoafrica-cvrf. in/img/Brochure-C-V-Raman-Fellowship-2017. pdf. Accessed 2020 – 3 – 22.

② "Agricultural Scholarships", The Embassy of India in Addis Ababa, http://indembassyeth. in/agricultural-scholarships/. Accessed 2020 – 3 – 16.

③ "2nd Africa India Forum Summit: Address by PM at the Plenary Session of the 2nd Africa-India Forum Summit", Embassy of India, May 24, 2011, https://eoi. gov. in/kinshasa/? 0856? 004. Accessed 2020 – 3 – 7.

2015 年印非峰会是三届峰会中规模最大的一场，对非奖学金政策的扶持力度更胜从前。此次峰会上，印度政府承诺在未来 5 年内为非洲国家提供 5 万个奖学金名额。① 据统计，2008—2011 年印度已经为非洲提供了 15000 个奖学金名额，2011—2015 年也已经提供了 25000 个奖学金名额。② 印度技术与经济合作项目在兑现对非奖学金的承诺中扮演重要角色，该项目及其姊妹项目英联邦非洲特别援助计划每年为非洲国家和非洲多边组织机构提供 4184 个教育培训奖学金名额，约占项目所提供的奖学金名额总量的 35%。③

综上，对非奖学金政策在印非关系的新阶段获得进一步发展，奖学金项目的力度和规模更大，形式更加多元。与此同时，对非奖学金政策在印非峰会框架下进一步聚焦印度高等教育优势学科领域的留学教育及科研合作，尤其是应用学科，并通过大量增加职业技术教育培训奖学金的方式为非洲青年"赋能"。

二　印度对非奖学金政策的特点

印度深入挖掘对非奖学金政策的潜力，奖学金政策的对非外交作用日渐显现，奖学金政策在受众群体、奖学金项目的命名方式、印裔获得奖学金以及奖学金政策管理等方面具有鲜明特点。

（一）日益重视奖学金政策在对非外交中的作用

纵观奖学金政策的发展历程，印非关系深刻影响了奖学金政策，奖学金政策在印非外交关系中举足轻重。奖学金政策的形成与加强印非政治团结的政治意图相关，之后在印非政治关系冷却时期缓慢发展，逐渐

---

① "India Africa Forum Summit", MEA, 2015, http://mea. gov. in/india-africa-forum-summit-2015/index. html#/. Accessed 2020 – 3 – 13.

② "Africa-India: Facts & Figures", United Nations Economic Commission for Africa, 2015, https://www. uneca. org/sites/default/files/PublicationFiles/africaindia_ ff_ 17oct_ rev4. pdf. Accessed 2020 – 3 – 23.

③ "Question NO. 1338 Scholarship Awarded to African Students", MEA, November 23, 2016, http://mea. gov. in/lok-sabha. htm? dtl/27671/question + no1338 + scholarship + awarded + to + african + students. Accessed 2020 – 3 – 14.

转向为印非经济与技术合作服务，政策在一定程度上传达出印度对非的经济外交之意。20 世纪 90 年代以来，奖学金政策不再局限于传统的政治外交，而逐渐服务于印度对非洲的经济、政治、文化与教育等领域的全方位多边外交。这一点，可以从 2008 年以来印度召开的三届印非峰会上观之一二，三届峰会的官方文件中均单独强调增加非洲人赴印读书、研究及参加教育培训的奖学金名额，增加了更多种类的奖学金，大大扩展了规模。

对非奖学金政策之所以能够在印度对非外交战略中愈加重要，有以下几方面的原因。其一，它以资助的形式便利了双方高级人才的交往，有利于印度积累在能源安全保障、经济利益获取及国际地位提升等重大国家利益层面的非洲人脉资源。其二，作为外交战略的配套措施，奖学金也是助力"印度经验"传至非洲的重要方式之一。例如，印度曾于 20 世纪六七十年代成功开展"绿色革命"，积累了大量丰富的农业发展经验，印度非常乐意推广至其他国家，而非洲国家就是良好的选择，比如设立农业技术类教育培训奖学金。随着印度农业科技自信的提升，印度曾在 2008 年印非峰会上承诺为非洲提供农业特别奖学金，培养农学硕士和博士人才。这些"印度经验"的传播有利于提升印度在非洲相关专业领域的影响力，助力印度获取与非洲在专业领域的合作机会。

其三，奖学金政策是教育国际合作的主要方式之一，有利于提高非洲学子对印度的认可度，促进双方民间交流，起到促进公共外交的作用。对非洲学生来讲，没有哪种方式比奖学金能更为直接地解决他们赴印读书、开展研究以及获得教育培训机会的实际困难，奖学金能够免除他们在资金财务上的后顾之忧，促使其更加自由、亲切地感受印度的一切。待回国之后，这段留学经历则在之后的生活与工作中常常被提及并发挥其应有的作用。例如，时任马拉维总统、非盟主席宾古·瓦·穆塔里卡（Bingu wa Mutharika）2010 年对印度进行国事访问期间，曾回顾在印留学经历，把印度描述为"第二故乡"。他致辞鼓励非洲学生勤勉向学，要求复兴印度非洲学生协会（Association of African Students in India，AASI）。他本人 1963 年赞助成立了该协会，在印读书期间也曾是协会一员。① 印

---

① Austin Kakande, "African Students in India Commemorate Bingu's Graduation Day", MBC, July 9, 2018, https://www.mbc.mw/news/entertainment/item/6579-african-students-in-india-commemorate-bingu-s-graduation-day. Accessed 2020 − 9 − 10.

度非洲学生协会于 2010 年重新崛起，本着泛非主义思想联合非洲学生，增进了在印的非洲学生的相互理解与团结，也增强了印度与非洲的联系。可以看出，这位有着印度留学经历的前非洲领导人在维系和推动印非关系方面起过重要作用。对印度来讲，印度对非奖学金政策能够增加印度对非洲国家的吸引力，能够让非洲人了解印度，为印非两国创造交流与合作的机会。

（二）对非奖学金政策面向精英群体精准调控

囿于经济能力，印度无法提供数额巨大的奖学金，因此，印度对非奖学金政策不过度强调数量，而胜在"精巧"，奖学金受益者主要是精英群体。从申请资格来看，奖学金项目对申请人的学历层次要求一般是本科及以上，而专门领域的专项奖学金项目的要求更高，通常要求硕士及以上学历，比如 C. V. 拉曼非洲研究人员奖学金项目、姆瓦利姆·尼雷尔非洲联盟奖学金项目。教育培训奖学金项目一般要求年龄在 25—45 岁，申请人须在非洲政府、国企、私营公司和高等院校等机构任职，至少具有 5 年工作经验。[①] 从语言要求来看，所有项目都要求非英语国家留学生具有良好的英语表达能力，以国际上通用的英语语言能力认证机构的证书或者印度承认的方式为准。[②] 对英语语言的规定虽与印度大学以英语为主要教学语言相关，但从另一层面讲，受殖民遗产以及当代西方话语体系的影响，英语在许多非洲国家是阶级和阶层的象征，熟练的英语技能是个人社会身份的符号。从申请资格、语言要求可见，印度的对非奖学金政策精准地选择了非洲精英群体为主要生源，对将要培养的留学生的个体素质、群体质量及背后的社会经济、政治和文化资本具有一定要求。此外，对非奖学金政策也具有"优中选优"及"重点培优"的作用。专项奖学金项目针对某一（类）学科，尤其是科学、工程、数学、信息技术等理工科和农学专业，是印度依托本国优势学科为非洲重点培养急需的能力建设人才的项目。相比于一般的学历教育奖学金项目，专项奖学

---

① "ITEC/SCAAP Scholarships-Fully Funded Scholarship in India-2018/19 Scholarships and A-wards", Scholarshipdesk, http://www. scholarshipdesk. com/itecscaap-scholarships-fully-funded-scholarship-in-india/. Accessed 2020 – 3 – 23.

② "Policy Guidelines and Instructions for ICCR Administered Scholarhsip Programme（for Applicants）", ICCR, http://esto. ump. ma/uploads/files/1/bourses/Inde_ Bourses_ 2019_ 2020/2_ Guide%20de%20candidature. pdf. Accessed 2020 – 3 – 10.

金项目对申请人的学历层次、专业类别等有更高、更细致的要求。这些重点培养的优秀奖学金学生毕业之后成为非洲国家理工科和农学等专业领域的社会精英，许多人就此进入非盟、非洲国家政府、国有企业、大学及主要研究机构等单位工作，为印度与非洲在专门领域和重点领域的合作奠定了人脉基础。因此可见，印度对非奖学金政策实际上是一个设计精巧的系统，面向精英群体精准调控，在该系统中，一切人与物的走向都按照计划如约进行，服务于印度对非外交。

（三）奖学金项目命名方式彰显传统友谊与印度荣光

印度对非奖学金项目在命名方式上独具匠心，生动形象，独具特色，这些项目是印非教育合作的品牌项目，抒发了印度开展对非外交的大国情怀。这些命名有助于印度的非洲奖学金项目逐渐内化为印非友好联系的一种新符号。命名方式主要有以下三种方式。

第一，以印非杰出政治人物命名，强调印非深厚情谊。这些政治人物在印度和非洲均具有很高的知名度和威望。比如，朱利叶斯·坎巴拉吉·尼雷尔（Julius Kambarage Nyerere）是坦桑尼亚的开国总统，非洲人以"姆瓦利姆（老师）"称之，表现出他作为"非洲贤人"在非洲人心中的分量。1995 年他获得"甘地国际和平奖"（Gandhi International Peace Award）。该奖项由印度政府设立，致敬国父"圣雄"甘地及其所拥护的非暴力理想，表彰通过"甘地式"和平方式促进社会、经济和政治转型的个人和机构。印度此举表达了其对尼雷尔总统所做贡献的认可及对他的崇敬之情，亦传达出对非洲的看重之意，是 20 世纪印非关系的象征。以他命名的姆瓦利姆·尼雷尔非洲联盟奖学金项目是 2007 年印非战略伙伴关系的产物之一。阿柏·萨赫布·桑特（Appa Saheb Pant）是印度派往肯尼亚的第一位专员，他推动了印度政府为非洲学生提供奖学金和印度大学的非洲研究工作，为肯尼亚的人力资源发展做出过突出贡献，是印肯友谊的关键人物。以他命名的阿柏·萨赫布·桑特奖学金项目专门提供给在贾瓦哈拉尔·尼赫鲁大学国际研究学院攻读经济和国际关系领域硕士学位的肯尼亚留学生。① 这种命名方式能够凸显印非深厚的历史联

---

① "Educational Facilities and Technical Training Programme for Kenyan Students and Trainees", Shodhganga, https://shodhganga.inflibnet.ac.in/bitstream/10603/18935/9/09_chapter%203. pdf. Accessed 2020 – 3 – 23.

系和共同的文化遗产，强化了非洲人关于印非传统友谊的概念，既具有情感温度，又具有情感力量。

第二，以印度科学家或者传统科学成就命名，彰显印度荣光。为加强与非洲科技合作，印度专门设立 C. V. 拉曼非洲研究人员奖学金项目，聚焦数学、统计学、工程、科学技术等领域。该奖学金以印度第一位诺贝尔物理学奖的获得者拉曼命名，拉曼代表了印度的物理学成就，是印度乃至第三世界人民的骄傲。以拉曼命名的奖学金，既能彰显印度在该领域的自信，也能鼓舞非洲科学家在落后情况下发展科学。印度对本国的传统医学成就也甚为自豪。阿育吠陀、瑜伽、自然疗法、尤纳尼、悉达和顺势疗法是印度的传统医学成就，印度专门设立了传统医学方面的奖学金项目，称作"AYUSH 奖学金项目"（AYUSH Scholarship Scheme），支持留学生赴印攻读相关学位。

第三，以非洲整体或具有重要意义的非洲国家命名。非洲奖学金项目和毛里求斯国民特别奖学金项目（Special Scholarship Scheme for Mauritian Nationals）是这一奖学金项目的主要代表，它们彰显了印度开展对非合作的诚意。非洲奖学金项目是在第一届印非峰会上印度外交部专门为非洲国家留学生而设立的，用于兑现为赴印的非洲留学生增加一倍奖学金名额的承诺。毛里求斯国民特别奖学金项目则直白地表明毛里求斯在印度外交战略中独特且关键的地位和两国之间的密切联系。毛里求斯是位于非洲东岸印度洋西南的岛国，在印度的"印度洋战略"中举足轻重。印度是毛里求斯主要的人口来源国，当前印度裔约占 67%。印度传统文化、宗教信仰以及种姓制度都对该国产生极深影响。对毛里求斯来说，印度同样重要，其是毛里求斯重要的援助国和第一大商品进口来源国。[①]鉴于上述因素，印度还专门在"海外传播印地语奖学金计划"（Scholarhsip Scheme for Propagation of Hindi Abroad）下为毛里求斯预留名额。上述举措彰显了非洲以及特定非洲国家在印度外交中的重要地位。

（四）重视为在非印裔印侨提供奖学金

海外印度人是在历史与现实的多种因素作用下形成的比较特殊的群体。他们在世界上分布很广，非洲国家有较多的海外印度人，其中许多人是律师、医生、科研工作者、管理者甚至是政治精英，在居住国拥有

---

① 朱明忠：《印度与非洲（1947—2004）》，《南亚研究》2005 年第 1 期，第 23 页。

较高的社会地位和经济地位，很多海外印度人在非洲游刃有余，对印非关系有重要影响。随着海外印度人重要性的凸显，他们在印度的大国战略中逐渐由被忽略的群体转变为足以影响印度外交决策的角色。① 例如，毛里求斯开国总理西沃萨古尔·拉姆古兰爵士（Sir Seewoosagur Ramgoolam）是印裔毛里求斯人，2017 年上任的总理普拉文·贾诺思（Pravind Jugnauth）也出身于印度教家庭。因此，为印裔印侨提供奖学金是印度的海外印度人政策的一部分。2006—2007 年外交部下属海外印度人事务部设立的印裔奖学金项目则是这类奖学金的代表。该奖学金项目旨在为印裔印侨提供在印度攻读本科学位的资金支持，印度国有企业教育咨询有限公司（Educational Consultants India Limited，EdCIL）是该项目实施的核心机构（Nodal Agency）。项目只针对海外印度人大量聚居并已经形成强大族群的全球 66 个国家，包括南非、毛里求斯、坦桑尼亚、马达加斯加、肯尼亚和莫桑比克等非洲国家，② 每年提供 100 个奖学金名额，2016 年增至 150 个名额，奖学金主要用来支持海外印度人在印度国家技术学院、印度中央大学等高等教育机构学习工程、技术、人文、酒店管理、新闻学、商学、农学等专业，现代医学专业不包括在内。③ 印裔印侨奖学金项目对加强年轻一代海外印度人与母国的联系，增强对母国的认同以及积累印裔印侨人脉有重要作用。

（五）奖学金管理中制度性与人文性并重

制度性与人文性分别是管理制度的刚性和柔性维度，制度性强调个人和组织都须以经济利益最大化为自身目标，严密的组织机构、专职化的管理和细致的分工是组织实现目标的保证。人文性强调软性管理，倡导在尊重人的基础之上合理对人进行管理，二者分别影响着管理的有效性与合理性。④ 尽管管理中人文性不断得到重视，然而，在现实中，由于

① 毛悦：《大国战略视角下的印度海外印度人政策研究》，《世界民族》2015 年第 4 期，第 74 页。

② "Guildlines and Application Form for SPDC Scheme 2014 – 15", MEA, https://mea. gov. in/images/pdf/1gui-app-spdc-14-15. pdf. Accessed 2020 – 3 – 22.

③ "Scholarship Programmes for Diaspora Children", MEA, https://mea. gov. in/spdc. htm. Accessed 2020 – 3 – 22.

④ 卢芳丽、梁广：《学校管理改革应遵循制度性和人文性》，《当代教育科学》2011 年第 4 期，第 14—16 页。

管理的压力和惯性等因素，二者在管理中的关系和地位经常得不到很好处理，常是刚性有余而柔性不足，这种现象也不可避免地在出现在奖学金管理中。像大多数国家一样，印度的奖学金管理机构实行层级管理制度。印度独立不久就设立了对外奖学金项目，印度文化关系委员会紧接着成立，其职能之一就是制定对外奖学金政策，管理奖学金项目。为更好落实相关奖学金政策，印度文化关系委员会设立了多层级的管理部门，依次分为德里总部（Headquarters）、地区办公室（Regional Offices）、大学国际学生办公室。另外，还在大学专门设立了国际学生顾问（International Students Advisors，ISAs）。各部门各司其职，环环相扣，宏观与微观相结合，基层管理具体到个人。然而，比较有特色的是，印度的对外奖学金政策的层级管理制度比较注重管理的人文性表达，呈现出制度性与人文性并重的特点。

　　印度对外奖学金管理的制度性主要体现在印度文化关系委员会制定整体层面的管理政策、规章内容和各级机构的管理职责等。德里总部负责制定奖学金管理的政策及规章细则，包括申请、筛选、资助、签证和医疗保险等方面；地区办公室负责分担德里总部在该地区的具体任务，如发放资助、学年考核等；国际学生集中的大学设立的国际学生顾问，负责基层管理。此外，印度文化关系委员会还创新了制度性的管理方式。例如，为实现奖学金学生管理的数字化、自动化，增强透明度，德里总部于2016—2017年开发了奖学金学生在线录取和管理的门户网站，称作"从入学到校友门户网站"（Admission to Alumni Portal，A2A Portal），旨在追踪和监控奖学金学生从入学（Admission）到完成学业成为印度文化关系委员会登记在册的毕业生的整个过程。该门户网站包括在线录取过程、财务监督和管理、监控学生学业进展及创建校友数据库四大内容。[①]制度性的管理中也蕴含着人文关怀。印度文化关系委员会通过定期举办文化活动和国际学生节、设置学生咨询及困难求助热线和资助学生研学游、与地区执法机关保持联系等制度化的方式关注奖学金学生的文化体验、实际需要和生命安全。

　　如果说德里总部和地区办公室的管理还更多体现制度性的一面，那么国际学生顾问的设置则主要体现了管理的人文性。国际学生顾问通常

---

①　"Annual Report 2017 – 18"，ICCR，https：//www.iccr.gov.in/annual-reports. Accessed 2020 – 3 – 22.

是高级教员，定期与地区办公室及德里总部取得联系，帮助留学生在印度安顿下来，并监督学业和研究进展，是他们紧急情况下（疾病、经济困难）的第一联系人。国际学生顾问还经常协助地区办公室举办一些节日庆祝、艺术表演的活动。印度在大学层面选择高级教员充当国际学生顾问，负责留学生的学习及生活，实际上为奖学金管理工作赋予了"师""友"的内涵，这种包含"服务"意识的"柔性"管理体现了对国际学生的人文关怀和尊重。

印度文化关系委员会在对奖学金管理人员的管理中同样强调"刚柔并济"，除了要求他们各司其职的制度规范约束外，还重视管理人员的福利、业务交流等问题。首先，为基层管理人员提供物质补贴。基层管理人员所面临的事情更多是杂乱琐碎的，这些事情的性质更容易消磨管理人员的热情，印度文化关系委员会给予国际学生顾问相应的津贴补助，在一定意义上是对基层管理人员的激励和慰藉。其次，为管理人员提供交流、反馈及学习的机会。例如，德里总部领导、地区办公室负责人及国际学生顾问会以年度会议的形式聚在一起讨论奖学金学生的管理及福利问题，这有利于收集相关信息，畅通管理人员的沟通渠道，及时解决管理中的新问题。再如，印度文化关系委员会自2006年起举办国际学生顾问会议（Meetings of International Students Advisors）。尽管会议的主要议题是奖学金学生的学业、就业及福利问题，但会议实际上也为国际学生顾问提供了正式或非正式的经验学习、问题交流及管理反馈的渠道。

奖学金管理制度的设计与实施深刻影响着奖学金学生的留学"体验感"及对留学目的国的印象与理解。整体来看，印度文化关系委员会不论是对奖学金的管理还是对奖学金管理人员的管理，均体现了制度性与人文性并重的特点。这种"刚柔并济"的层级管理制度对提升印度的对外奖学金品牌知名度、留学生培养质量及留学生对印度的认可度有重要作用。那些毕业后卓有成就的留学生也更有可能充当印度的非洲"大使"，促进印度与毕业生母国的国际合作。

三　对中国对非奖学金政策的启示

随着中非关系的全面快速发展，奖学金政策作为促进中非教育与人文交流的基本方式变得更加重要，因此完善中国对非奖学金政策意义重大。印度对非奖学金政策具有鲜明的特点，可为我们进一步完善对非奖学金政策提供一些启示。第一，加强与非洲国家的远程教育合作，增设远程教育奖学金。随着中非教育交流与合作的开展以及疫情的影响，远程教育合作日益受到重视。若能为非洲学生在远程教育中提供相应的奖学金，将有助于让更多非洲人了解到中国特色的优质教育。第二，多层面严格筛选奖学金申请人，坚守奖学金的学术属性。中国对非奖学金在规模扩大的同时更要把好质量关，通过严格申请条件，筛选出真正有能力、有意愿并能够为中非合作做出贡献的知华友华非洲人，体现新时代中国作为全球教育大国的形象和气度，增强中国政府奖学金在非洲的品牌影响力。第三，奖学金项目的命名方式重视中非联系，展现中国的当代贡献，打造中国对非奖学金项目品牌。可从以下方面思考。首先，凸显出非洲或非洲国家的特色与地位，彰显大国风范，凸显大国非洲情怀。其次，深度挖掘中非在历史与当代发展中的友谊与优良传统共同的联系，奖学金项目命名凸显中非联系。最后，凸显中国的科技和文化自信。科技与文化是大国外交中重要的软实力要素，如果相关专业领域的对非奖学金能以当代中国科技和文化领域的杰出人物之名命名，无疑能激起留学生对代表人物的崇敬之情，进而增强对中国科技文化所取得杰出成就和对世界做出贡献的认可。第四，精准控制对非奖学金体量，提升留学生培养质量。相较于印度，中国对非奖学金的规模更大，覆盖面更广，无疑保持中国对非奖学金的规模优势至关重要，体现了中国助力非洲人力资源开发、加强中非人文交流的能力、气度与决心，但规模的扩大也会导致培养过程中的压力，影响培养质量和中国奖学金的学术声誉。精准控制对非奖学金体量，高度重视质与量之间的矛盾，循序渐进地边建设边增量是现实的可行之道。第五，提升留学生管理水平，健全留学生管理队伍培训制度。随着来华留学教育的快速发展，我国留学生管理队伍不断壮大，提高留学生管理人员的专业水平问题日益重要。可从提高管理人员的专业素养与能力、增加管理过程中的人文性、加强不同层级管理人员之间的交流、提高培训质量以及建立问题与经验反馈机制等方面发力。

【责任编辑】欧玉芳

中非合作

非洲研究 2022 年第 1 卷（总第 18 卷）

第 177—196 页

SSAP ©, 2022

上海对非洲国家经济技术援助历史
考察（1960—1990）[*]

陈金龙

【内容提要】 在 20 世纪 60 年代到 90 年代初，上海为非洲 16 个国家援建成套项目 31 个，其他援助形式和经济技术合作项目数量更多。上海对非援助与经济技术合作的主要方式是一般物资、成套项目、技术合作、人力资源开发合作、援外医疗队等，其中成套项目援助是重点。综合来看，上海对非援助起步早、门类全、任务重。此外，上海援非呈现了一些阶段性特征：任务量从渐增到平稳、援非比重提升、援外管理自主性的提高、援建方式渐趋多样。这一时期，上海在中国援助非洲的实践中发挥了重要作用，既完成了地方的援外任务与使命，为同期中非友好关系增添佳话，也为中非经贸关系的发展奠定了一定的基础。

【关键词】 上海；非洲；援助；成套项目

【作者简介】 陈金龙，讲师，浙江海洋大学师范学院，主要从事非洲史、中非关系史研究（舟山，316022）。

在改革开放前后的几十年中，上海市作为全国的工商业生产基地，不仅利用本身的生产、技术优势为全国其他省市在工业生产、医疗卫生等方面提供援助，同时也承担起对外援助的任务，发挥了非常重要的作

---

* 本文系 2019 年国家哲学社会科学基金青年项目"20 世纪坦桑尼亚经济作物种植与社会变迁研究"（项目编号：19CSS023）的阶段性成果。

用。这两种不同面向的国内外经济技术合作，是当时历史条件下上海发挥地方优势、参与全国建设、服务国家外交政策的具体体现。近年来，已有一批有关上海支援内地建设的论著问世，但是，上海援外方面的研究略显不足，以上海（地方）为援助主体考察中国援外实践的研究总体数量不多，整体上对上海单位援外方式和特征的考察仍未尽深入。①

在对非援助方面，国内外以中国和非洲整体为对象的相关研究著作汗牛充栋，除坦赞铁路、援非医疗队等热门领域外，从中国地方史视角展开的实证历史研究尚未成气候。② 国外有关中国对非援助方面的研究，总体上仍侧重于从国际关系史、外交史等角度进行宏观考察，近些年一些有影响力的著作正转向个案研究，③ 但是，由于语言、意识形态、资料等因素的制约，国外研究大多未能利用中方的材料，更谈不上地方视角的论述。国内研究同样也是集中于宏观叙事，着眼于国家、国际层面的内容，考察上海对非援助历史状况的研究，目前主要体现在少数高校的硕博论文中，它们大部分是截取特定的历史剖面，对相应历史时期的援

---

① 除去上海地方志以外，笔者根据中国知网和高校图书馆系统查阅统计，较为深入的有对几个社会主义国家在华实习生的研究，多偏重解读相应历史时期的意识形态输出问题，也有基于报纸材料考察舆论变化、援外概况等的研究。参见蒋华杰《公共外交的意识形态化：冷战时期中国培训阿尔巴尼亚实习生计划解读》，《外交评论》（外交学院学报）2012 年第 4 期；游览《技术援助中的意识形态输出——冷战时期中国对在华越南实习生的思想政治教育》，《外交评论》（外交学院学报）2012 年第 6 期；蒋华杰《解读冷战时期中国对外经济技术援助：以外国实习生培训项目为个案》，《近现代国际关系史研究》2015 年第 2 期。另有上海专家援阿建设的有关回忆等，参见孔寒冰、张卓《爱尔巴桑记忆——中国援助阿尔巴尼亚专家访谈录》，《当代世界社会主义问题》2015 年第 1 期；范美琪《上海媒体对"抗美援朝"报道的研究——基于〈文汇报〉的考察》，硕士学位论文，华东师范大学，2017；张勉励《中国对越南经济技术援助的历史起步》，《外交评论》（外交学院学报）2010 年第 5 期；张勉励《中国对越南经济建设援助的历史考察（1958—1964）》，《史林》2015 年第 1 期。

② 胡辉：《20 世纪六七十年代广东省对非洲国家的援助》，《当代中国史研究》2013 年第 2 期；张建枢、高军、纪玉英：《北京援外医疗五十年》，《首都医药》2013 年第 15 期；蒋华杰：《冷战时期中国对非洲国家的援助研究（1960—1978）》，博士学位论文，华东师范大学，2014。以上学位论文和学术论文是少数基于地方历史档案或文献展开的专题研究。

③ Eborah Brautigam，*The Dragon's Gift：The Real Story of China in Africa*，Oxford：Oxford University Press，2009；Jamie Monson，*Africa's Freedom Railway：How a Chinese Development Project Changed Lives and Livelihoods in Tanzania*，Bloomington：Indiana University Press，2011.

非工作进行介绍。① 这些研究往往限于篇幅或者资料范围有限，主要内容多未能进一步展开，但是，这些比较扎实的论证基础，为以后更为深入的探讨留下了空间。

本文依据上海市的档案文献、地方史志、援外考察资料等，对 20 世纪 60—90 年代上海市对非洲国家的援助活动进行系统梳理，主要考察上海在中国援非工作中的主要方式、特点和阶段特征等。

一　上海援非的历史回顾

得益于有利的社会、历史和地理条件，上海的工业产业、商业等领域在中国近现代经济中长期居于"领头羊"地位，新中国成立后，这种基础优势仍很明显。到 20 世纪 60 年代初，上海的机械化水平、人均工业生产总值、工业企业固定资产总值等在全国独占鳌头。② 1950 年以后，上海开始承担国家对外提供各种经济技术援助和合作的任务，范围从周边社会主义阵营国家扩展到与中国逐渐建立外交联系的非洲国家。

整体上看，20 世纪 60 年代初到 90 年代初，上海市对非援助的发展，同中国对非洲的援助政策变化同步，国内有关研究基本上将这段时期的中国援非（外）分为四个大的阶段：1963 年以前是对非援助的初始起步阶段；1964 年初周恩来总理宣布中国对外援助八项原则至 1970 年为发展阶段；1971 年中国恢复在联合国合法席位至 20 世纪 70 年代末为急剧增长阶段；20 世纪 80 年代初至 1990 年为援助改革与改革开放协奏阶段。③

---

① 其中，蒋叶的论文探讨 20 世纪 60—70 年代上海对西非部分国家经济援助，主要讨论的案例是几内亚卷烟火柴联合厂和马里卷烟厂实习生来沪，参见蒋叶《20 世纪 60—70 年代上海对西非部分国家经济援助研究》，硕士学位论文，华东师范大学，2011；叶爽的论文研究时限同上文类似，将主要的研究对象范围扩展到整个非洲，着重探讨援非医疗队和培训非洲实习生，参见叶爽《中非"友谊"的地方叙事——20 世纪 60—70 年代上海对非交往活动的历史考察》，硕士学位论文，华东师范大学，2013；许文颖的论文专题探讨 1975—1985 年援摩洛哥医疗队的情况，参见许文颖《上海援摩洛哥医疗队研究（1975—1985）》，硕士学位论文，华东师范大学，2011；还可以参考朱晨晨《上海对非洲国家经济技术援助研究（1956—1966）》，硕士学位论文，上海师范大学，2017。

② 中国社会科学院、中央档案馆编《1958—1965 中华人民共和国经济档案资料选编·工业卷》，中央财政经济出版社，2011，第 729、746 页。

③ 石林主编《当代中国的对外经济合作》，中国社会科学出版社，1989，第 23 页；胡美：《中国对非援助编年研究》，中央编译出版社，2017，第 25、55、95、155、209 页。

在初始阶段，中国对外经济技术援助随着中国对外关系的发展而逐步扩大，对非援助与新中国对非外交关系的建立和发展紧密相关。1955年万隆会议以后，上海开始承担大量援助越南、朝鲜项目的任务。尤其是到 20 世纪 60 年代以后，非洲国家纷纷独立，中国为打开外交新局面，开拓国际空间，先后同几内亚、加纳、马里等国签订经济技术合作协定，为这些国家建起一系列的成套项目，最早承接援建任务的通常是上海市的轻工业单位。这一阶段的援助实践是对非洲民族解放运动的有力支援；而对中方而言，对外经济技术援助从方针政策、援助方式等方面都积累了诸多经验，为进一步做好相关工作奠定了良好基础。

1963 年底到 1964 年初，周恩来总理访问亚非国家之后，对外经济技术援助八项原则确立了中国对外援助的基本方针，也标志着对外援助进入一个新的发展阶段，此时直到 20 世纪 70 年代末改革开放，中国加大了对非援助的规模和力度。由于此时国内大部分省市缺乏援外基础和经验，在 60 年代上半期，同非洲国家签订技术合作协定后，国家半数的任务下达给了上海市。不过，在整个 60 年代，上海承担对外援助任务的重点仍是周边及"兄弟"国家，对非援助的侧重区域集中在少数友好国家，如几内亚、加纳、坦桑尼亚，它们是非洲民族解放运动和反殖民主义的旗手，中国的援助项目不仅有效地支持了这些国家摆脱宗主国影响，发展民族经济，也为后来中非关系的深入发展奠定了深厚基础。

1971 年 10 月，中国在众多非洲国家支持下恢复在联合国的合法席位，23 个提案国中，有阿尔及利亚、赤道几内亚、几内亚、马里、毛里塔尼亚、刚果（布）、塞拉利昂、苏丹、坦桑尼亚、索马里、赞比亚共 11个非洲国家，它们都已经同中国签订了经济技术合作协定，从 20 世纪 60年代起接受中国援助。随着中国影响力的提升，之后对非援助规模进一步扩大，在继续向原来 30 个受援国提供援助的同时，先后向 36 个亚非国家提供经济技术援助，其中非洲国家有 27 个，70 年代，接受中国援助的国家比 60 年代初到 70 年代伊始增加了 1 倍多。[①] 中国的国际地位显著提高，1970—1977 年，同中国建交（或恢复外交关系）的非洲国家增多，希望得到中国援助和开展经济合作的国家也大幅增加，这一时期有 26 个非洲国家（含 4 个复交国）开始接受中国援助。

上海参与了这一时期大部分非洲受援国的援助项目，20 世纪 70 年代

---

① 石林主编《当代中国的对外经济合作》，中国社会科学出版社，1989，第 57 页。

也成为上海援外任务最多的时期。援助越南以外的其他亚非国家和东欧国家的成套项目，半数以上在 70 年代兴建，涉及诸多领域，门类较以往增多，技术要求也进一步提高。1978 年，上海全市承担援外任务的单位涉及 21 个局及其所属援外筹建（协作）单位、设计单位和援外仓库共130 多个单位，援外队伍超过 1900 人，[1] 这种庞大的规模是上海深度参与中国援外任务的体现。这些人通常都是"又红又专"的优秀技术人员，他们在这一时期中国对外援助工作中的贡献十分突出。同援助周边国家的援助人员相比，被派往非洲国家的专家越来越要求"一专多能"，[2] 以适应更为复杂的援外实践，因而援非专家多生产能手和优秀管理人员，有力推动了援非事业的开展。

中国在 1978 年实行改革开放后，同包括非洲国家在内的发展中国家的经济合作，由过去单一援助的形式发展为多种形式的经济技术合作。中国政府于 1983 年 1 月提出了"平等互利，讲求实效，形式多样，共同发展"四项原则，更加偏重量力而行以及援助项目的经济效益。这一时期发展了诸如承包工程，提供劳务、技术服务，成立独资、合资企业或进行合作管理等多种形式的经济技术合作。另外，自 1978 年起，上海也同联合国工业发展组织合作，承担了多项培训任务。截至 1990 年，上海柴油机厂承办的"柴油机装配与维修保养培训班"举办 13 期，培训了来自 32个非洲国家的学员，[3] 上海培训外国实习生的工作由双边扩大到多边合作。

总之，上海在这一时期参与对非援助以及经济技术合作的实践和政策调整，为新中国同非洲国家之间进行政治、经济、文化等领域的交流合作做出了突出贡献，为中非经贸关系的健康、快速发展奠定了一定的基础。

二 上海援非的主要方式

中国对外援助主要有 8 种方式：一般物资、成套项目、技术合作、

---

① 统计中设计单位有 11 个，但未统计人数。《关于报送上海市经援单位和援外职工数的函》（1978 年 5 月 9 日），上海市档案馆藏，档案号：B32 - 2 - 269 - 1，第 6—8 页。
② 《江春泽局长在上海市援外战线学大庆学大寨会议上的发言》（1978 年 4 月 8 日），上海市档案馆藏，档案号：B32 - 2 - 208 - 1，第 5—7 页。
③ 周明伟、唐振常主编《上海外事志》，上海社会科学院出版社，1999，第 446 页。

人力资源开发合作、援外医疗队、紧急人道主义援助、援外志愿者和债务减免。在20世纪60年代初到90年代初，除了承担众多援外设备制造和储运等任务外，上海对非援助的方式主要包括前五种，尤以成套项目援助规模最为庞大。

（一）一般物资

一般物资援助①是中国对外援助最早的方式，上海承担了供应上述不同类型援助物资很大的任务量。通常而言，上海市接到国家部委或其他全国性单位（如中国红十字会等）下达或委托的任务后，再将任务下达给具体的生产、商业单位，组织、协助订货和生产供应、运输。这种类型的援助工作复杂多样，尤其是在早期中国对外援助中发挥了重要作用。

首先，上海市的轻工业单位长期承担国家援外项目通信设备、机械设备等的生产、试制工作。例如，1961年5月，上海市仪表电讯工业局接第三机械工业部下达任务，为援助几内亚生产十套城市有线广播设备、器材；② 1973年3月，上海市轻工业局所属的上海皮鞋厂、上海第七皮鞋厂，继续承担为援助马里皮鞋厂供应皮鞋生产用工具的任务；③ 中国援建喀麦隆文化宫，巴基斯坦体育设施，贝宁、毛里塔尼亚体育场，多哥联盟之家的灯具生产任务，交付上海市外经局、轻工局、手工业局以及玻璃器皿公司、上海燎原灯具厂生产，④ 便利了这些援外项目的顺利开展。

其次，上海援外单位承担国家紧急援外物资生产与供应，通常时间紧、任务重。1966年初，上海市手工业局接对外经济联络委员会和第二

---

① 一般物资援助指中国在援助资金项目之下，向受援国提供所需生产生活物资、技术性产品或单项设备，并承担必要的配套技术服务，即为后来的配套项目提供各种配套设备和物资，涉及机械设备、医疗设备、检测设备、交通运输工具、办公用品、食品、药品等诸多领域。通常根据具体需要，物资的交通运输亦由中方承担。参见中华人民共和国国务院新闻办公室《中国的对外援助》，人民出版社，2011，第9页。本文对各援助方式的定义均来自该白皮书，不再一一注解。
② 《上海市仪表电讯工业局关于援几内亚有线广播设备、器材安排的意见》（1961年5月16日），上海市档案馆藏，档案号：B103-3-136-94，第2-3页。
③ 《轻工业部第二生产组关于请协助安排援马里皮鞋生产用工具的函》（1973年3月8日），上海市档案馆藏，档案号：B163-4-425-22，第2页。
④ 《中国对外建筑材料设备公司、上海燎原灯具厂关于喀麦隆文化宫、巴基斯坦体育设施、贝宁、毛里塔尼亚体育场、多哥联盟之家灯具交付的座谈纪要》（1979年3月19日），上海市档案馆藏，档案号：B218-2-177-16，第2-3页。

轻工业部联名下达任务，为马里小旅馆和电影院紧急生产一批家具，要求 3 月份完成交付；① 1964 年 10 月，几内亚提出要中国援助文教用品，中共中央、国务院批准后，教育部下达任务给上海市第一商业局，令其负责提供并包装发货；② 1967 年 3 月，应坦桑尼亚军方要求，第二轻工业部受委托紧急援助其乐队乐器，最终下达任务给上海管乐器厂等单位令其生产；③ 在对非洲国家灾害救济和紧急物资援助方面，上海市的援外单位在供应方面也做出突出贡献。④

最后，上海作为工商业中心和对外交通港，是国家对外援助物资的重要生产、经营基地和窗口，担当全国重要的援外物资储藏和运输中心。一方面，到 20 世纪 70 年代中期以前，上海市承担我国援外专家、工人在国外所需生活物资的主要供应任务（其他另有北京市、广州市）；⑤ 另一方面，上海也是重要的援外物资生产、储藏、运输中心，并且长期承担多种援外物资供应任务。例如，协助供应支援阿尔及利亚教学用品，办理援助索马里、加纳工会物品等。⑥ 医疗物资供应是另一个重要方面，为便于分析，在后文论述。

---

① 《上海市经济计划委员会转发关于布置马里小旅馆所需家具生产任务的通知》（1966 年 1 月 14 日），上海市档案馆藏，档案号：B109 - 2 - 1156 - 50，第 2—3 页；《上海市经济计划委员会关于安排援助马里电影院家具生产的通知》（1966 年 2 月 23 日），上海市档案馆藏，档案号：B238 - 2 - 184 - 43，第 2—3 页。

② 《教育部关于请协助具体办理有关援助马里、几内亚一批化学玻璃仪器的通知》（1964 年 10 月 21 日），上海市档案馆藏，档案号：B105 - 8 - 272 - 24，第 2 页。

③ 《第二轻工业部关于紧急安排援坦桑尼亚乐器的通知》（1967 年 3 月 4 日），上海市档案馆藏，档案号：B163 - 4 - 32 - 14，第 3 页。

④ 《中国红十字会革命委员会关于肯尼亚发生严重旱灾赠送一批救济物资的函》（1971 年 3 月 19 日），上海市档案馆藏，档案号：B134 - 3 - 457 - 47，第 2 页；《对外经济贸易部关于速向埃塞俄比亚等国家发运救灾粮食的通知》（1985 年 3 月 12 日），上海市档案馆藏，档案号：B1 - 10 - 87 - 56，第 5 页。

⑤ 《商业部关于下达 1965 年我援外直供生活物资要货计划》（1965 年），上海市档案馆藏，档案号：B123 - 6 - 695，第 2—3 页；《对外经济联络部关于报送 1976 年度援外人员生活物资的申请计划的函》（1975 年 9 月 6 日），上海市档案馆藏，档案号：B123 - 8 - 1375 - 11，第 2 页。

⑥ 《商业部关于支援阿尔及利亚教学用品问题的通知》（1965 年 2 月 13 日），上海市档案馆藏，档案号：B123 - 6 - 707 - 1，第 2 页；《上海市总工会代全总办理援助索马里、加纳工会物品事宜的来函、托运清单》（1979 年 9 月 25 日），上海市档案馆藏，档案号：C1 - 4 - 212，第 2 页。

（二）成套项目

成套项目援助是指中国通过提供无偿援助和无息贷款等援助资金帮助受援国实施生产和民用领域的工程项目。中方负责项目考察、勘察、涉及和施工的全部或部分过程，提供全部或部分设备、建筑材料，派遣工程技术人员组织和指导施工、安装和试生产。一般项目竣工以后，移交受援国使用。自 1956 年起，新中国开始向非洲国家提供援助，主要是向埃及提供现汇，后来向阿尔及利亚和几内亚提供现汇和物资援助。但是，成规模的援助要到 60 年代以后，这主要是以成套项目援助的方式体现，这不仅是上海，也是全国对非援助的主要方式。上海援非成套项目见表 1。

表 1 上海援非成套项目一览（1961—1990 年）

国家	项目名称	建设时间	筹建部门
几内亚	卷烟火柴联合厂	1961.9 – 1965.8	上海市轻工业局
	达波拉花生榨油厂	1966.1 – 1976.9	上海市粮食局
	渔业项目	1971.6 – 1977.4	上海市水产局
马里	闪电火柴厂	1962.11 – 1966.12	上海市轻工业局
	焦利巴卷烟厂	1962.11 – 1966.11	上海市轻工业局
加纳	角旁国营棉纺织针织联合厂	1962.1 – 1966.3	上海市纺织工业局
	库玛西铅笔厂	1963.6 – 1966.3	上海市轻工业局
坦桑尼亚	友谊棉纺织印染厂	1965.1 – 1978.9	上海市纺织工业局
	桑给巴尔优良本质卷烟厂	1965.4 – 1974.1	上海市轻工业局
	友谊纺织印染厂扩建工程	1974.1 – 1976	上海市纺织工业局
	多多玛打井工程	1972.12 – 1975.5	上海市水文地质大队
	木器家具厂	1972 – 1974.9	上海市手工业局
刚果（布）	金松迪联合纺织厂成衣车间	1970 – 1974.9	上海市手工业局
塞舌尔	友谊体育场维修工程	1972 年 11 月竣工	上海成套设备出口公司
	安塞·罗亚莱高级中学	1979.3 – 1984	上海市高教局
苏丹	喀土穆友谊厅	1973.1 – 1976.5	上海市建工局
毛里塔尼亚	成衣厂	1973.12 – 1977.5	上海市手工业局
贝宁	卷烟火柴联合厂	1972.12 – 1984.12	上海市轻工业局

续表

国家	项目名称	建设时间	筹建部门
马达加斯加	国营制药中心	1978.7 – 1985.6	上海市化工局
科摩罗	人民大厦	1981.3 – 1985.6	上海市建工局
	政府办公大楼	1986.12 – 1987.12	上海市建工局
	供水工程	1990.1 – 1990.6	上海市建工局
津巴布韦	奇通维扎成衣厂	1983.1 – 1985.1	上海市手工业局
埃塞俄比亚	铅笔厂	1984.4 – 1988	上海市轻工业局
	前进缝纫线厂	1985.6 – 1992.1	上海市纺织工业局
	巴赫达尔火柴厂	1984.4 – 因故待建	上海市轻工业局
	工业缝纫线厂	1989.4 – 1993.2	上海市纺织工业局
埃及	开罗国际会议中心	1986.1 – 1989.6	上海中建工程公司
尼日利亚	依托依肯农业项目	1986.4 – 1987.9	上海市农业局
布基纳法索	多里园艺项目	1986.4 – 1987.9	上海市农业局
	4个水坝修复利用工程	1987.5 – 1990.11	上海市农业局

注：此表依据上海地方志和上海市档案馆各国相关档案综合整理而成，主要为上海单位筹建并完成建设项目，协作项目和中止项目不在此列。已根据档案资料对部分地方志信息作了更正，如《上海外事志》（1999，第432页）列举的纺织厂不在扎伊尔，即今刚果（金），应为上海援建刚果（布）的金松迪联合纺织厂；援桑给巴尔优良本质卷烟厂1965年4月已签订议定书，由此开始准备工作，非在1969年4月；苏丹喀土穆友谊厅（1973年1月至1976年5月）为开工奠基到交付使用的时间段。其他时间修正不再一一指出。

资料来源：周明伟、唐振常主编《上海外事志》，上海社会科学院出版社，1999，第431—434页；施颐馨主编《上海纺织工业志》，上海社会科学院出版社，1998；贺贤稷主编《上海轻工业志》，上海社会科学院出版社，1996，第669—670页；上海市地方志编纂委员会编《上海建工集团志》，上海社会科学院出版社，2017，第25页。根据上述地方志和上海市档案馆相关各国档案综合整理。

表1展示了上海在近30年对非成套项目援助的部分情况。从1961年9月援助几内亚起，至1993年2月帮助埃塞俄比亚建成工业缝纫线厂（1989年动工）止，上海共为几内亚、加纳、马里、坦桑尼亚、苏丹、埃塞俄比亚、塞舌尔等16个非洲国家援建成套项目31个。值得注意的是，列表中的建设时间多以中国与非洲国家签订项目协定或者会谈纪要的时间开始，并非开工建设的时间，结束时间通常是正式移交时间。在此之前，尤其是60年代，建成的生产项目有一年的试运营时间。之所以如此，是由援外成套项目建设的特点决定的。大量筹建准备工作从协议签订后就基本开始了，项目的筹建与协作任务很快下达，项目考察与援外

人员的选派工作也迅即开展，设计、设备运输与施工准备、土建施工与设备安装、试运转或试生产、验收、移交等项目建设阶段也陆续开展，因此整个援建过程涉及国内外诸多方面，环节多，工作量大。由于大部分非洲国家缺乏设计、施工技术力量，一般从考察设计到施工安装和试生产全部由中方负责，通称"交钥匙"，这显然要比援助其他亚、欧国家的项目需要更多的投入。

另外，列表中都是以上海单位作为主要筹建单位开展的项目，本身由于条件限制，资料统计不完整，以及筹建过程因故暂停或停止等，不能反映上海市援外单位对非援助的完整面貌，而且，上海市援外单位作为协作单位（通常负责考察设计、土建施工、设备订货和生产、发运等环节）参与的项目数量更多，如毛里塔尼亚体育场[①]、苏丹瓦迪哈尔法冷藏库制冰厂、渔船渔网修理厂、喀土穆冷藏库、阿特巴拉冷藏库等[②]。列表中上海在坦桑尼亚的筹建项目有 5 项，但是作为协作单位参与施工建设的项目更多。仅据上海建工集团统计，1966 年 8 月到 1974 年初，上海市建工局先后派出施工技术和管理人员 240 人次，在坦桑尼亚的桑给巴尔承担 13 项工业和民用建筑的援外施工任务，主要有印刷车间、皮鞋皮革厂、农具修配厂、体育场、供水工程、营房工程、奔巴岛医院、雷达站、非洲设拉子党总部电梯安装、卷烟厂与烟草技术推广站、糖厂和甘蔗农场等，以上项目全部按计划顺利竣工。[③] 有些项目因受援国政治局势变化，未能顺利移交。例如，上海在 1976 年曾承担援建埃塞俄比亚棉纺织厂的筹建任务，到 1979 年因其国内局势紧张项目暂停，到了 80 年代中后期，上海承担了更多援建埃塞俄比亚的项目，该国在 1988 年爆发内战，主要项目再次停建。[④]

---

① 《上海市革命委员会工业交通组关于下达援毛里塔尼亚体育场设计任务的通知》（1974 年 9 月 2 日），上海市档案馆藏，档案号：B119 - 4 - 802 - 38，第 2 页。

② 《上海市建筑工程局革命委员会援外组关于援建苏丹瓦迪哈尔法冷藏库制冰厂、渔船渔网修理厂、喀土穆冷藏库、阿特巴拉冷藏库的施工方案（草案）》（1975 年 6 月 25 日），上海市档案馆藏，档案号：B119 - 4 - 767 - 1，第 18 页。

③ 上海市地方志编纂委员会编《上海建工集团志》，上海社会科学院出版社，2017，第 284 页；《上海市建筑工程局革命委员会关于报送援助桑给巴尔各工程土建施工质量材料的报告》（1973 年 10 月 5 日），上海市档案馆藏，档案号：B119 - 4 - 786 - 1，第 2—15 页。

④ 《上海市对外经济联络局关于暂停援埃塞俄比亚棉纺织厂筹建工作的通知》（1979 年 12 月 19 日），上海市档案馆藏，档案号：B134 - 3 - 1855 - 5，第 2 页。

列表中的成套项目中，近 20 个项目是涉及生产领域的民生项目和基础设施建设，以轻工、纺织、农业水利项目为主，也有其他部分社会公共设施。这些成套项目以及其他援助对受援国经济和社会发展，增强自力更生能力，发挥了积极作用。

（三）技术合作

技术合作指的是由中国派遣专家，对已建成成套项目的后续生产、运营或维护提供技术指导，就地培训受援国的管理和技术人员；帮助受援国完成某一项专业考察、勘探、规划、研究、咨询；帮助受援国推动农业生产，传授中国农业技术等。其涉及领域同样广泛，包括工业生产和管理、农业种植养殖、文化教育、体育训练、医疗卫生、地质普查勘探等。

1960—1990 年，在纺织领域，上海同坦桑尼亚的友谊棉纺织印染厂先后开展了四期技术合作（1968 年 8 月至 1978 年 9 月），先后派出 118 人次，主要是对工艺生产进行技术指导，还涉及锅炉检修等工作；1989 年 4 月到 1991 年 4 月，上海纺织单位向莫桑比克楠普拉棉纺厂派出 12 人，为其提供生产、经营管理服务。[1] 在烟草行业，上海向非洲 4 个国家共派出 33 批 106 人次专业技术人员。[2] 到 1990 年底，上海轻工系统先后向摩洛哥、阿尔及利亚等非洲国家派出工程技术人员 5 批 22 人次。[3] 例如，1978 年，上海派出人员到贝宁开展汽车、拖拉机的技术服务；[4] 1978 年 10 月到 1980 年 6 月，上海市轻工局陆续向马里派出 18 人组成的设备大修技术组，为援建的卷烟厂、火柴厂完成 401 台设备大修，推动了其生产效率提高和原材料损耗的降低，并使得参加机修的马方人员技术水平得以提高。[5] 此外，在农业领域，1978 年 6 月，上海市安排人员赴塞舌尔开展种植蔬菜技术指导。[6]

---

① 施颐馨主编《上海纺织工业志》，上海社会科学院出版社，1998，第 636—637 页。
② 董浩林主编《上海烟草志》，上海社会科学院出版社，1998，第 270—271 页。
③ 贺贤稷主编《上海轻工业志》，上海社会科学院出版社，1996，第 674 页。
④ 《第一机械工业部关于请选派赴贝宁汽车、拖拉机等技术服务人员的函》（1978 年 11 月 4 日），上海市档案馆藏，档案号：B246 - 3 - 648 - 14，第 2 页。
⑤ 《援马里卷烟厂、火柴厂设备大修工程完成移交（外经工作情况 第三十期）》（1980 年 9 月 29 日），上海市档案馆藏，档案号：B32 - 2 - 198 - 248，第 1—2 页。
⑥ 《上海市革命委员会农业办公室、上海市革命委员会工业交通组关于安排援助塞舌尔种植蔬菜技术指导筹建任务的通知》（1978 年 6 月 17 日），上海市档案馆藏，档案号：B250 - 2 - 1328 - 1，第 1 页。

（四）人力资源开发合作

人力资源开发合作是指中国通过多、双边渠道为发展中国家举办各种形式的研修、专业技术培训以及其他人员交流项目，是中国对外经济技术援助和技术合作的组成部分。20 世纪 60—70 年代，上海接受了来自阿尔及利亚、马里、坦桑尼亚、苏丹等非洲国家的实习生来沪学习，涉及轻工、纺织、建筑工程、卫生、餐饮等多个行业。

1961 年，3 名来自中国援建阿尔及利亚一座干电池厂的实习生，到上海电池厂学习干电池制造技术，经过半年培训，他们在回国前掌握了各种干电池制造技术；[①] 1965 年 6 月到 1966 年，上海卷烟厂和华光火柴厂为上海援助马里的卷烟厂和火柴厂培训生产技术实习生共 13 人；[②] 1966 年，坦桑尼亚 4 名城建工程技术人员抵沪，学习房屋建筑与道路管理，由上海第二建设公司负责培训；1967 年 7 月到 1971 年 6 月，上海电信局无线电管理处，先后为中国援助刚果（布）建设的外交电台培训各类技术人员 3 批共 18 人；1969 年，马里 4 名技术人员来到上海红旗皮革厂学习制革制鞋技术；1970 年，上海应埃塞俄比亚从上海进口 6 种针织机械的需要，为埃方短期培训两名实习生，学习针织机械使用与维修技术；[③] 1977 年，坦桑尼亚友谊纺织厂派 21 名实习生抵沪进行技术培训，分别在上海国棉二厂和第一印染厂学习纺织技术和印染技术；[④] 1977 年，上海和平饭店为苏丹培训中餐烹调技术厨师 6 人。[⑤]

培训外国实习生具有很强的政策性，他们主要有两类，一类是为适应中国援建成套项目的生产管理需要，来华或者在受援国就地实习的技术骨干；另一类是受援国因生产建设需要派遣来华学习专业技术的实习

---

① 《上海市轻工业局关于阿尔及利亚军用电池实习生的指示文件及接待资料》（1961 年），上海市档案馆藏，档案号：B163 - 2 - 1363 - 1，第 1 页。

② 《国营上海卷烟厂关于培训马里实习生情况简报　第二期》（1965 年 11 月 19 日），上海市档案馆藏，档案号：B163 - 2 - 2010 - 262，第 6 页；《地方国营上海华光火柴厂关于培训马里实习生的工作汇报》（1966 年 6 月），上海市档案馆藏，档案号：B163 - 2 - 2010 - 72，第 2、34 页。

③ 周明伟、唐振常主编《上海外事志》，上海社会科学院出版社，1999，第 444、445 页。

④ 《外经部关于坦桑尼亚友谊纺织厂实习生名单的报告》（1977 年 10 月 21 日），上海市档案馆藏，档案号：B246 - 3 - 596 - 20，第 2 页。

⑤ 《和平饭店苏丹实习生培训办公室关于培训苏丹烹调实习生简报　第一期》（1977 年 5 月 23 日），上海市档案馆藏，档案号：B246 - 3 - 475 - 17，第 1 页。

生。培训中不仅要传授技术，也要安排好他们的日常生活，上海援外单位为这些来华实习生的学习、生活做出了细致的安排。绝大部分实习生较为熟练地掌握了有关技术，回国后开展生产，壮大了受援国的技术力量；许多人在华学习以及同中方人员共同生产、生活时，加深了对华了解，增进了双方友谊。上海援外单位通过技术合作与人力资源开发等方式，帮助受援国进一步提高项目后续运营管理水平，提升了其自力更生的能力，践行中国对外经济技术援助的原则。

（五）援外医疗队与医疗物资供应

援外医疗队是中国向受援国派遣医务人员团队，并无偿提供部分医疗设备和药品，在受援国进行定点或巡回医疗服务，一直也是最具中国特色的援助形式之一，"投资少、收效快、影响大"。1963年上海派出4名通法语的医生参加援阿尔及利亚医疗队以后，亚非国家纷纷商请中国给予医疗援助。1965年，受卫生部委托，上海开始单独组建援外医疗队，上海派出首支援索马里医疗队。1972年、1974年和1975年上海又先后派出援阿尔及利亚、多哥及摩洛哥医疗队。上海援索马里、阿尔及利亚医疗队在20世纪70年代初分别改由吉林、湖北两省组建，上海援多哥医疗队在1983年也改由山西省组建。此后，摩洛哥成为上海援非医疗队的重点支援国家。

1965—1993年，上海派出医疗队55个，医护人员712人。其中，除了派赴柬埔寨以外，其余都前往非洲国家，赴索马里医疗队两个共30人，赴阿尔及利亚医疗队1个共45人，赴多哥医疗队7个共101人，赴利比亚医疗队1个共3人，赴摩洛哥医疗队41个共481人。[1] 总体而言，上海援摩洛哥医疗队派出的批次和人数最多，影响甚广。同全国其他地区派出的医疗队一样，上海援外医疗队员们做出的贡献得到了当地民众和受援国政府的普遍赞誉。[2]

此外，上海医疗单位在提供援外医疗物资方面做出的贡献，除了为受援国组派医疗队，还要为医疗队配备和供应在受援国所需的医药、器械等物资，前几十年都是以无偿援助形式给予的。中国援外医疗物资供

---

① 周明伟、唐振常主编《上海外事志》，上海社会科学院出版社，1999，第449页。

② 目前不同省市援外医疗队的状况正成为国内有关对非援助研究和报道的一个热点，医疗队员的回忆录和纪实性著作也大量出版。上海援非医疗队同样有丰富多彩的故事，研究相对而言仍未尽深入，因篇幅有限，拟另文专题讨论。

应的开篇之举，正是国家卫生部的相关人员在上海市卫生局协助下，到上海医药器械、日杂百货等部门购货，然后将其包装海运到阿尔及利亚，供应首批援外医疗队。[①] 1968 年 5 月，卫生部和商业部联合发文：今后援外医疗队需用的医药、药材，以及医疗和医疗队服装装备、床上用品、生活副食品等，由卫生部对外联络局直接与上海市卫生局联系，由其与上海市第一、第二商业局安排组织有关站、司供应。[②] 从 1971 年 5 月起，上海市卫生局应卫生部要求，承担全国 42 个援外医疗队的药品、器械及其他物资的采购、供应和发运任务。1973—1990 年，上海提供的医疗物资总值，占全国总金额的 46%，援外医疗队的药械物资供应总吨位 7925 吨，201655 箱。[③] 1975 年，上海市卫生局统计的援外医疗队财务决算显示，19 个非洲国家援外医疗队财务总支出超过 583 万元，其中药品占比近 72%，医疗器械占比超过 15%。[④] 到 1987 年，部分任务才进一步分摊给广州、天津，由三地分别承担，上海负责供应贝宁、利比里亚、毛里塔尼亚、摩洛哥、马达加斯加、塞拉利昂、索马里等 16 个国家；1990年，全国援外物资供应点再次调整，上海负责供应贝宁、马里、布隆迪、坦桑尼亚、几内亚比绍、毛里塔尼亚、摩洛哥、中非、马达加斯加、乍得、突尼斯等 12 国的医疗队物资。[⑤]

在供应过程中，因为从订货到交付海运有一定的周转期，随着援外物资数量的不断增加，包装储存问题也不容小觑。到 20 世纪 70 年代末，上海建成了援外物资供应仓库，有效地保障了供应任务的顺利完成。

三　上海对非援助的特点与阶段特征

综合来看，在 20 世纪 60 年代初到 90 年代初的 30 多年中，上海对非

---

① 游礼舜、张翠兰、许阿兴：《援外医疗物资供应的历史回顾》，《健康报》2013 年 12 月 6 日，第 6 版。

② 《卫生部、商业部关于援外医疗队需用的医药、日用等商品供应办法意见的函》（1968 年 5 月 27 日），上海市档案馆藏，档案号：B123 – 7 – 34 – 12，第 3 页。

③ 周明伟、唐振常主编《上海外事志》，上海社会科学院出版社，1999，第 449、450 页。

④ 《上海市卫生局革命委员会关于 1975 年度援外医疗队财务决算的汇报》（1976 年 2 月），上海市档案馆藏，档案号：B242 – 3 – 779 – 4，第 6 页。

⑤ 周明伟、唐振常主编《上海外事志》，上海社会科学院出版社，1999，第 450 页。

援助体现出起步时间早、门类全、任务重等特点，在中国援非史，甚至是对外援助史上做出了突出贡献。

首先，从时间上看，在撒哈拉以南非洲最早同中国建交的国家是几内亚，1960 年 10 月，中几两国签订经济技术合作协定，次年上海市负责援建非洲的首个卷烟火柴联合厂开始动工，"打响非洲第一炮"，其成为中国援助非洲国家的第一个成套项目；1963 年中国首批援非医疗队，即援阿尔及利亚医疗队中，上海派出 4 名医疗人员；上海于 1961 年成立上海市经济计划委员会援外办公室（对内）和中国成套设备出口公司上海分公司（对外），负责归口管理全市的经援工作，这在全国也是较早的一个管理举措。20 世纪 60 年代初上海援外单位参与同中国友好的非洲国家半数经援任务。

其次，上海承担的援非任务门类齐全，任务量在全国的省级单位中长期处于领先地位。除援外成套项目外，上海同时承担着制造、提供援外生产设备、配套零部件和其他援外物资的任务。1963 年，上海承担援外统配、部管设备 58 种 4600 台（件），非标准设备 246 吨，物资总局管理的二类产品 3.5 万件，市场物资 74.5 万件，占援外设备供应总量的75% 左右，这些设备主要供应越南、朝鲜、几内亚等十几个国家的 87 个成套项目。[①] 上海制造、提供的援外机电设备，约占全国对外提供这类产品总量的 65%，尤其是非标准机电设备，占 80% 以上；上海为援外提供的三类市场物资，占 90% 以上。20 世纪 80 年代末，上海援外机电产品生产任务虽有减少，但仍占全国这类产品生产总任务的 35% 左右。承制援外机电设备、产品的工厂，最多时有 350 多家，分属机电、仪表、轻工、纺织、化工、冶金、建工、农机等 10 多个工业局。[②] 如上文所言，20 世纪 70 年代初到 1990 年，上海供应的医疗物资总值占全国近一半，是全国医疗援外的重要供应与物资仓储中心。

此外，上海也长期承担着为外国培训生产建设技术力量的任务，一方面派遣技术专家出国对受援当地进行技术培训；另一方面接待、培训了大量来华的外国实习生，包括来自阿尔及利亚、马里、坦桑尼亚、苏丹等非洲国家的实习生。当然，医药物资援助和援非医疗队也是上海对

① 《关于 1963 年上海地区援外设备生产完成情况检查报告》（1963 年 11 月 25 日），上海市档案馆藏，档案号：B32-2-52-21，第 2 页。
② 周明伟、唐振常主编《上海外事志》，上海社会科学院出版社，1999，第 407 页。

非援助的重点领域之一，还包括培训埃及、坦桑尼亚等国来华医生学习先进医学技术。[1] 因此，同全国其他省、区、市的对非经援工作相比，上海的援非工作凸显出自身的特点，进而反映出上海援外单位在中国援非，甚至整个援外工作中的重要地位和影响。

上海援非在约 30 年间也呈现出了显著的阶段性特征，主要体现在任务量从渐增到平稳、援非比重提升、援外管理自主性的提高、援建方式渐趋多样等。从不同年代的任务量方面看，随着时间的推移，上海的对非援助自 20 世纪 60 年代初开始猛增，70 年代中后期渐趋稳定，到 80 年开始有收缩趋势。并且，结合上海对外援助的整体状况看，上海对非援助的整体比重在提升。另外，在对外援助管理体制和援建方式上，通过不同年代的比较可以看出，上海参与对非援助工作的自主性和积极性逐渐加强，援建方式渐趋灵活多样。

自 20 世纪 60 年代初开始，上海对非经援任务渐增，并且任务集中。例如，1962 年底，上海市承担的援外项目建成 16 个，1963 年上海市需要开展筹建或协作工作的有 40 个项目，包括 10 个受援国，其中 3 个非洲国家 9 个项目（加纳 4 个，马里 3 个，几内亚 2 个）。[2] 在 1965 年，上海市轻工业局援助马里卷烟厂、火柴厂，加纳铅笔厂，朝鲜香料厂，古巴金笔圆珠笔厂四个国家的项目，援外出国人员共需 132 人，比历年最多的 1964 年增加一倍以上。[3] 中国开展的对外经援项目，最初采用总交货人部制，国家计委指定中央有关部门担任总交货人，后者根据地方的工业特点和生产能力，委托省、区、市具体负责。上海在 60 年代承担了大批援非任务，主要集中在最早同中国确立友好关系的西非国家和日渐巩固友好关系的坦桑尼亚，以接受国家下达任务、负责筹建项目为主，随着任务量的增加，更多的转变为参与协作。

1971 年第 26 届联大恢复中华人民共和国联合国合法席位后，中国国际威望空前提高，建交国越来越多，中国援非项目同样猛增。1975 年，上海市承担的援外成套项目共 23 个国家 125 个项目，其中 11 个非洲国家

[1] 《卫生部接待埃及心脏外科、断肢再植两考察组计划》（1976 年 9 月 29 日），上海市档案馆藏，档案号：B242 - 3 - 794 - 1，第 2 页。
[2] 《关于当前援外项目筹建工作情况报告》（1963 年 7 月 20 日），上海市档案馆藏，档案号：B32 - 1 - 14 - 8，第 1 页。
[3] 《上海市轻工业局关于积极认真地做好 1965 年援外出国人员选拔工作的通知》（1964 年 12 月 15 日），上海市档案馆藏，档案号：B189 - 2 - 597 - 1，第 3 页。

项目 27 个，新增了毛里塔尼亚、扎伊尔等国家的援助项目。① 1978 年，上海市外经局 100 多家筹建（协作）单位中，医疗队项目除外（多哥、摩洛哥），有 32 家参与援助涉及非洲 16 个国家的 29 个项目。② 从 1971 年起，随着受援国家和项目数量增加，对外经援改为承建部负责制，确定国务院有关部门为承建部，具体项目筹建任务交由地方负责，这种制度基本上发挥了中央部门和地方两个积极性。

1982 年上海外经局援外成套项目 19 个，其中 8 个非洲国家 10 个项目，投资包干两项，技术合作 1 项。③ 上海参与援非任务量的变化也反映了中国对非援助政策以及国内经济政策的调适与转变，从 20 世纪 80 年代初开始，中国的经济工作重点转移，压缩援外投资，实施援外项目更加追求实效，承包工程和合资经营项目、劳务技术输出等成为对外经济技术合作的重心。但是，从援非比重上看，非洲国家逐渐成为经援重点。另外，到 80 年代初，同之前相比，虽然上海市仍是援外物资的重要供应单位，援外人员生活物资供应的来源地变得多样化，供应任务也进一步分散到更多的省份。④ 全国兄弟省市承担起更多援外任务，也是上海援外任务相对减轻的重要因素。1980 年以后，一部分新上马经援项目开始试行投资包干制，国家把实施某个经援项目的全部工作包给地方，由其全面负责，1983 年在总结经验基础上，对外经援项目实施承包责任制，进一步适应了国内外经济技术合作的需求。在本文的考察范围内，上海对外经援单位在前两段时期主要担负具体筹建单位和协作单位的任务，在 80 年代以后成为承包单位和分包单位，后期交由所属国际经济及技术合作公司负责办理，更加注重经济技术合作。1984 年，上海对外经济技术合作公司刚开始独立开展承包业务不久，对外劳务输出方面已签约 23 项，向摩洛哥、毛里求斯、阿尔及利亚等国派出了劳务；海外合资企业方面已签约 10 项，正式开业的包括毛里求斯针织厂、摩洛哥金龙酒家；

---

① 《上海市革命委员会关于市一九七五年对外援助成套项目计划》（1975 年 4 月），上海市档案馆藏，档案号：B242 - 2 - 346 - 8，第 2～3 页。

② 《援外筹建（协作）单位人员情况》（1978 年 8 月），上海市档案馆藏，档案号：B32 - 2 - 269 - 22，第 5～12 页。

③ 《关于上海市 1982 年援外成套项目计划执行情况的报告》（1983 年 1 月 20 日），上海市档案馆藏，档案号：B32 - 2 - 261 - 54，第 4～6 页。

④ 《对外经济联络部关于报送 1981 年度援外人员生活物资的申请计划的函》（1980 年 12 月 22 日），上海市档案馆藏，档案号：B123 - 10 - 1201 - 26，第 2 页。

此外上海还派出了安哥拉经援考察组。这一年公司承包的合同额是 1983 年的 118 倍，在全国 59 个同类企业中名列第八位，在省市国际公司中名列第二位。[①] 后来上海市在改革开放事业中更为突出的地位正是在这些工作基础上逐渐发展起来的。总体上看，上海援建单位在实践中的积极性和自主性渐增，援建方式逐渐丰富，这一点当然也是全国其他省、区、市援外的共同时代特征。

结　语

中国在自身财力紧张、物资匮乏的情况下，提供对外经济技术援助，并逐渐扩大援助范围，在此过程中，中国面临的国内外形势和经济状况也发生显著变化，因此中国的援外政策也有相应的调整和变化。上海作为新中国成立初期以及后来改革开放时期的工商业重镇，承担了较其他省级行政单位更多的援外任务，并且较好地完成了任务与使命。上海援非在不同历史阶段承担援外任务的时效性强和相对规模大，因而也凸显了其在中国援非事业中的意义。

上海市参与对非洲国家的援助起步很早，那时它已经在承担国家下达的援助越南等国的任务中，投入了巨大的人力、物力，非洲新兴国家不仅距离中国遥远，而且由于国情、民情不熟，语言障碍等，再加上分配的工作时间紧、任务重，上海的援外单位最初的援非工作开展得并不顺利，一开始也表现出一些援外力量不足、经验欠缺等问题。[②] 但是，总体上看，在 20 世纪 60 年代到 90 年代初，上海对非援助不仅保质保量、顺利完成，也取得了显著的成效和积极影响。

上海参与的援非项目，有效地推动了非洲受援国发展民族经济，巩固民族解放成果。例如，1965 年 11 月，马里凯塔总统表示，"马里每年要为进口纸烟支出六亿马里法郎的外汇，因此，这个工厂的开工生产对

---

① 《中国上海对外经济技术合作公司关于开展上海市外经工作的汇报提纲》（1985 年 10 月 20 日），上海市档案馆藏，档案号：B1 - 10 - 282 - 35，第 5—6 页。

② 《关于再次要求帮助解决援外设计干部问题给上海市纺织局的批示》（1963 年 3 月 9 日），上海市档案馆藏，档案号：A36 - 2 - 629 - 48，第 1 页；《关于调配设计、翻译人员加强援外工作的报告》（1961 年 8 月 1 日），上海市档案馆藏，档案号：A36 - 1 - 261 - 43，第 1—2 页。

减少马里的对外支出有很大意义。中国帮助马里兴建卷烟厂、火柴厂、杜加布古糖厂和联合纺织厂建成后，将加强马里的经济潜力"。① 类似的赞扬和效果在援建项目移交初期尤其明显。中国政府在当时认为，对于非洲国家来说，"现实的出路是利用外援，而不依赖外援，逐步壮大民族经济的力量"。② 一系列农业水利、轻工纺织项目和社会公共设施项目的实施，解决了非洲受援国发展生产和民众生活之需，并为受援国培养了自己的技术力量，有助于受援国逐步走上独立自主、自力更生的民族经济发展之路。

上海援非有力地推动了受援国开展反帝反殖斗争，推动中非友好关系的建立和深入发展，促进了当时中国外交战略的实现。坦桑尼亚的友谊棉纺织印染厂建成后，当地媒体称之为"东非首个全综合的纺织厂，通过国际合作实现自力更生的闪耀象征，雇用了总共3000名坦桑尼亚人，以布匹的绚丽色彩和精美设计而享誉世界"，③ 赞誉之喜溢于言表，"友谊"基础进一步夯实。由此，中国同受援国政府间加深了互信与团结合作，对于提高中国国际地位，创造有利于社会主义现代化建设的外部条件发挥了积极作用。

上海参与的援非项目，促进了国内某些生产技术的发展，锻炼和培养了一大批涉外经济工作人才，积累了开展国际经济合作的经验，为扩大对外经济交流，开展多种形式的经济技术合作打下了一定的基础。④ 当时国内有些行业的生产工艺和设备比较落后，或者新工艺尚不成熟，为援外项目需要，设计单位、筹建单位等专门进行试验试制，革新原有的工艺、设备，尽最大努力为受援国提供比较先进的设备和技术，也促进了国内生产技术的发展。另外，在援外政策调整和援外成套项目建设实践等基础上，上海逐渐发展起了诸如承包工程，提供劳务、技术服务，以及去对方国合资办企业或进行合作管理等多种形式的经济技术合作。

总体来看，上海市的援外单位较好地完成了中国早期对非援助以及

① 《我援助马里兴建的卷烟厂投入生产　凯塔总统赞扬我援马修建工厂》，《人民日报》1965年11月7日，第3版。
② "十四国访问报告提纲"，外交部开放档案，档案号：203 - 00494 - 01，第18—19页，转引自张浚《不附加条件的援助：中国对非援助政策的形成》，《外交评论》2010年第5期，第28页。
③ "How Urafiki Kills Two Birds with One Stone", *The Standard*, March 9, 1972, p. 2.
④ 石林主编《当代中国的对外经济合作》，中国社会科学出版社，1989，第22页。

供应物资的任务，经济技术援助工作产生了显著成效，也为后期其他省市开展援非工作提供了技术、物资支持和宝贵经验。约 30 年对非援助及经济技术合作的实践与政策调整，为中非经贸关系的健康、快速发展奠定了一定的基础。

【责任编辑】李鹏涛

非洲研究　2022 年第 1 卷（总第 18 卷）
第 197—209 页
SSAP ©，2022

中非减贫合作：历史进程、现实
意义与未来路径*

于桂章　　唐青叶

【内容提要】　消除贫困是世界各国人民的共同目标，也是人类经济社会发展的本质追求。作为全球发展中国家最为集中的地区，如何消除贫困实现可持续发展一直是非洲各国的重要议程。中国是全球最大的发展中国家，在贫困治理领域取得了举世瞩目的成就。自新中国成立及非洲民族解放运动以来，贫困治理一直是中非合作的关键领域并不断深化。作为风雨同舟的命运共同体，2020 年中国实现全面脱贫不仅标志着中华民族迈向共同富裕的新阶段，同时也对中非脱贫合作有重要促进作用。面对贫困治理领域的各项挑战，中非应进一步明确中非减贫合作目标规划，创新减贫经验传播方式，加强减贫人才培养，建立减贫效果评价体系，完善减贫合作支撑制度，全面推动中非减贫合作高质量发展。

【关键词】　中非合作；贫困治理；中非命运共同体

【作者简介】　于桂章，上海大学文学院全球学博士研究生；唐青叶，上海大学外国语学院副院长，教授，博士生导师（上海，200444）。

2020 年是中国脱贫攻坚战的决胜之年，在党中央的领导和全国人民

---

*　本文系 2020 年度国家社科基金重大项目"改革开放以来中国贫困治理对外话语体系的建构与传播研究"（项目编号：20&ZD140），研究阐释党的十九届五中全会精神国家社科基金重大项目"'五位一体'构建中非命运共同体的战略路径探索与实践创新研究"（项目编号：21ZDA129）的研究成果之一。

共同努力下，中国成为全球首个全面脱贫的国家，使近 7.5 亿贫困人口摆脱贫困，对世界减贫贡献率超过 70%，提前 10 年实现联合国可持续发展议程的减贫目标，[①] 为全球减贫事业做出了重大贡献。据世界银行统计，非洲是全球极端贫困人口最集中的地区，且 30 年来撒哈拉以南非洲贫困人口数量持续上升，[②] 贫困治理是一直是非洲社会发展面临的首要问题。自非洲民族解放运动至今的半个多世纪已经进行了大量的减贫项目，作为共建"一带一路"的历史和自然延伸，中非在贫困治理领域的合作也在不断深化，中非贫困治理合作体系逐渐健全完善，成为构建中非更加紧密的命运共同体的重要推动力。

一　中非减贫合作的发展脉络

纵观 20 世纪以来中非合作的历史，解决贫困问题一直是中非双方共同努力奋斗的目标，进入 21 世纪更是纳入中非合作核心内容，演绎着中非命运共同体的时代内涵。有学者认为，中非减贫合作经历了三个阶段的理念变化，即从 20 世纪 50—70 年代"援助—减贫"合作观，到 20 世纪 80—90 年代的"经济增长—减贫"合作观，再转变为 21 世纪以来的"全面发展—减贫"合作观。[③] 中非减贫合作形式随着中非关系发展不断创新，由传统农业贸易转变为农业技术合作，由基础设施建设转变为属地化管理运营，由政府层面主导转变为企业自发开展，由融资型援助转变为融智型发展等，并积极探索数字经济技术、智慧城市管理、生物多样性等新兴领域的发展合作。

（一）非洲民族解放运动时期：农业贸易助力非洲民生

20 世纪五六十年代非洲正经历民族解放的历史斗争，非洲各国既面

---

① 骆明婷：《联合国减贫道路与中国的贡献》，《毛泽东邓小平理论研究》2021 年第 21 期，第 91 页。
② Divyanshi Wadhwa, "The Number of Extremely Poor People Continues to Rise in Sub-Saharan Africa"，世界银行网站，2018 年 9 月 19 日，https://blogs.worldbank.org/opendata/number-extremely-poor-people-continues-rise-sub-saharan-africa，最后访问日期：2021 年 9 月 21 日。
③ 安春英：《中国对非减贫合作：理念演变与实践特点》，《国际问题研究》2019 年第 3 期，第 108 页。

临外部帝国主义和殖民主义的压迫，也需要解决人民生存问题和重建社会秩序。受长期殖民主义的影响，这一时期的非洲国家经济结构较为单一，农业出口一直是非洲国家的经济收入支柱。非洲民族解放运动打破了西方传统殖民体系，也使得原有经济秩序被动重建，部分西方国家不再采购非洲农业作物，非洲人民收入得不到有效保障，民族解放和国家主权面临严重威胁。早在尚未和中国正式建交之时，埃及等非洲新生国家便积极寻求与中国的合作，以农业贸易和援助为代表的中非减贫合作逐渐开展，维护非洲人民尤其是农民的收入来源，保障非洲国家秩序重建。1953 年 1 月 1 日，埃及国内媒体《埃及人》发表社论称"承认中华人民共和国将使埃及和其他阿拉伯国家能够取得经济上的利益"，随后几年埃及由于西方国家贸易调整面临棉花出口危机，中埃积极进行农业贸易解决埃及棉花出口危机，有效保障了当地农民收入和社会稳定发展，带动了中埃建交的进程。[1] 1956 年中埃正式建交，中国向埃及提供第一批物资援助，奠定了中埃乃至中非关系迅速发展的基础，[2] 同时也拉开了中非减贫合作的序幕。1959 年，中国向刚刚获得独立的几内亚无偿提供粮食援助，随后又与马里、坦桑尼亚、刚果（布）、索马里、乌干达、塞拉利昂等国实施了上百个农业项目，中国专家帮助受援国兴建农场、种植农作物等。[3] 除此之外，中国还与这些国家签订经济技术合作协定，采购当地棉花、剑麻、可可、花生等产品，助力当地农民生活改善与农业经济发展，中非双边贸易额由 1950 年 1214 万美元迅速增长至 1965 年24673 万美元。[4]

（二）中非经济建设合作时期：基础设施带动经济建设

在经历民族解放运动后，非洲各国新生政权逐渐巩固，经济建设成为非洲社会普遍关注的发展问题。这一阶段为 20 世纪 70 年代初至 90 年代末，在此时期中国和非洲国家都从不同的角度，先后将工作的重点放

① 夏丽萍：《中国埃及建交浅析》，《外交学院学报》2000 年第 1 期，第 77 页。
② 张永蓬：《当代中非关系发展阶段划分之我见》，《西亚非洲》2007 年第 1 期，第 54—57 页。
③ 唐正平：《前景广阔的中非农业合作》，《西亚非洲》2002 年第 6 期，第 14 页。
④ 高天宜、钱一平：《1949—1976 年中非关系发展的再思考》，《史志学刊》2020 年第 3期，第 35 页。

到恢复和发展经济上，[①] 中非减贫合作的显著特征从农业贸易援助转为以援建基础设施带动非洲经济建设。1970 年 10 月，坦赞铁路正式动工兴建，1976 年正式交付使用后 30 年间平均年运输量 55 万吨货物、58 万人次旅客，不仅促进了坦桑尼亚与赞比亚两国的贸易，拉动了坦桑尼亚和赞比亚南方地区 1/3 以上面积的经济发展，也使铁路沿线的周边居民直接受益，建立了大量农村市场，帮助当地人通过铁路贸易脱贫致富。美籍非洲人、非洲史专家杰米·蒙松研究认为，出乎设计者和建造者意料的、有助于普通百姓摆脱贫困的坦赞铁路促进了"铁路沿线市场经济"的发展。[②] 坦赞铁路顺利通车后，中非关系进入新阶段，对非基础设施援助项目大量落成，1978 年建成索马里贝莱特温—布劳公路，[③] 1984 年建成突尼斯麦热尔德—崩角水渠，[④] 1988 年建成毛里塔尼亚友谊港等。[⑤] 这些基础设施不仅是当地经济发展的重要支撑，也直接带动了当地居民就业和收入增加，大部分项目至今一直发挥帮助当地民众脱贫、促进经济社会发展的重要作用。

（三）中非合作论坛以来：减贫合作机制日益完善

2000 年中非合作论坛成立以来，中非减贫合作被列为历届论坛的核心议程，中非减贫合作概念也在实践中日益完善，并且建立起以减贫为目标的机制化长效平台，其逐渐成为中非合作的关键领域。2000 年 10 月中非合作论坛第一届部长级会议成功举办，在中国和 44 个非洲国家共同制定的《中非经济和社会发展合作纲领》中多次提出通过"减免债务""旅游业""农业合作"等方式助力非洲摆脱贫困，"消除贫困与农业可持续发展"也被列为论坛的四个专题讨论之一，[⑥] 此后历届中非合作论坛

---

① 汪勤梅：《中非关系巨大发展的 20 年》，《世界经济与政治》1998 年第 10 期，第 55 页。

② 《坦赞铁路——摆脱贫困通往致富的路》，新浪新闻，2005 年 10 月 16 日，https://news.sina.com.cn/w/2005 - 10 - 16/20487180813s.shtml，最后访问日期：2021 年 9 月 10 日。

③ 李研：《试析 1976—1978 年中国的对外经济技术援助》，《黑龙江教育学院学报》2003 年第 2 期，第 8 页。

④ 李婉明：《中突友谊的长河——麦热尔德—崩角水渠》，《国际经济合作》1986 年第 6 期，第 30—31 页。

⑤ 张大为：《毛里塔尼亚友谊港介绍》，《天津航海》1997 年第 2 期，第 46—47 页。

⑥ 《第一届部长级会议专题研讨会》，中非合作论坛网站，2000 年 10 月 10 日，http://www.focac.org/chn/ljhy/dyjbzjhy/hyqk12009/t155393.htm，最后访问日期：2021 年 9 月 10 日。

成果与行动计划均将减贫列为中非合作的重要内容。自 2010 年开始，中非双方开始合作举办"中非减贫与发展会议"，就中非减贫合作议题展开了深入的研讨。2014 年 5 月，中非双方签署了《中国和非洲联盟加强中非减贫合作纲要》，这是中非第一份正式减贫合作官方文件，指出"中非双方决心加强减贫工作，共同应对贫困挑战"。2015 年 12 月，中非减贫与发展会议正式纳入中非合作论坛总体框架。2017 年 6 月，中非减贫发展高端对话会暨中非智库论坛第六届会议召开，习近平主席著作《摆脱贫困》英、法文版正式向非洲国家发布。2018 年 9 月，中非合作论坛北京峰会成果《中非合作论坛—北京行动计划（2019—2021 年）》指出，中方将继续支持非洲减贫事业发展，帮助非洲人民不断提高生活质量和幸福指数。[1] 在此期间，中非开展多项以减贫为目标的专门项目，形成具有中非合作特色的减贫机制，如 2010 年中国在非洲首次开展综合型扶贫项目中加合作—农村社区、[2] 2012 年坦桑尼亚佩雅佩雅村村级减贫学习中心项目、[3] 中国—莫桑比克庆华减贫合作中心等，减贫发展也正式作为中非合作的长期目标，融入农业、基础设施、医疗、旅游等多方面的项目合作中。

（四）思路创新促进中非减贫新发展

2020 年新冠肺炎疫情在全球蔓延，各国医疗卫生体系面临极大压力，国际贸易秩序被迫中断，给全球经济和民生带来严重破坏。在全国人民的共同努力下，中国不仅及早防控住了疫情，生活生产秩序得到有效恢复，而且打赢了脱贫攻坚战，实现中国社会的全面脱贫。非洲作为全球最不发达地区，疫情的防控物资和动员能力有限，疫情给非洲各国经济与民生带来严重破坏，联合国和世界银行多次发出警告，撒哈拉以南非洲因为疫情将有至少 2300 万人走向极端贫困。作为风雨同舟的命运共同

---

① 《中非合作论坛—北京行动计划（2019—2021 年）》，中华人民共和国外交部，2018 年中非合作论坛北京峰会网站，2018 年 9 月 5 日，http://focacsummit. mfa. gov. cn/chn/hyqk/t1592247. htm，最后访问日期：2021 年 9 月 17 日。

② 张民析、张峰：《中国首次在非洲开展综合型扶贫中加合作—农村社区减贫项目签约》，《中国扶贫》2010 年第 21 期，第 16 页。

③ 《范小建主任出席"中国—坦桑尼亚村级减贫学习中心"落成仪式》，中国国际扶贫中心网站，2012 年 8 月 2 日，https://www. iprcc. org. cn/article/40X7dY9ZKam，最后访问日期：2021 年 9 月 11 日。

体，中非在疫情暴发后第一时间展开合作。2020 年 6 月，习近平主席在中非团结抗疫特别峰会上强调，要坚定不移推进中非合作，在非洲减缓债问题上采取更有力行动，促进非洲发展。① 津巴布韦总统姆南加古瓦、赤道几内亚副总统曼格、肯尼亚执政党总书记图朱均公开表示感谢中国对非洲国家的支持。② 新冠肺炎疫情的暴发在一定程度上让中非双方认识到传统减贫合作的局限，中国实现全民脱贫为中非减贫合作提供了新思路。一方面，中国减贫合作理念发生转变，由对非援助式减贫逐渐转为分享减贫发展经验与培养可持续减贫发展能力，③ 中国减贫模式和经验能为非洲减贫带来哪些借鉴成为中非减贫合作的重点。另一方面，新冠肺炎疫情的暴发让中非乃至全世界看到了减贫不仅包括经济发展，也包括医疗卫生体系、社会保障制度等，其可以维护减贫成果，防止再次返贫。同时，疫情中发展起来的新兴产业也逐渐成为中非减贫合作的重要方向，如数字经济、④ 新能源、⑤ 气候变化、生物多样性等领域的减贫作用受到越来越多的关注。

二 中非减贫合作承载中非关系更深层意义

减贫不仅是中非双方的共同期许，也是全世界人民共同的发展目标，联合国《2030 年可持续发展议程》、非盟《2063 年议程》均将减贫作为发展的主要问题，并对减贫成果作了具体规划。减贫合作伴随中非关系发展逐渐成为 21 世纪中非合作的重点领域，不仅因为其体现中非关系互

---

① 《习近平在中非团结抗疫特别峰会上的主旨讲话（全文）》，新华社，2020 年 6 月 17 日，http://www.gov.cn/xinwen/2020-06/17/content_5520086.htm，最后访问日期：2021 年 9 月 17 日。

② 《构建人类卫生健康共同体的生动实践——写在中非团结抗疫特别峰会举行一周年之际》，新华社（特稿），2021 年 6 月 16 日，http://www.gov.cn/xinwen/2021-06/16/content_5618375.htm，最后访问日期：2021 年 9 月 15 日。

③ 《分享减贫与发展经验 中非减贫合作进入新高度》，中非合作论坛网站，2020 年 9 月 9 日，http://www.focac.org/chn/zfgx/jmhz/t1813431.htm，最后访问日期：2021 年 9 月 10 日。

④ 王珩、柳喆勐：《数字创新合作为中非合作高质量发展注入新动能》，《光明日报》2021 年 9 月 29 日，第 12 版。

⑤ 《中非在新能源领域合作前景广阔》，腾讯网，2021 年 9 月 29 日，https://new.qq.com/omn/20210929/20210929A04OH300.html，最后访问日期：2021 年 10 月 1 日。

利互惠的本质，也说明贫困治理符合中非双方经济社会发展的需求，满足国际社会对人类减贫事业的冀盼，同时也是阐释中国道路、中国模式与中国经验，助力中国迈向全球治理的重要基础。

（一）共同富裕是中非命运共同体的本质目标

中非关系的发展目标是携手共建更加紧密的命运共同体，秉持真实亲诚的理念，而不是经济利益与单边发展，这就要求中非合作不局限于双方政治交流或者单一经济阶层获益，而是多领域无短板的全面合作，本质目标是中非人民的生活改善和共同富裕。中非双方有着悠久的历史文化和独特的社会基础，虽远隔重洋但一直共同把握着时代脉搏，无论国际形势如何变化，中非关系始终坚如磐石、命运与共。这种坚定关系依照中非友好的主线不断向前推进，基础是中非人民对美好生活的共同向往和追求。数百年前郑和开拓中非贸易路线，为中非大陆带来了跨大陆的文化和商品，是双方认识世界的重要启蒙窗口；近代以来中非共同进行反帝反殖事业，在民族解放过程中结下深厚革命友谊；21 世纪后中非合作论坛机制化，中非携手迈向更加紧密的命运共同体，在经历国际形势动荡与社会结构调整后，摆脱贫困共同富裕成为中非人民的殷切追求与中非合作的首要目标，中国"十三五""十四五"规划与非盟《2063 年议程》都将减贫发展作为重要领域并制定了明确目标。

（二）国际减贫事业需要中非携手共同推动

非洲是发展中国家最集中的地区，也是全球最不发达、贫困人口最多的大陆，非洲减贫问题一直是国际减贫事业发展的首要议程。在联合国《2030 年可持续发展议程》制定的 17 个可持续发展目标中，第一目标是"在全世界消除一切形式的贫困"，并指出"每天生活费不足 1.90 美元的人大多数生活在撒哈拉以南非洲"。[①] 世界银行公布的全球国家人均国内生产总值（购买力平价）排行中，前 20 位中有 19 位是非洲国家，其中前十位均为非洲国家。[②] 中国作为全球最大的发展中国家，也是在减

---

① 《目标 1：在全世界消除一切形式的贫困》，联合国网站，https://www.un.org/sustainabledevelopment/zh/poverty/，最后访问日期：2021 年 9 月 17 日。

② 世界银行数据库，https://data.worldbank.org/indicator/NY.GDP.PCAP.PP.CD? most_recent_value_desc = false&view = chart，最后访问日期：2021 年 9 月 10 日。

贫领域与非洲国家合作范围最广泛、程度最深入的国家。全球减贫事业离不开中非共同推动减贫合作，一方面，中非目前已开展大量减贫项目，覆盖农业、教育、医疗、水电等各个方面，积累了大量国际合作减贫经验，不仅助力非洲当地社会民生发展，也为国际南南合作减贫提供了经验借鉴。另一方面，中非减贫合作在模式上不断创新，不断升级进步国际减贫合作理念，尤其是突破了西方国家长期以来奉行的援助式减贫合作，且不附加任何政治条件，开创了独特的中非减贫发展合作路径。在理念上，中非减贫合作追求自主发展、互利共赢，以社会经济发展为目标，以人民生活水平提升为核心；在方法上，中非减贫措施落实到具体项目覆盖的领域更为广泛；在形式上，中非减贫进程不设具体目标，以非洲国家发展需求为导向。这些特点让中非减贫合作模式能够形成全面脱贫发展的可持续态势，为全球减贫事业发展带来重要创新和贡献。

（三）中非减贫合作验证中国经验行之有效

中国经验、中国道路能不能经得住历史考验，减贫发展是关键指标和主要表现。中国目前已经实现在国内消除绝对贫困，赢得了脱贫攻坚战的全面胜利，中国脱贫理念和方法根植于中华民族的传统文化，依靠中国特色社会主义制度优越性，依靠数代中国人民群众的勤劳努力，具有原创性、独特性、自主性的特点。中国减贫成就不是局限在中国域内的单独现象，而是全人类消灭贫困的伟大壮举和重要示范，对全球贫困具有可借鉴性的意义。中非历来是风雨同舟的命运共同体，不管是从中非民族解放的革命友谊还是日益深化的合作领域角度，在率先实现消除贫困的情况下，中国有责任也有能力助力非洲实现减贫发展。更重要的是，非洲作为与中国联系最为紧密的区域之一，应用中国经验助力减贫发展，不仅符合中非双方合作的本质要求，践行新时代中非命运共同体内涵，也是思考阐释中国脱贫攻坚背后蕴含的文化因素与理论基础的实践，对中国贫困治理经验走向全球的机制路径有十分重要的促进作用。减贫是全人类共同追求的目标，也是联合国的首要议程，中非合作减贫成效是中国发展道路先进性的有力证明，也是中国迈向全球治理，构建新型国家关系，共建人类命运共同体的重要基础。

三 当前中非减贫合作面临的挑战

中非长期以来的减贫合作，一方面基于中非双方社会发展的现实需求，有着强劲的生命力；另一方面也是中非关系团结友好、共同铸就更加紧密的命运共同体的体现。但同时，因为中非双方文化背景差异、社会制度迥异，以及面临着西方国家的打压、挑拨等，中非减贫合作仍然面临严峻挑战。

（一）中国减贫经验在非传播面临困难

如何将中国脱贫经验进行国际化、普适性转化，应用到非洲国家和地区的脱贫实践是中非减贫合作的主要难题。非洲有着独特的历史文化、政治制度和社会意识，和中国存在巨大的差异，这些差异导致中国减贫经验在非传播存在一定难度。在文化方面，非洲各国有英语、法语、阿拉伯语、斯瓦希里语等语区，彼此之间存在沟通障碍，是中国减贫经验对非传播的重要挑战。在制度方面，非洲长期受西方殖民主义影响，在政治制度上偏向多党制，政府公信力和动员力有限，中国多以政府主导民众参与的减贫方式很难在非洲复制施行，即使启动后也受当地政党、族群等关系影响而存在停摆风险。

（二）西方对中非减贫成果的抹黑和觊觎

中非减贫合作走出了独特道路，在国际上产生了较大影响，部分西方国家为了维护自身国际地位和话语权而对中非的脱贫合作进行打压。西方国家领导人、媒体和智库等已多次炮制类似"债务陷阱""新殖民主义""掠夺式援助"等概念来抹黑中非关系与中非减贫合作，觊觎中非减贫合作的成果。这些不实言论不仅被非洲当地别有用心的反对人士当作攻击政府的武器，制造罢工、抗议等非法活动抵制中非合作项目的正常进行，也严重影响了非洲民众对中非减贫合作的看法，给中非减贫项目带来许多无端质疑和阻碍，让减贫成效未能得到当地社会的认可。

（三）中非减贫项目后续属地化管理欠佳

随着中非减贫合作的深化，中非减贫合作项目越来越多，对项目管理人才的需求持续增加，但是配套的管理人才却一直较为缺失，尤其是非洲本地人才。在中非减贫合作实践过程中，容易出现减贫项目管理依赖中国参与的现象，即中方参与时项目进展良好，非洲属地化运营时则问题不断。这种现象一方面由于非洲基础教育体系较不完善，职业教育和高等教育师资相对欠缺，难以高效培养项目管理人员。另一方面中非合作项目管理制度仍较为传统，对员工尤其是非洲本土员工的职业培训、岗位晋升、员工关怀等管理还不够完善，导致部分非洲员工对工作的认可度较低，对项目运营的参与度不高，从而致使项目属地化运营进展缓慢。

（四）中非减贫合作效果评价待完善

中国同非洲各国合作了大量减贫项目，这些项目发展状况各异，既有着不同的减贫成效，也存在各方面的问题。对中非减贫效果的评价不仅能够促进中非减贫合作不断完善，也是讲好中非减贫合作故事，完善中国贫困治理理论的必要准备。但目前中非双方对减贫项目的效果评价均较为缺失，缺少有效的评价指标，评价数据难以获得。减贫合作效果评价的不足，不仅容易导致非洲国家忽视中非减贫合作的重要性，从而对减贫效果错误归因，使减贫项目的可持续性与实际意义大打折扣，也会导致在讲好中非减贫故事时缺少足够的案例，影响中非减贫合作话语权的建立。

四　中非贫困治理合作的路径探索

中非减贫合作，事关26亿人民的福祉。非洲是中国对外减贫合作最深入、项目数量最多的地区之一。经过半个多世纪的发展，中非减贫合作已经搭建好基础平台，初步形成具有中非合作特色的减贫模式，为非洲当地的人民生活和经济社会发展做出重要贡献。当前世界形势正经历百年未有之大变局，新冠肺炎疫情也给全球经济带来新一轮变化，中非应加快命运共同体建设，完善中非减贫合作机制，促进中非人民走向共同富裕。

（一）　明确中非减贫合作规划目标

中非减贫合作应在全球贫困治理的大环境下，与非洲整体减贫目标和国家发展规划相一致。中非双方有着巨大文化差异，非洲不同国家之间也有不同的历史与文化，这要求中非减贫规划部门、项目执行企业、研究机构等既要总结中国减贫经验，也要从非洲的实际情况出发，制定精准化、针对性的对非减贫策略。遵循"非洲提出、非洲同意、非洲主导"原则，①结合联合国《2030 年可持续发展议程》与非盟《2063 年议程》，搭建中非减贫合作框架，制定中非减贫合作整体目标和时间规划。另外，根据具体非洲国家和地区的社会结构与经济基础的不同，分析影响当地减贫的各方面因素，合理选择适应当地的减贫发展方式，符合当地人民的实际需求。在农业技术、居民就业、粮食安全和健康卫生等非洲减贫关键领域做好成果落实，让非洲人民能够从减贫成果中直接受益，真切体会到中非减贫合作与中非关系的真实亲诚。

（二）　促进中国减贫合作经验交流

中国在减贫过程中形成的经验为加快人类的反贫困进程提供了重要借鉴。在对非传播减贫经验上，首先要解决跨文化表达问题，应组织翻译中国减贫经典著作，对中国减贫相关概念进行界定，结合非洲本体文化特点进行解释，依托中国在非媒体网络和孔子学院等机构，为非洲人民讲授中国减贫理念和具体经验。其次要完善中非减贫交流机制，举办中非减贫理念交流会议，搭建不同减贫项目工作人员对接平台，使不同项目人员可以相互借鉴学习，开展中非减贫联合研究项目，将中非减贫经济进行理论化转换。最后要创新传播方式，积极运用短视频、在线音频、网络教程等新兴传播工具，对中国脱贫经验和中非脱贫故事进行传播，展示中非减贫合作成效，拉近中非民众减贫合作交流距离。

（三）　加强中非减贫合作人才培养

教育是减贫发展的不竭动力，人力资源是可持续发展的核心竞争力

---

① 《王毅：中方愿在"非洲提出、非洲同意、非洲主导"原则下与各方开展合作》，新华网，2015 年 11 月 26 日，http://www.xinhuanet.com/world/2015 - 11/26/c_1117269545. htm，最后访问日期：2021 年 9 月 19 日。

和关键要素。人才缺少一直是中非减贫合作落实到具体行动的主要掣肘，尤其应需要避免因人才缺少导致减贫项目对中国参与产生依赖。一方面要加强非洲职业技术人才培养，扩大中非职业教育合作领域，将减贫项目与职业技术教育结合，建立专业技术人才培养体系；另一方面要注重减贫项目管理人才培养，与国内高校、智库、非洲大学联合开展管理人才培养计划，探索多层次、强实践的管理人才培养方案。同时在项目内部建立非洲员工学习与晋升机制，在项目执行中培养专业技术人员和管理人员，提升属地化管理与可持续运营能力。尤其要重视中非青年群体的交流合作，非洲是全球年轻人口占比最高的地区之一，拥有广阔的人口红利前景和教育缺口，应推动中非青年共同发展，培养中非新一代友谊，提升非洲青年自主减贫发展能力。

（四）完善中非减贫效果评价机制

效果评估不仅能让中非双方更了解减贫合作的成果和问题，不断完善中非减贫合作模式，也能让非洲民众对中非减贫合作有更准确的了解和更直观的认识。衡量中非减贫成效一直是讲好中非合作故事的短板，应从多角度建立起中非减贫合作效果评价机制。一是加强效果评估意识，在减贫项目实施过程中注意记录当地经济和社会的各项变化，以及项目本身的发展情况，为后期效果评价做原始积累。二是设立中非减贫项目数据库，定期确定中国对非减贫的项目进展和发展规模，为讲好中非减贫故事提供充足的案例支撑。三是研究减贫项目与当地发展改善机制，深入了解中非减贫项目从哪些方面影响当地人民的收入水平、带动经济发展等。四是掌握非洲各界对中非减贫合作的看法态度，加强对非洲减贫观点引导，建立中国在非减贫话语权。五是将中非减贫合作与其他国家在非减贫进行对比，找出差异和不足，取长补短，不断完善中非减贫合作模式。

（五）完善中非减贫合作体系支撑

减贫发展是系统工程，也是长期工程，需要中非双方乃至世界各国多边协同，构建科学化、规范化、系统化、制度化、可持续的发展体系。[①]

---

① 王珩：《携手创新 助力减贫——中非减贫发展高端对话会启示录》，《光明日报》2017年 8 月 10 日，第 11 版。

体系支撑不仅是中非减贫合作能够顺利开展的基础，也是后续减贫成效维护与提升的重要保障。在顶层设计方面，可依托中非合作论坛框架和后续行动委员会机制，设立中非减贫合作专项推进平台，对接非盟和各非洲国家间减贫问题，评估和推动中非合作减贫项目有序进行。在执行方向上，应加快支持非洲国家自主发展能力建设，帮助非洲国家增强自身发展能力，更好融入全球供应链产业链，为国际减贫事业和经济发展注入新活力。在减贫理念上，要突破传统给予款物等"输血式"援助的局限，通过提供发展机遇和培育共同市场的方式对非洲国家和地区进行"造血式"帮扶。① 在国际交流上，应以中非减贫合作带动国际反贫困合作，呼吁联合国、发达国家和国际组织进一步加大对非洲减贫事业的关注和投入，共同助力非洲实现减贫和经济发展。

【责任编辑】王珩

---

① 王玉贵：《从全球史角度审视中国减贫贡献》，《中国社会科学报》2021 年 5 月 6 日，第 1 版。

非洲研究 2022 年第 1 卷（总第 18 卷）
第 210—226 页
SSAP © ，2022

南非《星报》报道中非合作论坛北京峰会的话语建构分析[*]

赖丽华 刘鸿武

【内容提要】本文基于南非《星报》报道中非合作论坛北京峰会的语料，采用批评话语分析方法，考察了南非主流报刊关于中国形象和中非关系的话语建构。研究发现，不同报道来源的话语文本在主题分布、语义关系和语用比喻运用方面存在较大差异，体现出不同的话语主旨意义，反映了南非政府、民众对中非合作发展的多元认知和非洲国家的社会意识形态。解读分析《星报》报道话语对于未来中非合作论坛会议在媒体话语建构、新闻信源培育、跨文化和融媒体国际传播等方面具有一定的启示意义。

【关键词】中非合作论坛北京峰会；话语建构分析；南非《星报》

【作者简介】赖丽华，浙江师范大学非洲教育与社会发展方向博士研究生，浙江师范大学外国语学院教师（金华，321004）；刘鸿武，浙江师范大学非洲研究院院长，教授，博士生导师（金华，321004）。

2018 年中非合作论坛北京峰会围绕"合作共赢，携手构建更加紧密的中非命运共同体"主题，通过了《关于构建更加紧密的中非命运共同体的北京宣言》和《中非合作论坛—北京行动计划（2019—2021 年）》。

---

* 本文系浙江省教育科学规划 2019 年度课题（项目编号：2019SCG311）的阶段性成果。

中国将重点实施"八大行动",支持非洲国家加快实现自主可持续发展。①中国和53个非洲国家的国家元首、政府首脑、代表团团长和非洲联盟委员会一致承诺,携手打造更加紧密的中非命运共同体。②

北京峰会发布"八大行动"和600亿美元合作资金计划引起世界广泛关注,立刻成为西方及中非媒体密切关注的国际热点新闻之一。截至2018年9月10日,全球媒体对中非合作的报道就已经达到5020条,北京峰会显著提升了中非合作关注度。③非洲各国主流媒体也普遍进行密集报道,为研究者提供了丰富的非洲本土媒体舆论语料,其对中国形象和中非关系的多元话语建构值得分析和探讨。北京峰会在取得丰硕成果的同时,也引发了西方大国媒体对中非发展合作的误读、质疑甚至诋毁,这种负面声音在一定程度上影响了部分非洲媒体对中非合作的判断和评价,中国对非外交和中非关系面临一定的国际舆论挑战。

南非是二十国集团、金砖国家等多边机制成员国,同中国在2010年建立了全面战略伙伴关系,研究南非主流媒体话语对于探讨非洲媒体对中非发展合作的舆论引导具有重要意义。鉴于国内学界长期以来关于中非合作论坛媒体报道研究较少的现状,笔者从语言学视角,选取南非《星报》(The Star)有关北京峰会的报道话语进行分析,以期管窥非洲国家政府、民众对于中国和中非关系的真实态度与诉求,为更好地开展中非交流传播、提升我国国际形象、促进中非关系发展提供启示。

一 研究对象和语料

本文所选分析样本为《星报》关于北京峰会的报道。该报隶属南非最大的平面媒体集团"独立传媒",其创办于1887年,是南非历史最悠久、最具影响力的日报。中青年是其主要受众群体,73%的读者年龄介于25—50岁;其是南非精英阶层常读报纸之一,52%以上的读者受过高等教育;

---

① 参见《中非合作论坛—北京行动计划(2019—2021年)》,http://focacsummit. mfa. gov. cn/chn/hyqk/t1592247. htm,最后访问日期:2021年7月25日。

② 参见《关于构建更加紧密的中非命运共同体的北京宣言(全文)》,http://focacsummit. mfa. gov. cn/chn/hyqk/t1591944. htm,最后访问日期:2021年7月25日。

③ 王大可、冯妮、李本乾:《中非合作国际舆情演进、分析及应对——以中非合作论坛为例》,《对外传播》2018年第11期,第43页。

该报目前还实现了数字化媒介传播，86% 的读者使用智能手机上网阅读。①
作为南非主流报刊之一，《星报》资讯来源广，视角多元，在一定程度上代
表了非洲本土主流媒体的立场和声音。新闻报道辐射地方、国内和国际，
长期以来关注中非发展合作，在南非乃至整个非洲具广泛影响。2015 年习
近平主席访问南非前夕曾在《星报》发表署名文章，阐述中南友谊与合作；
《星报》头版报道了此次访问。中国前驻南非大使林松添多次在《星报》
发表署名文章，阐述中南和中非关系，产生了积极良好的舆论影响。

2018 年 8—9 月，《星报》共发表北京峰会相关报道 22 篇，其中《星
报》记者报道 6 篇，非洲通讯社（African News Agency，ANA）报道 7
篇，观点文章 6 篇，外国通讯社和报刊文章 3 篇。报道主题围绕北京峰
会，并涉及投资贸易、基础设施建设、"一带一路"倡议、《2063 年议
程》、对非援助、"债务陷阱"、"新殖民主义"等方面。通过对 22 篇报道
文本进行分析发现，不同来源报道的话语内涵和主旨意义存在较大差别，
建构了相互各异的中国形象和中非关系。

本研究以 FOCAC（"中非合作论坛"大写简称）、Focac（"中非合作
论坛"小写简称）、Forum on China-Africa Cooperation（"中非合作论坛"
全称）以及 Beijing Summit（北京峰会）为检索词，搜集了北京峰会举办
日期（2018 年 9 月 3—4 日）前后一个月《星报》"新闻"（News）栏目
下的相关新闻语篇共 22 篇。本文以这 22 篇北京峰会报道为语料，聚焦以
下问题进行探讨：一是南非主流媒体《星报》如何报道北京峰会；二是
《星报》不同来源报道话语存在什么差异，分别建构了怎样的中国形象和
中非关系；三是《星报》报道话语建构分析对新时期中国国际交流传播
有何启示。本文将对报道进行批评话语分析（Critical Discourse Analysis），
就不同来源报道话语的主题分布、语义关系、语用比喻进行具体阐释，
揭示相关报道隐含的主旨意义。

二 研究现状和方法

媒体是语言与社会联系的中介，在国际体系深刻变革的背景下，对

---

① 数据参见 https://www.independentmedia.co.za/wp-content/uploads/2021/03/The-Star.pdf，
最后访问日期：2021 年 8 月 25 日。

国际主流媒体报道进行话语解读和分析，可以解释话语如何参与构建国家形象和国际关系，揭示隐晦的意识形态意义。近年来，中国学者已开展诸多国际媒体对华报道的话语建构研究。刘佳、于洋将语料库与批评话语分析相结合，探讨了奥运会后英国主流纸媒报道对中国国家形象的建构。① 唐青叶、史晓云对南非报界关于习近平主席访问非洲的报道进行语义域赋码分析，阐述了非洲本土媒体的态度和立场。② 钱毓芳、托尼·麦肯勒（Tony McEnery）运用语料库和批评话语分析相结合的研究方法，就英国媒介的中药话语建构进行了解读和对比。③ 左言娜从话语呈现方式和消息来源视角探索了美国主流媒体对"一带一路"倡议的解读、评价和话语建构，揭示媒介化的政治话语所反映的社会现实。④ 钟馨采用批评话语分析范式，探讨了英国报纸对"一带一路"话语的意义建构问题等。⑤

目前为止，国内学者关于中非合作论坛的非洲媒体新闻舆论研究还为数不多，且大部分语料并非来自非洲本土。马佳盈以《青年非洲》（Jeune Afrique）杂志 2006 年和 2012 年中非合作论坛特刊为语料，通过对比两期特刊的文章观点，总结了促成其报道特点变化的因素。⑥ 其研究方法为观点对比，研究语料是非洲国家政府机构订阅的巴黎杂志。王大可、冯妮、李本乾曾以中非合作论坛为例，整体分析中非合作国际舆情演进态势，⑦ 但该研究对资讯来源占比较低的非洲媒体报道未进行具体详细分析。王梦媛曾对北京峰会相关新闻语篇进行积极话语分析，探究峰会新

① 刘佳、于洋：《基于语料库的媒介批评话语分析——奥运后英媒对中国国家形象的建构》，《大连海事大学学报》（社会科学版）2014 年第 6 期，第 111—115 页。

② 唐青叶、史晓云：《基于语料库的南非大报对习近平主席访非报道的话语分析》，《北京第二外国语学院学报》2016 年第 1 期，第 14—24、131 页。

③ 钱毓芳、Tony McEnery："A Corpus-based Discourse Study of Chinese Medicine in UK National Newspapers"，《外语教学与研究》2017 年第 1 期，第 73—84 页。

④ 左言娜：《美国主流媒体关于"一带一路"倡议的话语建构研究——基于语料库的批评话语分析》，《河南工程学院学报》（社会科学版）2017 年第 4 期，第 55—59 页。

⑤ 钟馨：《英国全国性报纸中"一带一路"话语的意义建构研究——基于语料库批评话语分析法》，《现代传播》（中国传媒大学学报）2018 年第 7 期，第 61—69 页。

⑥ 马佳盈：《浅析〈青年非洲〉对中非关系的报道特点——以 2006 年及 2012 年中非合作论坛特刊为例》，《西亚非洲》2015 年第 2 期，第 142—160 页。

⑦ 王大可、冯妮、李本乾：《中非合作国际舆情演进、分析及应对——以中非合作论坛为例》，《对外传播》2018 年第 11 期，第 43 页。

闻语篇中态度资源的运用及其传递的话语意义，① 然而该研究采用的是英文版《中国日报》语料。

综观国内学者涉华媒介话语已有研究，关注的地理区域失衡，欧美、中国的媒介话语被普遍关注探讨，对非洲等地区的媒介话语研究仍显不足；对中非合作论坛的媒介话语研究尚有一定局限性，未充分重视非洲本土媒体语料的收集和研究。基于此，本研究采用批评话语分析方法，以《星报》北京峰会相关报道为语料，对南非主流媒体关于中非合作论坛的新闻话语建构进行实证研究。

批评话语分析将话语分析和社会批评理论结合起来，将话语置于特定社会语境中进行语言层面的分析，同时对话语生产和解释的过程进行考察。费尔克劳夫（Fairclough）把话语看作一种社会实践和行为方式，它与社会的其他层面有着辩证的关系；世界和个体是被言语实践不断建构的，② 话语在社会的发展变化中起着非常重要的作用。③ 互文性（intextuality）是费尔克劳夫话语分析思想的核心概念。通过对互文性的分析，分析者可以观察到话语的再生产。④ 梵·迪克（Van Dijk）最早把新闻作为话语分析的对象，将话语分析方法运用到报道研究中。他认为新闻文本的主旨（theme）是话语宏观语义结构的一部分，用来概括性表达文本中最重要的信息；它是一个宏观命题，基于作者对世界的常识性知识和个人信仰与兴趣，经由宏观过程从命题群中策略性地推导而出。⑤ 通过分析报道呈现的特定主题分布结构，可探究其生产的主旨意义。本文在费尔克劳夫的话语观、互文性理论框架和梵·迪克宏观语义结构分析方法的指导下，对新闻报道文本的主题分布、语义关系、语用特征进行分析，探究非洲媒体对北京峰会报道建构的主旨意义。

---

① 王梦嫒：《基于语料库的"2018 年中非合作论坛北京峰会"新闻语篇的积极话语分析》，《湖北文理学院学报》2019 年第 1 期，第 77—82 页。
② 转引自纪卫宁、辛斌《费尔克劳夫的批评话语分析思想论略》，《外国语文》2009 年第 6 期，第 21 页。
③ 转引自纪卫宁、辛斌《费尔克劳夫的批评话语分析思想论略》，《外国语文》2009 年第 6 期，第 22 页。
④ 转引自纪卫宁、辛斌《费尔克劳夫的批评话语分析思想论略》，《外国语文》2009 年第 6 期，第 23 页。
⑤ 转引自钟馨《文类特征与中国形象：〈泰晤士报〉英中贸易报道话语分析》，《南昌大学学报》（人文社会科学版）2017 年第 6 期，第 91 页。

三　研究过程和分析

新闻文本有微观和宏观两个层次语义结构，语义宏观结构是话语的深层语义表现，在文本中常会通过声明、题目、摘要、主题句、行动规划等表示出来，即通常所说的主题或话题。[①]《星报》记者、非洲通讯社、评论员、外国通讯社和报刊报道分别关注的重要、次要主题存在较大差异。在统计主题分布的基础上，本文按照不同报道来源对各主题的主旨意义、话语建构方式进行分类解读。

（一）相关报道话语文本的主题分布和主旨意义分析

1.《星报》记者报道的话语分析

《星报》记者报道的主题重点是中南合作发展进程中中国秉持的原则、中南协议和中国兑现承诺的状况以及总统的峰会讲话和对投资质疑的回应。记者奥菲特赫采·穆基（Omphitlhetse Mooki）曾参加 2018 年中国两会现场报道，对中国国家政策和发展现状较为了解，她撰写的两篇峰会报道肯定了中非合作与中国对非援助对非洲未来发展的意义。表 1呈现了 6 篇记者报道的主题分布状况。

表 1　《星报》记者报道的主题分布状况

重要主题	次要主题	新闻标题
美国规则	中美贸易摩擦	《中国大使表示：美国是自身规则的牺牲品》
中南签署协议	签署协议 金砖国家峰会 中非合作论坛 贷款 《2063 年议程》	《南非与中国在北京峰会前签署更多协议》
中国对非承诺	援助资金 免除债务计划	《中国承诺提供超 8000 亿兰特援助，宣布免除部分债务》

[①] 转引自丁和根《梵·迪克新闻话语结构理论述评》，《江苏社会科学》2003 年第 6 期，第 201 页。

续表

重要主题	次要主题	新闻标题
总统峰会讲话	中非合作论坛 《2063 年议程》 修建基础设施 经贸合作区 埃博拉病毒疫情 维和行动 非洲潜力	《拉马福萨总统在北京中非对话峰会上的讲话》
中国兑现承诺	新发展资金 八大重大举措 贸易平衡	《中国兑现对非洲的资助承诺》
殖民问题	"债务陷阱" 中国投资 美国优先原则 中国"五不"原则	《拉马福萨：那些称中国为殖民国家的人是嫉妒》

报道围绕以下主题展开分析。在贸易摩擦背景下，围绕"美国规则"评析美国是其自身规则的牺牲品。以金砖国家峰会、中非合作论坛、非洲《2063 年议程》为报道视角，指出中南非签订的是务实协议。南非总统峰会讲话关注基础设施修建、经贸合作区、埃博拉病毒疫情、维和行动、非洲潜力等次要主题，以证明重要主题中非合作论坛与《2063 年议程》。中国践行承诺，提供援助资金、免除债务，设立新发展资金、采取八大举措，给予非洲国家切实帮助。南非总统从"债务陷阱"、中国投资、美国优先原则、中国"五不"原则对中非合作进行解读，反击西方媒体对峰会的批评，指出"称中国为'殖民国家'是出于嫉妒"。①

报道主题反映了当前非洲国家面临债务问题，自主发展正遭遇困境，以及非洲对注入国际资金、解决非洲债务问题和发展非洲经济贸易的殷切希望。《星报》记者相关报道驳斥了西方媒体关于中国对非"新殖民主义"的恶意诽谤，塑造了重义守信、以诚相待的中国形象和平等互信的中非关系，反映了非洲国家政府和人民对中非发展合作的支持及期待。

2. 非洲通讯社报道的话语分析

非洲通讯社是南非主流媒体之一，提供有关南非和非洲的全文新闻

---

① Shannon Ebrahim, "Those Who Call China Colonial Are Jealous: Ramaphosa", *The Star*, September 2018.

报道，涵盖政治、经济、商业、体育等领域。《星报》援引非洲通讯社报道的重要主题包括非洲国家首脑对中国的国事访问、中非合作协议、南非土地改革、"新殖民主义"以及非洲整合等，其落脚点均在北京峰会，表 2 呈现了 7 篇通讯社报道的主题分布状况。

表 2　非洲通讯社报道的主题分布状况

重要主题	次要主题	新闻标题
宣誓就任	北京峰会	《Constantino Chiwenga，Kembo Mohadi 宣誓就任津巴布韦副总统》
宣誓就职	北京峰会	《津巴布韦副总统在重新任命后宣誓就职》
国事访问	北京峰会	《拉马福萨对中国进行国事访问》
土地改革	北京峰会	《拉马福萨在访问中国时期消除了对土地改革的担忧》
中南签署协议	经济增长 教育机会 国际投资	《中南达成的数十亿美元协议将促进经济增长》
"新殖民主义"	"一带一路"倡议 《2063 年议程》	《FOCAC：中国投资不是新殖民主义》
非洲整合	协议项目 伙伴关系	《拉马福萨呼吁南非企业和非洲大陆之间进行整合》

非洲通讯社两次报道津巴布韦总统任命副总统以顺利参加峰会的消息，反映了津巴布韦积极参与峰会的高度热情。特别报道了南非总统在峰会前夕对中国访问时，消除了对南非土地改革的担忧，说明新南非土地改革计划已成为备受关切的社会问题。中南达成协议的报道反映了南非对中非合作论坛框架下未来南非经济、教育和投资的新期待。围绕"新殖民主义"的话题，以"一带一路"倡议与《2063 年议程》进行辩驳，体现了南非政府和民众对中非合作的坚定决心。以"非洲整合"为重要主题、以"协议项目和伙伴关系"为次要主题进行报道，反映了南非在中非合作论坛框架下追求非洲大陆经济一体化的愿景。

非洲通讯社关注津巴布韦和南非首脑对中国的国事访问、中南经贸合作、中国投资与"新殖民主义"以及非洲经济一体化等主题，表明其报道不只局限于中南关系，也关注中非关系和非洲一体化等宏大议题。其围绕北京峰会报道关涉整个非洲的诸多议题，反映了中非合作对非洲一体化发展、对非洲《2063 年议程》顺利实施的深远意义，体现了一个团结协作的非洲与中国对接共赢合作的强烈意愿和坚定信念。

3. 观点文章的话语分析

《星报》"新闻"栏目涵盖观点文章，经查阅，北京峰会前后共有 6 篇相关观点文章，分别来自独立报业集团编辑、中国大使、南非学者、独立评论员。观点文章围绕 FOCAC、西方批评、非洲大陆上的"巨人战斗"和非洲债务主题展开论述，表 3 呈现了观点文章的主题分布状况。

表 3　观点文章的主题分布状况

重要主题	次要主题	新闻标题
FOCAC	十项合作计划 技能发展中心 "一带一路"倡议 摆脱贫困经验	《一个伟大的人类历史故事》
FOCAC	合作行动 非洲利益 北京峰会	《中非关系新蓝图》
FOCAC	双赢政策 发展合作 "一带一路"倡议 非洲期望	《FOCAC：关于中国与非洲关系的全球视角》
西方批评	"债务陷阱" 中美对立 非洲一体化 《2063 年议程》	《非洲需忽视西方大国批评者的"酸葡萄"》
"巨人战斗"	大国对峙 非洲命运 经济结构调整 国际政治博弈 全球贸易摩擦 美国霸权	《跛行西方在非洲领土上的巨人战斗中遇到龙》
非洲债务	赞比亚负债 "一带一路"倡议 "债务陷阱" "新殖民主义" 威胁	《观点：债务高涨，非洲将起火燃烧》

独立报业集团编辑围绕十项合作计划、技能发展中心、"一带一路"倡议、摆脱贫困经验四个次要主题对中非合作论坛展开论述，认为论坛是伟大的人类故事，为非洲发展带来机会。中国驻南非大使林松添从合作行动和非洲利益方面进行解读，指出北京峰会是绘就中非关系发展新

蓝图的契机。欧洲科学院成员、南非学者安德烈·托马斯豪森（André Thomashausen）在全球视角下论述了中非合作论坛双赢政策、发展合作、"一带一路"倡议及非洲对峰会的期望。大学高级政治分析员蒙亚（Monyae）聚焦西方批评，指出非洲需忽视西方大国批评者的"酸葡萄"心理，中国将助力实现非洲一体化和《2063年议程》。独立评论员西亚邦加·哈迪贝（Siyabonga Hadebe）认为中美博弈是一场"巨人战斗"，他从大国对峙、非洲命运、经济结构调整、国际政治博弈、全球贸易摩擦、美国霸权等次要主题进行阐析，认为非洲总在大国之间左右为难、遭受巨大损失。

《星报》观点文章分别从全人类、中国、非洲及西方国家的视角阐释北京峰会，反映了不同的关切，形成了针锋相对的论点。独立报业集团编辑、中国大使、南非学者围绕中非合作论坛和中非关系分析了发展合作的积极意义，而独立评论员则关注了中非关系发展。

4. 转载西方媒体报道的话语分析

《星报》转载了西方主流媒体路透社和《华盛顿邮报》3篇关于北京峰会的报道，但搜集的报道样本显示转载中国主流媒体相关报道为0篇。3篇转载报道重点关注的主题分别是中国对非资金和未参加峰会的国家斯威士兰，表4呈现了转载西方媒体报道的主题分布状况。

表4　转载西方媒体报道的主题分布状况

报道来源	重要主题	次要主题	新闻标题
路透社	对非资金	"一带一路"倡议 基础设施建设	《习近平表示：中国的对非资金不用于面子工程》
路透社	"债务陷阱"	600亿美元融资 贷款辩护 "一带一路"倡议 《环球时报》	《中国向非洲承诺提供8900亿兰特援助，否认"债务陷阱"外交》
《华盛顿邮报》	斯威士兰	中国投资 政治承诺 中国台湾投资	《斯威士兰对中国人投资非洲的600亿美元没有兴趣》

路透社报道了习近平主席的讲话，指出中国将加强把资金花在非洲基础设施建设上。路透社的另一篇报道以"债务陷阱"为重要主题，报道具体解读了600亿美元融资和中国为贷款辩护。《华盛顿邮报》报道特别关注了中国对非投资。

分析报道频率和数量分布可以发现，《星报》尤其重视中非合作论坛框架下的"一带一路"倡议；其次是《2063 年议程》、600 亿美元融资、经贸合作、"债务陷阱"、中国承诺等主题；另外还涉及中美贸易摩擦、中国投资、合作行动、中美原则、非洲期望等。总体而言，中非关系议题已成为非洲主流媒体深度报道的重点，而中国的"一带一路"倡议、对非资金支持已成为关注焦点，中国形象处于非洲主流媒体持续塑造之中。《星报》重点围绕论坛框架下的中非合作主题，基于合作实践进行报道，建构了友好合作的中国形象和互利共赢的中非关系，中非友好合作的话语主旨意义明确。多元视角的观点文章阐明了中非合作的未来发展蓝图及其对于全球发展和人类福祉的伟大意义。独立评论员及转载西方媒体文章则重点关注中国投资和援助，试图运用非洲必然陷入大国对峙和巨额"债务陷阱"的主题预设，影响受众对中非合作的认识。

综观《星报》相关报道的主题，一开始就向受众传达了文本语义宏观结构信息，进而激发了读者深入了解中非合作，增强了阅读的连贯性体验，更好地促进报道话语主旨意义的接受和传播。通过对《星报》4 类不同来源报道主题分布的阐析，有助于我们了解新闻文本话语生产者如何有效地将自身的态度和意识形态在主题中预设，并在无形中传递给读者，进而在广大读者群体中建构起中非合作论坛框架下的中非关系和中国形象，对中非发展合作产生潜移默化的影响。

（二）相关报道的话语建构分析

互文性特征在话语文本中可以通过具体的语法关系、语义关系和语用特征等来展现，而对文本的语法、语义和语用进行分析，是研究文本话语建构的有效路径之一。《星报》对北京峰会的报道运用了因果、条件、补充、解释和对比等不同类型语义关系，也选取了不少观照语境的比喻凸显报道焦点，建构了有关中非发展合作的媒体话语。因此，本文重点关注《星报》相关新闻报道中的语义关系和语用比喻并对其进行话语建构分析。

1.《星报》记者报道的话语建构分析

当中国驻南非大使林松添被问及对中美贸易紧张局势的看法时，他说"It was unfortunate that US President Donald Trump had changed the rules of engagement at the expense of other countries and emerging economies——all in a bid to 'make America great again'"。① 这里建构的是因果和目的逻辑关系，正是因为"特朗普总统改变了贸易规则"，才出现"牺牲了其他国家和新兴经济体利益"的结果。而特朗普的目的是"让美国再次伟大"，其主旨意义是：美国先违背规则引起贸易紧张，以牺牲他国利益追求自身利益，这种做法极其霸道且不得人心。

拉马福萨总统在峰会讲话中特别提到，"When many other countries were shying away from this crisis, China characteristically responded by dispatching 1,000 medical professionals and medical aid worth $120 million"。② 通过对比暴发埃博拉病毒疫情时中国和其他国家采取不同行动，"当时许多其他国家都在回避这场危机，而中国却派出了 1000 名医疗人员帮助非洲"，表达了"中国是非洲患难时的真朋友"这一主旨意义，体现了中非人民之间的友好情义。

另一篇报道援引了中国领导人的发言，"No one who keeps to himself in isolation in a single island will have a future. There's a Chinese saying that the ocean is vast because it rejects no rivers"。③ 运用生动形象的喻体"孤岛""大海"，表明全球化趋势下任何一个国家都不能成为一座孤岛而获得发展，而中国具有海纳百川的气魄，表达了中国将致力于扩大开放，实现与非洲国家合作共赢的主旨意义。

《星报》记者运用的诸多报道话语语义关系和语用比喻，均为正面报道，内容整体上对北京峰会表现出高度关注，体现了民众对峰会的美好期待和积极评价，带来良好的传播效果，有利于树立我国的正面国际形象。

2. 转载非洲通讯社报道的话语建构分析

南非总统在一份声明中表示将"Leverage this visit to step up his drive to attract investment into the South African economy to stimulate inclusive growth and create employment"。④ 即"以这次访问为契机，进一步吸引对

① "US Is a Victim of Its Own Rules, Says Chinese Ambassador", *The Star*, August 22, 2018, https://www.iol.co.za/the-star.

② "President Ramaphosa's Remarks at China-Africa Dialogue in Beijing", *The Star*, September 3, 2018, https://www.iol.co.za/the-star.

③ "China Pledges Over R800bn in Aid, Announces Plan to Scrap Some Debts", *The Star*, September 3, 2018, https://www.iol.co.za/the-star.

④ "Constantino Chiwenga, Kembo Mohadi Sworn in as Mnangagwa's VPs. Africa", *The Star*, August 30, 2018, https://www.iol.co.za/the-star.

南非经济投资，刺激包容性增长和创造就业机会"。话语表达了明显的目的关系，生产的主旨意义使南非积极参与峰会这一行为具备正当性。

另一报道提到北京峰会主题和具体合作："The Focac summit is expected to see discussions on how China and African countries can strengthen their co-operation, particularly in the four key sectors of agricultural transformation, industrial development, infrastructure development and science and technology."① 指出未来将在农业转型、工业发展、基础设施和科学技术领域加强合作，这是对峰会"中非如何加强合作"的下义表达，凸显了非洲国家对开展中非合作的期待。

津巴布韦副总统宣誓就职时提到，"The reappointment of the two VPs enables Mnangagwa to leave one of them acting as he leaves for the upcoming Beijing Forum on China-Africa Co-operation（FOCAC）, a platform which brings together China and the 53 African countries with which it has diplomatic relations"。② 指出"姆南加格瓦总统在前往北京参加即将举行的中非合作论坛峰会时可以让其中一人担任职务"，这里是目的性语义关系；"该论坛是中国与建交的 53 个非洲国家共同组建的平台"，是对上文提到的 FOCAC 的下义表达，说明了 FOCAC 中非共建的性质，强调了 53 个非洲国家共同为 FOCAC 成员，凸显了峰会外交的重要性和必要性。

另一篇报道援引了南非总统的讲话："'Focac refutes the view that a new colonialism is taking hold in Africa, as our detractors would have us believe', said Ramaphosa as he addressed heads of state from Africa, the UN Secretary-General Antonio Guterres and the Chinese leadership."③ 即"新的殖民主义正在非洲站稳脚跟，我们的诋毁者要我们相信这一点"。将中非开展合作行动喻为"新的殖民主义"正在非洲站稳脚跟，揭示了诋毁者试图影响非洲对中非合作的正确判断这一主旨意义。

非洲通讯社记者的报道话语运用系列语义表达和语用比喻，体现了对中非合作论坛及峰会较为独立的判断和评价，报道理性、积极，有助

① "Ramaphosa on State Visit to China", *The Star*, September 1, 2018, https://www.iol.co.za/the-star.

② "Constantino Chiwenga, Kembo Mohadi Sworn in as Mnangagwa's VPs. Africa", *The Star*, August 30, 2018, https://www.iol.co.za/the-star.

③ "Focac: Chinese Investment Not a New Form of Colonialism", *The Star*, September 4, 2018, https://www.iol.co.za/the-star.

于较好地促进非洲民众对中非友好合作的理解和支持。

3. 观点文章的话语建构分析

《星报》举例论证中国履行承诺的观点："as it turns out, a large number of Africa's priority FOCAC projects have either been completed or are underway. The most well known examples are the Mombasa to Nairobi Standard Gauge Railway in Kenya, and the Addis Ababa to Djibouti railway。"① 用中方帮助建设肯尼亚的蒙巴萨—内罗毕铁路和亚的斯亚贝巴—吉布提铁路的例子解释和补充说明"非洲的大量中非合作论坛项目正在进行或已完成"这一上义表达，用以驳斥某些专家声称中国承诺只是宣传的论点。

报道对比了中美原则："At a time when US Foreign Policy is premised on the 'America First' slogan, China is emphasizing its win-win approach with African countries. There certainly is good reason for African countries to buy into China's development cooperation grand strategies。"② 美国外交政策"以'美国优先'口号为前提"，而中国"强调与非洲国家的双赢方针"，报道话语通过对比性地建构中国和美国对非洲的不同外交政策，说明非洲同中国发展合作的行为意义。

观点文章对大国之间的对峙及其对非洲的兴趣予以关注："Understandably this is a game played by fierce competitors in our backyard, and it is inevitable that there would be preferences on which one is a 'better devil' of all of them。"③ 报道运用语用比喻，以"后院游戏"描述全球大国在非洲的博弈，并将最后的胜利者喻为"更好的魔鬼"，以达成受众对参与非洲发展合作的各国产生警惕、不安的情绪为目的，塑造负面的他国形象。

观点文章表明《星报》的报道较为多元，文章运用丰富的语义关系和语用比喻建构各自不同的话语，其间既有对中国和中非关系的支持赞誉，亦不乏对中非合作的质疑担心，这些新闻信息和导向值得关注。

4. 转载西方媒体报道的话语建构分析

一篇路透社报道继续围绕中国对非融资："China defends continued

---

① "A Great Story in Human History", *The Star*, September 2, 2018, https://www. iol. co. za/the-star.

② "A Great Story in Human History", *The Star*, September 2, 2018, https://www. iol. co. za/the-star.

③ "Limping West Meets the Dragon on African Soil in Battle of the Titans", *The Star*, September 17, 2018, https://www. iol. co. za/the-star.

lending to Africa on the grounds that the continent still needs debt-funded infra-structure development。"① 预设虚假新闻误导读者。

转载的《华盛顿邮报》报道聚焦斯威士兰对中国援助资金没有兴趣，文中臆断 "In many cases, China has tied those investments to political com-mitments。"② 并以多米尼加、布基纳法索、萨尔瓦多先后断绝与台湾关系为下义表达，主旨意义狭隘片面，引发与中非合作现实相悖的舆论。

路透社与《华盛顿邮报》报道话语经过选择、组织和加工，从西方立场出发，重新建构了有关中国对非资金和中非合作的主旨意义，其话语传播具有消极影响。

五　研究结果及启示

《星报》报道话语文本的主题分布和话语的语义关系、语用比喻造就丰富多元的主旨意义，其中占比更高的正面报道对提升中国国际形象具有积极意义；而少数负面报道则对中非友好合作不利。中非合作论坛是中国和非洲国家的集体会议机制，每三年举行一届部长级会议，考察分析《星报》有关中非合作论坛北京峰会的报道话语对于促进中非合作话语的国际传播具有一定的借鉴和启示意义，具体总结如下。

（一）重视新闻媒体话语建构

"'话语'不可避免地与语言使用者以及不同语言使用者之间的权力关系和他们的意识形态联系在一起。"③ 在全球信息化背景下，当代新闻媒体正快速广泛地传播报道隐含主旨，呈现特定意识形态，更加凸显了国际舆论塑造的权力关系。长期以来，西方发达国家媒体在国际舆论场强势发声，中国、非洲等发展中国家和地区则声音偏弱，中非的国际形象一定程度上由西方他塑而非自塑。未来中非合作论坛会议，要主动为

---

① "China Offers Pledge of R890bn to Africa, Denies 'Debt Trap' Diplomacy", *The Star*, Sep-tember 3, 2018, https://www.iol.co.za/the-star.

② "Swatini Has No Interest in $60bn the Chinese Have Earmarked for Africa", *The Star*, Sep-tember 3, 2018, https://www.iol.co.za/the-star.

③ 田海龙：《批评话语分析的社会语言学学科属性》，《中国社会语言学》2012 年第 1 期（总第 18 期），第 108 页。

非洲媒体人创造近距离观察和了解中国的机会，通过非洲主流媒体报道讲好中非故事。要充分重视新闻媒体报道国际传播的话语建构，恰当运用各种语义关系和语用比喻等方式，产生正向反映中非发展合作现实的主题结构和主旨意义，积极参与建构现代国际话语体系，实现中非国际形象的自我塑造和提升。

（二）加强权威新闻信源培育

《星报》记者北京峰会报道话语凸显中国信守承诺、中非合作可持续发展、中美秉持不同原则等主旨意义，多数报道较为准确客观地描述和解读了"一带一路"倡议、中非合作论坛等政策机制，这与中国新闻传媒的国际传播能力建设密切相关。但同时也应注意到，西方大国媒体对非洲本土媒介依然有着不可忽视的影响。长期以来，《星报》等媒体经常直接转载路透社和《华盛顿邮报》有关报道，但转载中国媒体的报道相对较少。未来中国对非传播应主动"喂料"，注重加强中国媒体国际权威信源培育，积极主动提供图文并茂、符合当地阅读习惯的信源素材，加强与非洲本土及西方媒体的交流与合作，努力成为被非洲国家及其他外国主流媒体广泛采纳的信息来源国，进而在国际媒体上更加有效发出中国声音，塑造和维护良好的中国国际形象。

（三）提升跨文化传播效果

世界不同地域存在传统习俗和语言文化差异，新闻媒体在对外传播时，需注重结合人类共同价值和各方价值观念，努力提升跨文化传播效果。《星报》读者受众中70%为黑人，11%为有色人种，10%是亚裔，9%为白人，① 他们的宗教信仰、价值观念存在差异，对中国和中非关系的认知也不尽相同。非洲及全球地域文化存在诸多差异，只有通过对受众国的扎实调研，精准了解不同受众国语言、文化、宗教、习俗和价值观等差异，考查报道话语产生的社会语境，才可以有的放矢地加以改善新闻报道内容和话语。只有采取多语种、跨文化的传播方式，采用一国一策乃至一国多策的传播策略，努力融入目标国新闻传播话语体系，才能更好地实现跨文化传播，在国际舞台上发出中非合作的真实声音。

---

① 数据参见 https://www.independentmedia.co.za/wp-content/uploads/2021/03/The-Star.pdf，最后访问日期：2021年8月25日。

（四）创新媒体融合传播路径

《星报》约 3/4 的读者受众为中青年，4/5 以上的读者使用智能手机阅读新闻，[①]这与当下非洲大陆人口结构中青年占比高和非洲数字化经济发展加速的社会现实相吻合。对非新闻话语建构及传播要注重创新整合数字化融媒体传播技术，结合青年的接受和交流特点，开发论坛移动新闻网、视频直播互动平台、自媒体短视频传播网络，打造覆盖手机、电脑、电视等多个终端的融媒体国际传播体系。此外，还应加强运用大数据分析技术对接目标受众的个性化需求；将海外社交平台纳入传播视野，投放有情感共鸣的软新闻；进一步开发多样传播方式，如歌曲、动画、短视频等，实现中非合作的丰富立体传播。

快速发展的中非关系为中国在国际舞台上发挥应有作用、塑造良好国际形象提供了强有力的支持和无可替代的机遇。新时期中国媒体应与时俱进，通过加强话语建构、信源培育、跨文化和融媒体传播，向国际社会讲好中国故事，大力宣传"一带一路"倡议、中非命运共同体、人类命运共同体等中国思想、理念和智慧，塑造开放包容、积极正面的中国国际形象，助力提升我国国际影响力，推进构建人类命运共同体。

【责任编辑】王珩

---

① 数据参见 https://www.independentmedia.co.za/wp-content/uploads/2021/03/The-Star.pdf，最后访问日期：2021 年 8 月 25 日。

Contents

Environmental Protection Legal System and Risk
Response in Southern Africa

Zhang Xiaohu, Zhang Ning / 3

Abstract: Southern Africa is one of the more stable and resource-advantaged and economic growth potential regions in Africa, and southern African countries mostly create national wealth and improve social development through mining. At present, all southern African countries have incorporated the environmental assessment and permit system into the mining management norms, which has become a prerequisite for mineral resources exploitation. At the same time, most southern African countries have borrowed from the relevant system in South Africa and basically formed a similar environmental legislative framework, while the environmental agreement of the Southern African Development Community also specifies environmental protection provisions. Accordingly, the countries' environmental protection enforcement agencies are reasonably set up and comprehensive in their functions, with strict environmental permit requirements and environmental impact assessment processes, among which Zambia and South Africa have more complete mining legal systems. However, the environmental management system in Southern Africa also has many defects, which increases the environmental legal risks in the process of investment. Therefore, enterprises should strengthen their understanding of the local environmental legal system, pay attention to the environmental legal regulation of key investment industries, actively conduct environmental assessment before the start of the project, apply for the permit certificate required by the host country according to the law, complete the environmental remediation after the project, fulfill the necessary corporate social responsibility, and establish a good investment image.

Keywords：Southern Africa；Environmental Legislation；Mining Legal Regime；Environmental Legal Risks

The Development of Terrorism in Africa under COVID-19

Bao Jiazheng / 26

Abstract：The COVID-19 has highlighted the security vulnerabilities of African countries, especially the spread of terrorism on the African continent. The COVID-19 not only hindered the anti-terrorism actions of African countries and international forces, but also triggered a deep economic and social crisis in African countries, which objectively contributed to the growth of terrorism. Under the COVID-19, world terrorism has seen a resurgence. The "Islamic State" has strengthened its ties with local terrorist organizations in Africa, and the frequency and intensity of terrorism activities on the African continent have increased. The COVID-19 has also provided propaganda opportunities for terrorist organizations. In addition to physical harm, there is also a deep risk of terrorism deconstructing African society. In the face of terrorism, African countries need to deal with it from multiple dimensions.

Keywords：COVID-19；Terrorism；Africa；"Islamic State"

History and Characteristics of ROK's Policy towards Africa

Pei Zhongshuo / 42

Abstract：ROK's policy towards Africa has been continuously adjusted in response to changes in the international landscape. During the Cold War, ROK-Africa relations were focused on political interests. After the end of the Cold War, ROK focused on the "Diplomacy with Four Powers", that is, on developing relationship with China, the US, Japan and Russia, and paid less attention on its relationship with Africa. It was not until the launch of "Korea's Initiative for Africa's Development" in 2006 that ROK embraced a turning point in its policy towards Africa. However, the policy now faces the lack of political influence, strategic guidance, systematic and sustained economic assistance and other challenges. In order to compensate for its relatively weak hard power, ROK has in recent years taken a different approach in its public diplomacy. It is now committed to building a positive image of the country in Africa through "soft power".

Keywords: ROK; Africa; Official Development Assistance; Public Diplomacy

A Study on the Trade Picture between China and Africa in Song Dynasty

Wu Tingting / 59

Abstract: A relatively complete overseas trade network had been formed in Song Dynasty, at the time, the trade between China and Africa had already begun, so the trade system of China and Africa had a certain substantive content. The record of the "Wu Si Li" "Mu Lan Pi" "Ceng Tan" in Song Dynasty books also became the key information which the people of the Song Dynasty and even later generations to understand this period of Sino-African relations. At that time, the Song Dynasty not only extended the sea-route to North Africa, but also opened up a trans-oceanic sea-route to East Africa. Since then, the possibility of direct trade between Song Dynasty and Africa was confirmed, with the discovery of Song Dynasty porcelain and coins in Africa, as well as the records of the spices and ivory in Song Dynasty, because of these information, the Sino-African "Maritime Silk Road" was shaped. As a result, although the Sino-African trade system in Song Dynasty was not as close as the "East Asian", it was not illusory. In fact, economic interaction between China and Africa, but the lack of political and cultural identity shaped the Sino-African uniqueness of "Unconspicuous Tribute System".

Keywords: Sino-African Trade System; Ancient African Countries; Maritime Silk Road; Tributary Relationship

Significance, Challenges and Countermeasures of Chinese Banks' Investment in Africa

Hong Yonghong, Yang Can / 81

Abstract: Chinese banks have set up branches in Africa for a long time, and their asset scale and income in Africa have achieved good development. However, compared with the vast scale of trade and investment between Africa and China, the coverage of Chinese banks in the African market is still very insufficient. At present, African countries generally allow foreign capital to enter the local financial service industry. However, Chinese banks face great challenges in investing in Africa. These challenges include the competitive advantage of Pan African banks, higher regulatory requirements, higher operating costs and non-performing loan ratio. These challenges require Chinese banks to accurately estimate costs and benefits and measure risk tolerance when investing in Africa, including making full use of the competitive advantages of Chinese banks, strictly complying with regulatory requirements, localized operation and promoting the application of financial technology, as well as establishing reasonable policies for loan issuance and recovery.

Keywords: Chinese Banks; Sino-Africa Financial Cooperation; African Banking

An Analysis of the Safety Issues of Chinese-funded Enterprises Employees in Africa

Wang Tao, Wang Xiaoru / 99

Abstract: With the increasing development of China-Africa economic and trade relations, the importance of employee safety issues of Chinese-funded enterprises in Africa has become increasingly prominent, which includes the political instability and rebels issue in some African countries. These rebels made not only the targeted attacks, but also more incidental attacks by chance, which totally reflected African weak business environment and poor response of Chinese enterprises. Chinese government ought to adhere to cooperation with the United

Nations and the African Union in the area of peace and security. Chinese should also explore the feasibility of security firms. Chinese enterprises should deepen cooperation with the host state military and police. Chinese enterprises should fulfill the social responsibility and strengthen the communication of public opinions in Africa, to improve the enterprise image. Fundamentally, the key of solution is to achieve political stability in Africa, which needs to find a suitable development path for Africa.

Keywords: Safety; Employees of Chinese-funded Enterprises in Africa; China-Africa Cooperation

Constraints and Countermeasures on Sustainable Development of Agricultural Technology Demonstration Centers Established by China in Africa

Wu Yueya, Zhang Yixuan / 115

Abstract: As an important form of China's agricultural aid to foreign countries, the agricultural technology demonstration centers in Africa provide a platform and window to enhance political mutual trust between China and Africa, solve African food security issues and promote China's agriculture to "go global". It is also an important bond and impetus to maintain China-Africa friendship. At present, its sustainable development is facing difficulties due to their respective concepts, cultures, funding, scales, national systems, laws, management systems, etc. This paper puts forward the corresponding countermeasures from the perspectives of clarifying the function orientation, straightening out the management systems, raising funds through multiple channels, exploring the mode of industrialization and commercialization, and speeding up the process of agricultural modernization in Africa.

Keywords: Agricultural Technology Demonstration Centers Established by China in Africa; Industrialization; Sustainable Development

They Are Still on the Way of Stories—A Study of Female
Archetypal Images in Brink's Novels

Zhang Tian, *Cai Shengqin* / 129

Abstract: The apartheid in South Africa ended in 1994, which brought
freedom to the literature of this country and had a great impact on the writing of
the eminent writer, André Brink. He set out to explore and examine the buried
and silenced history, revealing the stories of South African women who were
marginalized by the male-dominated master narrative of history and strove to use
the power of pen to reconstruct the existence of women in the history of South
Africa through classic archetypal images in literature, thus moving them from
the subordinate position to the subject of stories and narration. This paper exam-
ines the female characters in Brink's later works: *Imaginings of Sand*, *Devil's Val-
ley*, *The Other Side of Silence*, *Philida* in terms of the archetypal images of Mede-
a, Joan of Arc and Scheherazade from *Arabian Nights*. Through the study of fe-
male characters of different colors, cultures and historical backgrounds under the
oppression of racial and gender politics, this paper also attempts to reveal
women's tragic fate, courageous fight in oppression and infinite desire to domi-
nate their fate, mirroring women's cultural and historical connotation and desire
of dominant narration in the historical and realistic context of South Africa.

Keywords: André Brink; Archetypal Images; Female Characters

A Study on Contact Situation between the New Chinese
Businessmen and Local Communities in Africa
—Based on the Perspective of Contact Theory

Wen Guozhu / 143

Abstract: Based on the perspective of Contact Theory, this paper discus-
ses the contact situation between 30 new Chinese businessmen doing business in
Africa since 1980s and local communities in Africa. The study found that the
new Chinese businessmen in Africa adopted the strategies of gradual contact,

disengagement and situational contact in their contact with local communities, and formed instrumental, emotional and "tool emotion" contact behavior patterns, which played a positive role in the improvement of the economic status of both sides. However, the new Chinese businessmen still have some problems in their contacts with local communities in Africa, such as stereotype, contact misjudgment and narrow contact field, which is easy to cause unnecessary losses in daily contacts between the two sides. Under the framework of "South-South" international migration flow, African new Chinese businessmen and local communities should build an embedded community of interests on the basis of equality and mutual benefit, develop strengths and avoid weaknesses, enhance mutual understanding, broaden contact channels and improve contact capacity, avoid misjudgment, and contribute to promoting friendly exchanges between China and Africa.

Keywords: New Chinese Businessmen in Africa; Local Communities; Contact Strategy; Contact Type

The Development History, Characteristics and Enlightenment of India's Africa Scholarship Policy

Cheng Yuanyuan, Tian Xiaohong / 159

Abstract: India's Africa scholarship policy has gone through three stages: initial stage, transitional stage and the accelerated development stage. At the initial stage, the scholarship policy to Africa started with the Cultural Scholarships Scheme for Africans and Asians. At the transitional stage, the scholarship policy developed slowly, but it began to serve India's economic and technical cooperation strategy with Africa. At the accelerated development stage, Africa has once again become the focus of India's diplomacy. The scholarship policy is continuously invigorated and plays a more important role in contemporary India-Africa diplomacy. Overall, India increasingly attaches importance to the role of scholarship policy in diplomacy with Africa. The scholarship policy is targeted at the elite groups, and it is regulated and controlled precisely. The naming of scholarship programs highlights the traditional India-Africa friendships and the glory of

India. In addition, it also attaches great importance to providing scholarships to Indian Diaspora in Africa and paying equal attention to the institutionalization and humanity in scholarship management. India's scholarship policy towards Africa can provide some enlightenment for China's related policies.

Keywords: India; Africa; India's Scholarship Policy to Africa

A Historical Survey of Shanghai's Economic and Technological Aid to African Countries (1960 −1990)

Chen Jinlong / 177

Abstract: Shanghai offered 31 complete projects for 16 African countries, between 1960s and early 1990s, together with many more other forms of official assistance and economic and technological programs. The main modes include goods and materials, complete projects, technical cooperation, human resources development cooperation, medical teams, etc. , while the key point was the complete projects. Generally speaking, Shanghai's aid to Africa was characterized by early start, diverse categories and heavy tasks. When Shanghai offered economic and technical assistance to Africa, it showed several periodical characteristics. And during this period, the practice and policy adjustment for Shanghai's assistance to Africa, not only completed the foreign aid task, but also laid a certain foundation for the healthy and rapid growth of China-Africa economic relations.

Keywords: Shanghai; Africa; Assistance; Complete Projects

China-Africa Poverty Reduction Cooperation: Historical Process, Practical Significance and Future Path

Yu Guizhang, Tang Qingye / 197

Abstract: Poverty eradication is not only the common goal of people all over the world, but also the essential pursuit of human economic and social development. Africa is the most concentrated region of developing countries in the world. How to eradicate poverty and achieve sustainable economic development has always been an important agenda for African countries. As the largest developing country in the world, China has made remarkable achievements in poverty governance. Since the founding of the People's Republic of China and the African national liberation movement, poverty governance has always been a key area of China-Africa cooperation. As a community of shared future, China's comprehensive poverty alleviation in 2020 not only marks a new stage of common prosperity for the Chinese nation, but also plays an important role in promoting China-Africa poverty alleviation cooperation. China and Africa should jointly face various challenges in the field of poverty governance, and comprehensively promote the high-quality development of China-Africa poverty reduction cooperation from the aspects of clarifying the objectives of China-Africa poverty reduction cooperation, innovating the exchange of poverty reduction experience, strengthening the training of poverty reduction personnel, establishing poverty reduction effect evaluation, as well as improving the support system of poverty reduction cooperation.

Keywords: China-Africa Cooperation; Poverty Governance; China-Africa Community with a Shared Future

Discourse Construction Analysis in the Reports on Beijing Summit of the Forum on China-Africa Cooperation in the South African Newspaper *The Star*

Lai Lihua, Liu Hongwu / 210

Abstract: This study takes the reports in South Africa's newspaper *The Star* on the Beijing Summit of the Forum on China-Africa Cooperation as the data, employing critical discourse analysis method to examine the discursive construction of South Africa mainstream media on China's national image and China-Africa relations. It is found that the discourse texts of different reporting sources are quite different in topic distribution, semantic relations, and the use of pragmatic metaphors to construct different discourse themes and meanings, which reflects South Africa government and people's diverse cognition of China-

Africa cooperation, and social ideology in South Africa as well. The discourse construction analysis of *The Star* reports has certain enlightening significance for the upcoming Forum on China-Africa Cooperation in terms of media discourse construction, news source cultivation, cross-cultural communication via integrated media.

Keywords: Beijing Summit of the Forum on China-Africa Cooperation; Discourse Construction Analysis; South African Newspaper *The Star*

本刊宗旨与投稿体例

　　《非洲研究》创刊于 2010 年，由浙江师范大学非洲研究院主办，是刊发非洲研究成果、探讨非洲问题的综合性学术刊物。本刊 2015 年入编中国知网、中国学术期刊网络出版总库辑刊，2021 年入选中文社会科学引文索引（CSSCI）来源集刊、《中国学术期刊影响因子年报》统计源期刊。

　　本刊秉持浙江师范大学非洲研究院"非洲情怀、中国特色、全球视野"之治学精神，坚持"求真创新、平等对话、沟通交流"之办刊方针，致力于搭建开放的非洲学术交流平台，致力于打造独具非洲特色的人文社会科学期刊，汇粹学术思想与观念之精华，努力推动中国非洲研究事业的进步。本刊设有"政治与国际关系""经济与发展""社会文化与教育""中非合作"等固定栏目以及"非洲研究书评""海外来稿"等特色栏目。我们热忱欢迎国内外不同学科领域的学者从各自学科的角度对非洲问题进行研究，并踊跃向本刊投稿、交流观点。《非洲研究》编辑部将严格按照学术规范流程进行稿件审核，择优录用，作者投稿时应将稿件电子版发送至：fzyjbjb2016@126.com。

一　稿件基本要求

　　1. 来稿应注重学术规范，严禁剽窃、抄袭，反对一稿多投。

　　2. 来稿正文字数控制在 13000 字以内。

　　3. 来稿应包含以下信息：中英文标题、内容提要、关键词；作者简介、正文、脚注。中文简介不少于 200 字，英文简介不少于 150 字；关键词 3—5 个；作者简介包含姓名、单位、主要研究领域、通信地址、电话和电子邮件地址，如为外籍学者需注明国别。

　　4. 本刊采用脚注形式，用"①②③"等符号标注，每页重新编号。

　　5. 如有基金项目，请注明基金项目名称、编号。

二　引文注释规范

1. 期刊：作者，篇名，期刊名，年月，期数，页码。如：

纪宝成：《当前高等教育发展中的五大困境》，《中国高教研究》2013 年第 5 期，第 6 页。

Joas Wagemakers, "A Purist Jihadi-Salafi：The Ideology of Abu Muham- mad al-Maqdisi", *British Journal of Middle Eastern Studies*, August 2009, 36 (2), p. 281.

2. 著作文献：作者，书名，出版社，年月，页码。如：

刘鸿武：《尼日利亚建国百年史（1914—2014）》，浙江人民出版社，2014，第 163 页。

C. A. 贝利：《现代世界的诞生》，于展、何美兰译，商务印书馆，2013。

Stig Jarle Hansen, *Al-Shabaab in Somalia—The History and Ideology of a Militant Islamist Group*, 2005 – 2012, London：Hurst & Company, 2013, p. 9.

3. 纸质报纸：作者，文章名称，报纸名称，年月，所在版面。如：

杨晔：《第二届中非民间论坛在苏州闭幕》，《人民日报》2012 年 7 月 12 日，第 3 版。

Rick Atkinson and Gary Lee, "Soviet Army Coming apart at the Seams", *Washington Post*, November 18, 1990.

4. 文集析出文献：作者，文章名，文集编者，文集名，出版社，出版时间，页码。如：

杜威·佛克马：《走向新世界主义》，载王宁、薛晓源编《全球化与后殖民批评》，中央编译出版社，1999，第 247—266 页。

R. S. Schfield, "The Impact of Scarcity and Plenty on Population Change in England", in R. I. Rotberg and T. K. Rabb, eds. , *Hunger and History: The Impact of Changing Food Production and Consumption Pattern on Society*, Cambridge, Mass：Cambridge University Press, 1983, p. 79.

5. 学位论文：作者，论文名称，所在院校、年份，页码。如：

方明东：《罗隆基政治思想研究（1913—1949）》，博士学位论文，北京师范大学历史系，2000，第 67 页。

Lidwien Kapteijns, *African Historiography Written by Africans*, *1955 – 1973: The Nigerian Case*, PhD diss. , University of Amsterdam, 1977, p. 35.

6. 研究报告：作者，报告名称，出版社，出版日期，页码，如：

世界银行，《2012 年世界发展报告——性别平等与发展》，清华大学出版社，2012，第 25 页。

Rob Wise，"Al-Shabaab"，Center for Strategic International Studies，July 2011，p. 3，http：//csis. org/files/publication/110715 _ Wise _ AlShabaab _ AQAM%20Futures%20Case%20Study_WEB. pdf.

7. 网络资源：作者，文章名，网络名称，时间，网址，上网时间。如：

中华人民共和国外交部，《外交部副部长翟隽在第七届"蓝厅论坛"上的讲话》，中华人民共和国外交部，2012 年 7 月 12 日，http：//www. mfa. gov. cn/chn/gxh/tyb/zyxw/t950390. htm ，最后访问日期：2015 年 12 月 25 日。

Tomi Oladipo，"Al-Shabab Wants IS to Back off in East Africa"，BBC News，November 24，2015，http：//www. bbc. co. uk/news/world-africa-34868114. Accessed 2015 – 12 – 25.

《非洲研究》编辑部

2018 年 6 月

图书在版编目（CIP）数据

非洲研究. 2022 年. 第 1 卷：总第 18 卷 / 刘鸿武，
李鹏涛主编. -- 北京：社会科学文献出版社，2022.7
　ISBN 978 - 7 - 5228 - 0357 - 9

　Ⅰ. ①非… Ⅱ. ①刘… ②李… Ⅲ. ①非洲 - 研究 -
丛刊 Ⅳ. ①D74 - 55
　中国版本图书馆 CIP 数据核字（2022）第 112308 号

非洲研究 2022 年第 1 卷（总第 18 卷）

主　　办 / 浙江师范大学非洲研究院
主　　编 / 刘鸿武　李鹏涛

出 版 人 / 王利民
责任编辑 / 宋浩敏
文稿编辑 / 顾　萌
责任印制 / 王京美

出　　版 / 社会科学文献出版社·国别区域分社（010）59367078
　　　　　地址：北京市北三环中路甲 29 号院华龙大厦　邮编：100029
　　　　　网址：www. ssap. com. cn
发　　行 / 社会科学文献出版社（010）59367028
印　　装 / 三河市龙林印务有限公司

规　　格 / 开　本：787mm × 1092mm　1/16
　　　　　印　张：15.25　字　数：249 千字
版　　次 / 2022 年 7 月第 1 版　2022 年 7 月第 1 次印刷
书　　号 / ISBN 978 - 7 - 5228 - 0357 - 9
定　　价 / 98.00 元

读者服务电话：4008918866